哲學門

第二十一卷（2020年）第一册

总第四十一辑 **Vol.21 No 1, 2020**

Beida Journal of Philosophy

CSSCI 来源期刊（集刊类）

北京大學出版社
PEKING UNIVERSITY PRESS

图书在版编目(CIP)数据

哲学门. 总第四十一辑 / 仰海峰主编. —北京：北京大学出版社，2021. 10
ISBN 978-7-301-32490-5

Ⅰ. ①哲… Ⅱ. ①仰… Ⅲ. ①哲学—文集 Ⅳ. ①B-53

中国版本图书馆 CIP 数据核字(2021)第 178473 号

书　　名	哲学门（总第四十一辑） ZHEXUEMEN（ZONG DI-SISHIYI JI）
著作责任者	仰海峰　主编
责任编辑	吴　敏
标准书号	ISBN 978-7-301-32490-5
出版发行	北京大学出版社
地　　址	北京市海淀区成府路 205 号　100871
网　　址	http://www. pup. cn　新浪微博：@ 北京大学出版社
电子信箱	pkuwsz@ 126. com
电　　话	邮购部 010-62752015　发行部 010-62750672　编辑部 010-62757065
印 刷 者	三河市北燕印装有限公司
经 销 者	新华书店
	787 毫米×1092 毫米　16 开本　18. 25 印张　343 千字 2021 年 10 月第 1 版　2021 年 10 月第 1 次印刷
定　　价	79. 00 元

第二十一卷（2020）第一册

目　录

论坛：马克思《资本论》

反映论是《资本论》的认识论基础吗？ …………………………… 吴　猛/1

马克思对资本主义“自然假象”的认识论批判

——以《资本论》及其手稿为中心的讨论 ………………… 张　梧/21

《资本论》中的历史叙事及其当代意义 …………………… 黄玮杰/38

论文

“小辨而毁大道”

——《孔丛子·公孙龙》中的名儒论辩 ………………… 李秋红/55

《西铭》“称”之意涵再探

——从“乾称父，坤称母”说起…………………………… 吴　瑶/69

从正思的萌生与否到心灵的健康与病态

——朱子“中和新说”义理新探 ………………………… 李　毅/85

部分的奠基结构

——对胡塞尔形式本体论范畴的一种分析 ……………… 毛家骥/99

科学体系如何拥有导论：论黑格尔的“学习者悖论” …………… 冯嘉荟/118

再论理智主义与具身化的概念能力

——以麦克道尔与德雷福斯的争论为例 ………………… 田继江/134

未来偶然陈述与细红线理论 ………………………………… 傅志伟/149

古印度与古希腊的辩证思维 ………………………………… 姚卫群/166

灵肉一元论在当代基督教哲学的新发展 ……………… 徐　弢　李　瑛/180

书评

当代哲学视域下的易学创见
——《周易溯源与早期易学考论》述评 …………………… 郑朝晖/197
明体见用与明体达用:“分析的儒学”刍议
——评《新儒学义理要诠》………………………… 李 颖 张立恩/207
超越论现象学是一种平面的现象学吗
——评马迎辉的《时间性与思的哲学》
………………………………………………………… 张宇杰/218

评论:新冠疫情

黄昏永续
——“虚假观察者”关于疫病的琐言 …………………… 程乐松/233
疾疫、人我与身心 ………………………………………… 何怀宏/239
在新型冠状病毒大流行下思考西方的种族主义 ………… 项舒晨/248

书讯

[法]弗朗索瓦·阿赫托戈著,闫素伟译:
《希罗多德的镜子》……………………………………………… 20
[古希腊]欧几里得著,张卜天译:《几何原本》 ………………… 37
[法]让·博丹著,朱琦译:《易于认识历史的方法》 …………… 54
[美]丹尼尔·布鲁德尼著,陈浩译:《马克思告别哲学的尝试》 ………… 68
[英]肖恩·塞耶斯著,程瑶译:
《马克思与异化:关于黑格尔主题的论述》 ……………………… 84
[德]汉斯-格奥尔格·梅勒、[美]德安博著,郭鼎玮译:
《游心之路:〈庄子〉与现代西方哲学》 ………………………… 117
[美]普鸣著,张常煊、李健芸译,李震校:
《成神:早期中国的宇宙论、祭祀与自我神化》 ………………… 133
[英]柯律格著,黄小峰译:
《大明:明代中国的视觉文化与物质文化》……………………… 148
(明)方孔炤、方以智撰,郑万耕点校:《周易时论合编》 ……… 165

Contents

Forum: Marx, *Das Kapital*

Is Theory of Reflection the Epistemological Basis of Marx's *Das Kapital*? ······ Wu Meng/1

Marx's Epistemological Criticism of Capitalism's "Idols of the Nature": A Discussion Centered on *Das Kapital* and Its Manuscripts ······ Zhang Wu/21

Historical Narratives in *Das Kapital* and Its Contemporary Effects ······ Huang Weijie/38

Articles

The Minor Debates that Destroy the Grant Dao: The Debates between Confucians and Logicians in the Chapter Gongsun Long of the Kong Congzi ······ Li Qiuhong/55

The Interpretation of "Call" in the *Western Inscription* —From the "Call Qian Father, Call Kun Mother" ······ Wu Yao/69

A New Study on Zhu Xi's "New Theory about 'Zhong-He'" ······ Li Yi/85

Foundations of Parts: An Analysis on the Categories in Husserl's Formal Ontology ······ Mao Jiaji/99

How Can a System of Science Have an Introduction: On Hegel's "Learner's Paradox" ······ Feng Jiahui/118

Rethinking Intellectualism and Embodied Conceptual Capacities —Taking the Dreyfus-McDowell Debate as a Clue ······ Tian Jijiang/134

Future Contingents and the Thin Red Line ······ Fu Zhiwei/149

The Dialectical Thinking of Ancient India and Ancient Greece ······ Yao Weiqun/166

The New Development of Soul Body Monism in Contemporary Christian Philosophy …………………… Xu Tao, Li Ying/180

Reviews

Ding Sixin, *Study on the Origin of* Zhouyi *and Early Yi-ology* …………………………………… Zheng Zhaohui/197

Fang Xudong, *The Interpretation of Neo-Confucianism Theory* ……………………… Li Ying, Zhang Lien/207

Ma Yinghui, *Temporality and the Philosophy of Thinking: Thinking with Husserl in Transcendental Phenomenology* ………………………………………………… Zhang Yujie/218

Opinion: COVID-19

The Perpetual Dusk: Notes on the Epidemic from a "Fake Observer" ………………………………… Cheng Lesong/233

Disease, Other-Self, and Bodymind ………………………… He Huaihong/239

Thinking Racism in the West during the Coronavirus Pandemic ………………………………… Xiang Shuchen/248

Information

François Hartog, *Le Miroir d'Hérodote*, tr. Yan Suwei …………………… 20

Euclid, *The Thirteen Books of Euclid's Elements*, tr. Zhang Butian ……… 37

Jean Bodin, *Methodus Ad Facilem Historiarum Cognitionem*, tr. Zhu Qi …… 54

Daniel Brudney, *Marx's Attempt to Leave Philosophy*, tr. Chen Hao ……… 68

Sean Sayers, *Marx and Alienation: Essays on Hegelian Themes*, tr. Chen Yao ………………………………………… 84

Hans-Georg Moeller and Paul J. D'Ambrosio, *Genuine Pretending: On the Philosophy of the Zhuangzi*, tr. Guo Dingwei ………………… 117

Michael Puett, *To Become a God: Cosmology, Sacrifice, and Self-Divinization in Early China*, tr. Zhang Changxuan and Li Jianyun. pred. Li Zhen ······ 133
Craig Clunas, *Empire Great Brightness: Visual and Material Culture of Ming China* (1369-1644), tr. Huang Xiaofeng ······ 148
Fang Kongzhao and Fang Yizhi, *Compilation of Recent Intepretions on* The Book of Changes, ed. Zheng Wangeng ······ 165

哲学门(总第四十一辑)
第二十一卷第一册
北京大学出版社,2020年6月

反映论是《资本论》的认识论基础吗?

吴 猛*

提 要:恩格斯在其对于《资本论》的阅读中发展出一种"总体反映论"的认识论立场。这一立场的获得,与他将《资本论》第一卷中讨论的剩余价值视为一种特殊事实有关,即,《资本论》被理解为以剩余价值为基础而建立的对于资本主义生产中的总的联系的反映。而剩余价值之所以被视为这样的特殊事实,又是由于恩格斯将《资本论》中的认识论路线理解为以剩余价值为核心的有限的"事物反映论"。恩格斯的这一理解忽视了《资本论》认识论路线中的形式分析维度,就其内在逻辑来说存在着理论困难,同时对于《资本论》的解释力也是不足的。

关键词:恩格斯 《资本论》 剩余价值 反映论

一

1885年5月5日,在马克思67岁冥诞之际,恩格斯在整理完《资本论》第二卷之后,为这部凝结了马克思和他本人心血的著作撰写了一篇"序言"。在"序言"中,恩格斯对马克思的剩余价值理论与前人研究的关系进行了说明。恩格斯的基本观点是,在马克思之前,政治经济学家们实际上已经发现了剩余价值的"存在",但之后就"止步不前"了,而马克思则在把握这一事实之后使全部经济学发生了革命。对于恩格斯来说,这一"革命"就体现在,"根据这种事实,他(指马克思——引者注)研究了全部既有的经济范畴,正像拉瓦

* 吴猛,1975年生,复旦大学哲学学院教授。

锡根据氧气研究了燃素说化学的各种既有的范畴一样”①,从而建立了现代社会各种经济事实之间的具体联系。

这里的问题是,如果说马克思根据剩余价值这一“事实”而对全部既有的“经济范畴”进行了研究的话,那么在这一研究中发挥作用的,显然不应该是这一“事实”本身,而应是表达这一事实的“剩余价值”这一“概念”。恩格斯在这里是不是“遗忘”了一个环节?

事实上,从恩格斯的基本思想倾向来看,这里并不存在“遗忘”的问题,因为对他来说概念和范畴其实正是对事实的“反映”。他在《路德维希·费尔巴哈和德国古典哲学的终结》中的下述观点清楚地展现了这种反映论思想:“我们重新唯物地把我们头脑中的概念看做现实事物的反映,而不是把现实事物看做绝对概念的某一阶段的反映。”②这里的“反映”(Abbild)一词清楚地呈现了恩格斯心中的“概念”与“现实事物”之间的对应关系。“Abbild”一词的本义是“图像”,说概念是现实事物的图像,当然不是说概念就是现实事物,而是说一个概念总是指涉某种现实事物。既然如此,我们在表述一个概念时,似乎就没有理由不将之理解为对该概念所指涉的现实事物的表述。在这种反映论中,概念就这样与现实事物或事实“捆绑”在一起。在这一语境中,对于恩格斯来说,当人们谈到“剩余价值”这一概念时,自然并不会停留在“剩余价值”这一语词本身的层面,而总是会朝向它所指涉的那个“事实”;而反过来,在提及剩余价值这一“事实”时,这一事实也总是通过剩余价值这一“范畴”的使用而被“提及”的。

如果我们在这个层面上理解恩格斯,那么自然可以说,这种“反映论”延续了近代经验论特别是洛克的认识传统,而关于其核心即概念与现实对象或事实的对应关系,当代哲学已形成了比较充分的批判性话语。比如维特根斯坦就曾论证过,无论人们将思想的对象理解为“事实”还是“事实的影子”(即“命题”或“命题的意义”),都会陷入各种矛盾,而根据他的看法,与其追问一个词(包括概念)“真正”意味着什么,不如探讨这个词的用法:“哲学家们经常谈到要对词的意义进行研究和分析。但是,让我们不要忘记,词没有一种仿佛由某种不以我们为转移的力量赋予它以意义,以致人们可以对它进行科

① 《马克思恩格斯全集》第45卷,北京:人民出版社,2003年,第21页。

② 《马克思恩格斯文集》第4卷,北京:人民出版社,2009年,第298页。

学研究，以便发现一个词真正地意味着什么。一个词具有人们赋予它的那种意义。"①

不过，问题的复杂之处在于，我们马上会注意到，恩格斯恐怕不会接受那种将他的这一反映论思想视为近代经验论的翻版的看法。事实上，在恩格斯看来，孤立地将一个概念与某个事物进行对应，而不是将这种对应关系放在"宏大的总的联系"②中进行考察，这只是"形而上学者"观察问题的角度："在形而上学者看来，事物及其在思想上的反映即概念，是孤立的、应当逐个地和分别地加以考察的、固定的、僵硬的、一成不变的研究对象。"③与这种"形而上学者"的立场相对立的是"辩证法"的立场，二者的区别就在于，后一种立场不会孤立地看待事物和概念，相反，辩证法"在考察事物及其在观念上的反映时，本质上是从它们的联系、它们的联结、它们的运动、它们的产生和消逝方面去考察的"④。这样，如果说恩格斯的认识论立场是一种反映论的话，那么这种反映论就不是近代唯物主义的"事物反映论"，而是一种可被称为"总体反映论"的新型反映论——这种反映论所强调的不再是单个概念对于单个现实事物的反映，而是更多地强调概念系统对于处于彼此联系中的事实总体的反映，第一种"反映"只有纳入第二种"反映"才是有效的。当恩格斯在谈到新唯物主义对于黑格尔唯心主义辩证法的"倒转"时说"这样，概念的辩证法本身就变成只是现实世界的辩证运动的自觉的反映，从而黑格尔的辩证法就被倒转过来了，或者宁可说，不是用头立地而是重新用脚立地了"⑤的时候，就体现了他的总体反映论的立场。一言以蔽之，在恩格斯那里，问题的关键不在于以概念的方式反映事物，而在于以辩证法的形式在思想上"反映"事实间的总的联系（也即"现实世界的辩证运动"）。

恩格斯的这种总体反映论显然不可能来自对于近代经验论的"改造"或"发展"。且不说恩格斯一生的思想发展中，并没有较多涉猎近代经验论的著述，仅就两种认识论思想的基本特质来说，对于各种概念与其相对应的事物

---

① 路德维希·维特根斯坦：《蓝皮书和褐皮书》，涂纪亮译，北京：北京大学出版社，2012 年，第 36—37 页。

② 《马克思恩格斯全集》第 26 卷，北京：人民出版社，2014 年，第 24 页。

③ 同上。

④ 同上书，第 25 页。

⑤ 《马克思恩格斯文集》第 4 卷，北京：人民出版社，2009 年，第 298 页。

的反映关系的分别确认,并不等于就是对于事实间“总的联系”的把握,因此事物反映论与总体反映论有着论域上的区隔。

人们或许会说,恩格斯的这一思想显然是受到了黑格尔哲学的启发。的确,恩格斯将黑格尔从逻辑学到自然哲学再到精神哲学建立的绝对唯心主义体系的最大功绩视为“把整个自然的、历史的和精神的世界描写为一个过程,即把它描写为处在不断的运动、变化、转变和发展中,并企图揭示这种运动和发展的内在联系”①。不过,恩格斯对黑格尔的赞扬并非毫无保留。在恩格斯看来,黑格尔只是提出了上述任务,但却并未解决这个任务,因为“黑格尔是唯心主义者,就是说,在他看来,他头脑中的思想不是现实的事物和过程的或多或少抽象的反映,相反,在他看来,事物及其发展只是在世界出现以前已经在某个地方存在着的‘观念’的现实化的反映。这样,一切都被头足倒置了,世界的现实联系完全被颠倒了”②。这样,在恩格斯的笔下,黑格尔就是一位按照“事实的反映论”来工作但却对此毫无自觉的哲学家,因此黑格尔哲学尽管第一次“表述”了辩证法的一般运动形式,但却无法对其正确性进行“证明”。

在恩格斯看来,真正自觉地以辩证法的形式把握现实世界的辩证运动,从而对黑格尔辩证法的正确性进行“证明”的,是马克思的《资本论》。在某种意义上,《资本论》对于恩格斯晚期思想具有决定性的影响,这集中体现在恩格斯对于辩证法的理解上。事实上,恩格斯晚年关于辩证法的一般运动形式的思想、辩证法的三大规律的思想以及辩证法与现实世界的辩证运动之间的“反映”关系的思想,都不是简单地将黑格尔辩证法引入历史唯物主义的产物,毋宁说是基于对《资本论》的阅读而对辩证法的再认识③。这就意味着,我们与其将总体反映论理解为恩格斯阅读《资本论》的“方法论前提”,不如将之理解为恩格斯阅读《资本论》的结果。

恩格斯是如何从《资本论》阅读中发展出“总体反映论”的认识论立场的呢?

---

① 《马克思恩格斯全集》第26卷,北京:人民出版社,2014年,第26页。

② 同上书,第27页。

③ 关于这一问题,请参阅拙著:《历史的肉身——路德维希·费尔巴哈和德国古典哲学的终结》,上海:复旦大学出版社,2018年,第188—197页。

二

恩格斯在《资本论》第一卷于1867年出版以后，对这部著作进行过多种层面的解读和介绍。综观恩格斯对于《资本论》的理解，其要旨在于，认为该著“通过剩余价值揭开资本主义生产的秘密”①。这里的要点在于：一方面，剩余价值是《资本论》全部分析的基础和实际着手点；另一方面，《资本论》最终要做的工作是对资本主义生产的秘密予以揭示。如果说资本主义生产是一种具有总的联系的现实领域的话，那么对于恩格斯来说，《资本论》中的叙述就是以剩余价值理论为基础而实现的对这一领域的总的联系的“反映”。

这种“反映”意味着什么呢？对恩格斯来说，这就意味着对于现实的“经济状况”的“恰当表现”。恩格斯在《资本论》第一卷“第三版序言”中谈到马克思对经济学家们的观点的“引证”时体现了自己的这一想法：“这种引证只是为了确定：一种在发展过程中产生的经济思想，是什么地方、什么时候、什么人第一次明确提出的。这里考虑的只是，所提到的经济学见解在科学史上具有意义，能够多少恰当地从理论上表现当时的经济状况。至于这种见解从作者的观点来看是否还有绝对的或相对的意义，或者完全成为历史上的东西，那是毫无关系的。”②这表明，恩格斯将政治经济学家的作品在马克思《资本论》中的作用仅仅视为对马克思“表现”某种特定经济状况有所助益，而这也就意味着，马克思所引证的，都是能“表现”某种经济状况的观点（也就是所谓“在科学史上具有意义”的见解），而那些不能进行这种“表现”的观点自然就无须被马克思所引用。恩格斯后来又在1886年的《资本论》第一卷“英文版序言”中，明确了马克思所引述的观点未必都是他赞成的：“只要引用的论点具有重要意义，能够多少恰当地表现某一时期占统治地位的社会生产和交换的条件，马克思就加以引证，而不管这种论点是否为马克思所承认，或者，是否具有普遍意义。”③这里体现出恩格斯对于《资本论》的两个基本理解：第一，政治经济学的文献对于马克思写作《资本论》来说的参考价值在于

---

① 《马克思恩格斯全集》第26卷，北京：人民出版社，2014年，第30页。

② 《马克思恩格斯全集》第44卷，北京：人民出版社，2001年，第30页。

③ 同上书，第33页。

它对现实的经济状况的表现的正确程度(只要"多少恰当地表现"现实的观点都会被马克思引用),而顺理成章地,马克思的观点是能够"最恰当"地"表现"现实的;第二,马克思之前的经济学家们分别表现的是某一特定时期的经济状况,而马克思的《资本论》则表现了现代资本主义社会的经济状况及其运动规律。这样,恩格斯就将《资本论》理解为一种恰当"表现"现代资本主义社会现实的理论,它与政治经济学的差别就在于一方面更"恰当"地进行表现,另一方面所表现的是"现代"而非过去特定历史时期的现实。这样,恩格斯关于马克思剩余价值理论的地位的理解,实际上就是认为《资本论》以剩余价值为基础对现代资本主义社会经济状况进行了恰当的表现。

我们首先面临的问题就是,如果马克思的剩余价值理论能够扮演如此重要的角色的话,剩余价值这一事实必定具有某种决定性的力量。那么这种力量是什么呢?关于这一问题,恩格斯的一个著名观点是,就马克思的剩余价值理论而言,"这里的问题不是在于要简单地确认一种经济事实,也不是在于这种事实与永恒公平和真正道德相冲突,而是在于这样一种事实,这种事实必定要使全部经济学发生革命,并且把理解全部资本主义生产的钥匙交给那个知道怎样使用它的人"①。这一观点的令人瞩目之处,在于马克思的剩余价值理论被与经济学革命甚至社会革命联系在一起。

剩余价值理论居然仅凭剩余价值这一"事实"就"必定"具有这种力量,这又如何理解呢?既然关键在于"事实",我们就不能再像前面那样宽泛地理解"事实",而是需要就恩格斯对"事实"一词的使用方式进行更细致一些的分析。

从恩格斯对"事实"一词的使用来看,他十分看重事实的"经验"性质,比如,在他将马克思在《资本论》中所处理的事实理解为"一种经验科学即政治经济学的事实"②时,他就是从经验的角度理解《资本论》中的"事实"的。但"经验"毕竟也是一个多义的概念,人们可以从"体验""意识""感性"等多个角度加以理解。恩格斯所说的"事实"是从哪个角度理解的"经验事实"呢?恩格斯在谈到马克思关于剩余价值的发现问题的态度时的一个有趣的说法为我们回答这一问题提供了着力点:"但马克思和拉瓦锡的做法相反,他不屑

---

① 《马克思恩格斯全集》第45卷,北京:人民出版社,2003年,第21页。

② 《马克思恩格斯全集》第26卷,北京:人民出版社,2014年,第504页。

于说，剩余价值存在的**事实**是他最早发现的。”①恩格斯的这一说法表明，他在将剩余价值称为一种“事实”时，他所指的乃是“存在的事实”。恩格斯所使用的“存在”（Existenz）一词，是一个在他从青年时代起就格外关注的概念。在他早年对谢林的批判中，他就从费尔巴哈思想中借用了这一概念，用以表达感性物在排他性空间中“满足于自身”也即具有独特的质②。如果从这一角度来理解剩余价值的“存在的事实”，这一“事实”就是对剩余价值的这种“排他性空间”和“满足于自身”的确认。如果说剩余价值具有一种排他性空间和对于自身的“满足”，那显然并非指其具有一般意义的规定性，因为对于一个概念或范畴也可以在“满足于自身”的意义上加以谈论，而作为一种“存在的事实”的剩余价值对于恩格斯来说又显然不能仅仅是一个概念或范畴。问题是，“剩余价值”显然又并非一种简单的“感性物”，那么，这种既非概念或范畴又非感性物剩余价值的“存在”该如何理解呢？关于这一问题，恩格斯有一个说明：“在剩余价值理论方面，马克思与他的前人的关系，正如拉瓦锡与普利斯特列和舍勒的关系一样。在马克思以前很久，人们就已经确定我们现在称为剩余价值的那部分产品价值的**存在**；同样也有人已经多少明确地说过，这部分价值是由什么构成的，也就是说，是由占有者不付等价物的那种劳动的产品构成的。但是到这里人们就止步不前了。”③我们由此可以明白，恩格斯所说的剩余价值的“存在”，就是由某种特定的主体（占有者）以特定的方式（不付等价物）而形成的劳动产品的价值的存在——而正是在这个意义上说，这种“存在”与感性物的存在一样，都是在一定的“排他性空间”中被限定并“满足于自身”的。这样，如果说“存在的事实”是一种“经验事实”的话，这种经验事实就既和“体验”“意识”无关，也和“感性”无关，而是和特定历史时空（资本主义时代）下的特定社会关系构成的具有完整边界的排他性空间相关。

在恩格斯看来，我们不能认为上述意义上的剩余价值之“存在的事实”或“经验事实”就是马克思所获得的最终成就，因为这种事实是古典政治经济学

① 《马克思恩格斯全集》第45卷，北京：人民出版社，2003年，第23页。

② 关于这一问题的讨论，请参见拙著：《历史的肉身——路德维希·费尔巴哈和德国古典哲学的终结》，上海：复旦大学出版社，2018年，第106—110页。

③ 《马克思恩格斯全集》第45卷，北京：人民出版社，2003年，第21页。

家们业已掌握的。人们不禁要问,既然马克思和政治经济学家们发现的是同一"事实",马克思的剩余价值理论的贡献究竟体现在什么地方呢?如果了解了恩格斯对于"事实"的独特考察方式,就不难理解他回答这一问题的思路。按照恩格斯在《自然辩证法》手稿中对于"事实"的考察方式,可以看到,问题的关键在于从(物质的或历史的)"各种实在形式和运动形式"出发考察事实之间的"种种联系"①。由此可见,"事实"一方面具有某种排他性空间,但另一方面不能是完全封闭的空间,而应是和其他事实之间具有联系的空间。如果从恩格斯青年时代所青睐的费尔巴哈的角度来看,"空间"本身就意味着处于对象性关系中的对象之间的并置关系,这种并置关系也是一种联系,因此乍看上去,说一种排他性空间"和其他事实之间具有联系"似乎有叠床架屋之嫌。但其实这里恰好体现出恩格斯"事实"概念的特别之处:事实之间的这些"联系"不应该仅仅是"对象性"关系,而应当是远为丰富的关系。在恩格斯眼中,"主要是同马克思的名字联系在一起的"②思想派别与其他的思想派别的根本区别就在于,由于前者"在理解现实世界(自然界和历史)时按照它本身在每一个不以先入为主的唯心主义怪想来对待它的人面前所呈现的那样来理解;他们决心毫不怜惜地抛弃一切同事实(从事实本身的联系而不是从幻想的联系来把握的事实)不相符合的唯心主义怪想"③,这就是说,马克思主义的唯物主义立场就在于不是停留在特定事实本身孤立地看待事实,而是从"事实本身的联系"来看待事实。从恩格斯的这一立场出发来看马克思剩余价值理论的贡献,一个顺理成章的结论自然就是,马克思的剩余价值理论与古典政治经济学的剩余价值理论的根本不同,在于前者不是对作为一种孤立的事实(在恩格斯的视野中,所谓"孤立的事实"其实只能算作唯心主义的"怪想")的剩余价值的简单确认,而是将之放在与其他的经济事实的联系中加以审视。

不过,既然在恩格斯眼中剩余价值这一事实是一种马克思一旦把握就必定产生经济学革命的事实,它就自然应当具有与其他事实相比相当特殊的地方。关于这种特殊性,恩格斯有过多种论证。这些论证包括:

① 《马克思恩格斯全集》第26卷,北京:人民出版社,2014年,第503页。

② 《马克思恩格斯文集》第4卷,北京:人民出版社,2009年,第296页。

③ 同上书,第297页。

首先，马克思利用对剩余价值这一事实的把握解决了古典政治经济学解决不了的困难。比如，在 1868 年 3 月为《资本论》第一卷所作的书评中，恩格斯从政治经济学所遇到的价值规律和利润规律的矛盾的解决来理解剩余价值理论的意义。关于这一点，恩格斯说："在这个矛盾面前，以往的经济学束手无策，只是写一些或说一些毫无意义的空话。甚至以往从社会主义立场来批评经济学的人，也只能指出这一矛盾而已；在马克思以前，谁也没有解决这个矛盾，只有马克思才探寻了这种利润的产生过程，一直追溯到它的根源，把一切都弄明白了。"①在恩格斯看来，马克思的剩余价值理论对于价值规律和利润规律之间的矛盾的解决，同时也使得政治经济学一直无法说明的剩余价值的来源问题得到了说明，因此也使经济学研究不再"止步于"剩余价值这一"事实"本身。除此之外，类似的例子还包括，恩格斯在《资本论》第二卷"序言"中提到，马克思剩余价值理论解决了一个使李嘉图学派破产的难题，即资本和劳动的交换与劳动价值论的矛盾，等等。

其次，对于剩余价值这一事实的考察，为全部既有经济学范畴的系统化提供了前提。在恩格斯看来，马克思对于商品价值问题的考察，正是出于探讨剩余价值的需要："要知道什么是剩余价值，他就必须知道什么是价值。李嘉图的价值理论本身必须首先加以批判。于是，马克思研究了劳动形成价值的特性，第一次确定了**什么样**的劳动形成价值，为什么形成价值以及怎样形成价值，并确定了价值不外就是**这种**劳动的凝固，而这一点是洛贝尔图斯始终没有理解的。"②恩格斯认为，正是从这一起点出发，马克思建立了一个完整的经济学体系：从商品和商品的交换到商品与货币的对立，再到货币向资本的转化，再到剩余价值形成的实际过程，最后，"他根据剩余价值，阐明了我们现在才具有的第一个合理的工资理论，第一次指出了资本主义积累史的各个基本特征，并说明了资本主义积累的历史趋势"③。

最后，剩余价值这一事实为分析现代资本主义社会的核心机制和主要规律提供了基石。比如，马克思通过对剩余价值这一事实的分析，揭示了"全部现存的社会制度都是建立在这种无酬劳动之上的"④。再比如，马克思的剩

① 《马克思恩格斯文集》第 3 卷，北京：人民出版社，2009 年，第 80 页。

② 《马克思恩格斯全集》第 45 卷，北京：人民出版社，2003 年，第 21—22 页。

③ 同上书，第 22 页。

④ 《马克思恩格斯文集》第 3 卷，北京：人民出版社，2009 年，第 82—83 页。

余价值理论不仅揭示了简单再生产的秘密,更呈现了资产阶级利用无酬劳动进行扩大再生产的秘密,从而展现了资本主义积累的规律:资本在以不断扩大的规模再生产自己的同时,也不断生产出更多的工人,“可是,由于机器生产的发展、农业的改良等等,生产同样数量产品所必需的工人越加减少了,这种完善,也就是这种使工人过剩的现象,甚至比资本的增加更要快得多”①,从而产生大量相对过剩的人口。

可以看到,恩格斯之所以认为作为“事实”的剩余价值是一种特殊的事实,正在于这种事实能够与其他事实产生特殊的联系。就上述第一个方面来说,剩余价值这一事实与利润、工资、劳动等事实所具有的内在联系一旦被建立,就能够弥补既有的政治经济学各种体系的理论缺陷和不足;就第二个方面来说,当剩余价值与“价值”这样的基础性概念建立联系并开启对于后者的追问之后,一个不断深入展开的“链式反应”将会出现,其方向将是旧的政治经济学体系的坍塌和新的政治经济学体系的建立,从而实现经济学的革命;就第三个方面来说,剩余价值在与社会机制和社会历史发展方向这样的问题联系在一起时,将引发人们对于社会机制的基本维度和社会历史发展规律的反思,从而对当代资本主义社会本身展开批判。由此看来,恩格斯所确认的,乃是剩余价值是一种具有特殊力量的事实,也即一旦与其他事实建立起联系,就能产生一系列理论后果。而由此出发理解马克思在《资本论》中的工作,自然会将之视为以剩余价值为出发点对资本主义生产的总的联系的探寻。

但这里隐藏着一个理论困难,这就是,当恩格斯一方面将剩余价值这一事实理解为《资本论》的出发点,另一方面又将《资本论》的理论视野视为以辩证法的方式呈现了经济事实间的总的联系时,剩余价值这一事实的位置就显得颇为可疑:作为全部体系建立于其上的基础和出发点,它似乎是可以独立于“总的联系”而存在的事实;但这一事实实际上又是“总的联系”中的一个节点,因而这一事实是不能独立存在的,或者说,对它的任何孤立性表达都不是对其“事实”的表达。而这也就意味着,将剩余价值作为一种“特殊事实”来看待,试图以其为前提建立与其他经济事实之间的“联系”,从根本上说是自相矛盾的。

① 《马克思恩格斯文集》第3卷,北京:人民出版社,2009年,第86页。

三

对于恩格斯来说,如果说剩余价值的"存在的事实"其实并不是马克思首次发现,甚至连剩余价值的构成问题都已有前人明确探讨过的话,那么要为这一理论进行辩护或证明它超越了既有的经济学,一种可能的方式,就是证明马克思可以通过剩余价值理论建立起与其他经济事实之间的整体性联系。对于恩格斯来说,只有一种办法能够实现这种证明并解决上述困难(而这也正是他实际上运用的基本论证策略):将事实间的总的联系不是视为一种共时性网络,而是视为一种历时性系统。

在这一策略之下,剩余价值位处"当下",这种当下的事实既是我们能直接把握到的、具有自明性的事实(这就是为什么古典政治经济学家们"不依靠马克思"也能发现这一事实),又是可以对其"来历"进行追溯(因而与"价值"和"货币"建立联系)并对其"发展趋势"进行分析(因而与"资本积累的趋势"建立起联系)的事实。如此一来,这种事实的独立性在于其当下性,而它与其他事实之间的联系又在于它们在时间上的连续性。正是在这种历时性系统中,恩格斯得以将剩余价值与其他事实建立起"联系":这些"联系"之所以需要被"建立"而不是被"发现",是由于实际上只有剩余价值以及与其紧密相关的一些事实具有当下性,其他的"事实"都需要在时间之维之中"推演"(追溯或预见)才能获得。也正是因为这样,我们才能明白,何以在恩格斯这里,如此这般操作而形成的"《资本论》的辩证法"兼具时间性和逻辑性:"但是,不言而喻,在事物及其互相关系不是被看作固定的东西,而是被看作可变的东西的时候,它们在思想上的反映,概念,会同样发生变化和变形;它们不能被限定在僵硬的定义中,而是要在它们的历史的或逻辑的形成过程中来加以阐明。"①这里所谓"它们的历史的或逻辑的形成过程",其实根本上说"历史的"维度是主导性的,而"逻辑的"维度是派生的,这就是为什么当恩格斯在谈到《资本论》的开端时干脆只提前者而不提后者:"这样,我们就会明白,为什么马克思在第一册的开头从被他当作历史前提的简单商品生产出发,然后从这个基础进到资本,——为什么他要从简单商品出发,而不是从一

① 《马克思恩格斯全集》第46卷,北京:人民出版社,2003年,第17页。

个在概念上和历史上都是派生的形式,即已经在资本主义下变形的商品出发。”[①]由于这里的“历史的”维度不仅被引入而且成为主导性维度,因此从价值到货币再到资本和剩余价值这条线索就被理解为体现了各种事实间的“总的联系”的线索;但同时这种“历史的”维度实际上又是被“推演”出来的,因此这个推演过程又总是要依靠概念、以理论的方式展开才能获得。如果持有“历史是事实构成的过程”这样的观点的人们对这两种维度间的关系展开考察的话,一个很自然的想法就是,只有历史的维度才是真实的,而理论推演过程在此只是对于历史的维度的表现。当我们把历史的维度视为“现实的辩证运动”时,那么逻辑的维度也即辩证法就是对于这一运动的“反映”或“图像”。这样我们就看到,恩格斯何以能够从《资本论》中读出一种“总体反映论”。这样可以看到,这种“总体反映论”实际上是恩格斯通过对于《资本论》“双重建构”式的阅读而形成的,也即一方面以剩余价值为事实基点建构起各种经济事实间的“历史的联系”,另一方面又以剩余价值为逻辑基点建构起经济概念之间的“逻辑的联系”,再以一种恩格斯所理解的“唯物主义”的方式将“逻辑的联系”理解为“历史的联系”的“反映”。

我们马上会看到,如果说这种“反映”是作为一种逻辑的联系的“辩证法”对“现实的辩证运动”的“反映”的话,那么究其根本,这种“反映”其实只是一种幻象。这是因为,恩格斯视野中的“逻辑的联系”和“历史的联系”尽管表面上看起来建构方式不同,其实却只是同一建构过程的两个方面:无论从二者中的哪一个方面来看,“剩余价值”这一“事实”都是由以出发的基点,但对于这一事实本身的考察却似乎不需要任何前提,因此从经验的当下性来看,剩余价值具有无可置疑的“自明性”,如果从历史的维度即其“根源”或“发展趋势”的角度来理解这种“自明性”,自然就牵涉时间上在先或在后的另一种经济事实,而如果从逻辑的维度(要理解这一当下性事实,就要“先理解”另一个事实)来看待这种自明性,对于恩格斯来说,其实就是要为这种自明性事实寻找其“简单形式”——但问题是,如果从当下性的角度理解作为价值的“高级”和“复杂”形式,那么价值的“简单形式”显然只有在历史的维度下才能被理解,这样一来,无论是从逻辑的联系还是历史的联系来理解经济

① 《马克思恩格斯全集》第46卷,北京:人民出版社,2003年,第17页。

事实间的总的联系，都是同一回事，而所谓以辩证法的方式对现实运动的总的联系的"反映"，也只能是一种以特定方式建立的叙述过程从一个侧面出发对自己的另一个侧面的的想象。

人们或许会说，在这里恩格斯是由于把概念的"简单形式"和"变形形式"放在历史性维度中理解才导致了上述困难的。当然，从恩格斯的思想发展历程来看，恩格斯从早年开始就对"历史"着迷，并在一生的思想工作中始终执着于以历史主义立场探讨现实的理性化问题，所以恩格斯的上述做法对他来说是很自然的。但就我们在这里讨论的问题来说，由于恩格斯的目的在于论证《资本论》实现了"经济学的革命"即展现了经济事实间的总的联系，他的这种操作实际上又是必需的，因为简单概念与复杂概念或概念的简单形式与复杂形式之间的关系如果不放在历史的维度上来理解的话，就会对"剩余价值"这一事实的当下性和自明性造成冲击，从而使《资本论》的整个概念体系成为无根的系统。因此，问题的根本不在于恩格斯错误地选择了一种理论"立场"或论证的"视角"，而在于在他的眼中，剩余价值这一经济事实所具有的当下性使其可以直接在理论分析中具有自足地位，或者说，它作为一种自足的事实可以凭其当下性而直接成为理论分析的对象。而这实际上就意味着，恩格斯将《资本论》的认识论基础理解为一种有限的事物反映论。即一方面将具有当下性的自足对象视为可以直接在理论中被"反映"的，而另一方面具有这种地位的对象又是有限的（只有像剩余价值这样的对象才具有这样的地位）。如果说恩格斯首先将这种有限的事物反映论设定为《资本论》的认识论基础，再将《资本论》解释为一个以这种反映论所提供的特殊事实即剩余价值为基础建立的"总体反映论"体系，那么这一思路的内在逻辑矛盾是显然的，因为一方面这一思路的基石即有限的"事物反映论"其实是一种无法证明其自洽性的认识论路线（如前文所述，这一路线甚至恩格斯自己都认为是"形而上学者"的立场），另一方面恩格斯为了维护这种成问题的基石又不得不采用会导致理论困难的辅助策略（建立"历史的东西"和"逻辑的东西"的"关系"）。

不过，对于一种经济事实（如剩余价值）的当下性的确认，难道无法通过理论的方式加以实现吗？难道我们不是可以直截了当并"明白无误"地将剩余价值表达为在资本主义时代资本家所占有的、由工人的无酬劳动所创造的价值吗？我们当然可以一般性地谈这些问题。但如果我们希望更加严格地进行讨论的话，显然停留在这个层面上是不够的，比如我们会问：我们在这里所谈的，实际上是剩余价值的“一般形式”，那么，剩余价值的具体表现形式有哪些呢？这一问题的答案似乎也是清楚明白的：其表现形式自然就是利润、利息和地租等。但如果人们进一步问，“如何理解这些剩余价值的具体形式的来历、特征和构成方式？”我们会发现此时自己面临一个问题：我们固然可以对这些具体形式分别进行考察，但既然“剩余价值”的“一般形式”就是对于各种具体的剩余价值的“概况”，对于剩余价值的一般形式的理解本身不就是对于“所有”这些具体形式的理解吗？当我们这样来理解剩余价值的“一般形式”和“特殊形式”之间的关系时，自然会认为，我们对于前者的讨论，本身就是对于后者的讨论。但剩余价值的“一般形式”是如何获得的呢？人们经常使用的方法是“归纳法”。归纳法的特点是先有个体再有对于共相的“抽取”，因此合乎逻辑的做法似乎应该是，在剩余价值诸特殊形式的形成机制研究清楚之后才能得到关于剩余价值的“一般形式”。不过正如归纳法常面临的诘难所显示的那样，这里的困难在于，如果我们没有关于剩余价值的“一般形式”的观念，就无从确定哪些是剩余价值的“具体形式”。这样，我们实际上经常不过是用一种伪装成归纳法的方法来代替归纳法，这就是：某些实际上属于特殊形式的特征作为“一般形式”，而后者又作为“标准”整合了相关个体领域。在此视野下，我们可以看到，恩格斯在论及马克思剩余价值理论的意义时所讨论的“一般形式”的剩余价值，实际上正是剩余价值的一种特殊形式即利润，因为按照马克思的看法，将剩余价值理解为工人超出补偿自己工资的那部分劳动而完成的劳动所创造的价值，这是将利润这一剩余价值的特殊形式视为剩余价值的一般形式的结果——马克思正是从这一视角出发批判了亚当·斯密及其以后的政治经济学家们的剩余价值观：“亚当（指亚当·斯密——引者注）虽然实质上是说明剩余价值，但是他没有明确地用一个特定的、不同于其各个特殊形式的范畴来阐明剩余价值，因此，后来他直接就把剩余价值同更发展的形式即利润混淆起来了。这个错误，在李嘉图和他的所有的后继者的著作中，仍然存在。”①这样，可以看到，当恩格斯将“剩余价值”（其实就是剩余价值的“一般形式”）理解为被资本家所占有的工人

---

① 《马克思恩格斯全集》第33卷，北京：人民出版社，2004年，第66页。

的无酬劳动所创造的价值时，他实际上和政治经济学家们一样，用剩余价值的一种特殊形式（即利润）作为一般形式。也正是如此，我们才能明白，恩格斯何以能够将剩余价值理解为一种具有当下性的经济事实：既然在工人和资本家的二元关系中就已展现了当代资本主义系统中的剩余价值之生产和占有的基本方式，剩余价值这一“事实”自然就在时间之维中具有了当下的自足性——这种剩余价值似乎就是人们可以在资本主义时代的每一个工厂中都能发现的对象，因而可以作为具有当下性的事实直接加以指认。

如果从上述剩余价值的一般形式和特殊形式的关系出发理解恩格斯对于《资本论》的反映论式阅读之困难的根源的话，人们可以马上指出，若如此来看，恐怕不能让恩格斯单独承担责任，因为从《资本论》第一卷的实际内容来看，该著一方面提供了一种关于剩余价值的一般形式，另一方面由于这一卷中的“人物关系”只牵涉作为劳动力的人格化的工人和作为资本的人格化的资本家，我们似乎没有理由不把剩余价值的占有者理解为资本家，而这难道不正说明《资本论》第一卷中讨论的“剩余价值”是一种自足的、具有当下性的事实吗？对于这种质疑的一种质疑是，如果这样的话，我们又该如何理解地租和利息等其他形式的剩余价值与剩余价值的一般形式的关系呢？关于这一问题，马克思说：“然而另一方面，某一个资本家的净收入则理解为：**第一**，扣除所预付的不变资本和可变资本之后所剩下来的东西，也就是**扣除**在此之前包括在**收入**概念中的那个部分之后所剩下的东西；第二，剩余价值中扣除了资本家必须再交给其他人的那些部分（如租金和利息）之后所剩下的东西；可见，实际上资本家的净收入无非就是留在资本家手中的**相应的剩余价值**（或剩余产品）**份额**。”①在这里马克思的意思很清楚，资本家所获得的部分只是剩余价值的一部分，而不是全部，因此就《资本论》第一卷的剩余价值的具体形态来说，其实只是与利润有关的剩余价值形式。

但这样一来，似乎就出现了一种自相矛盾的局面：一方面，《资本论》第一卷提供了剩余价值的一般形式，但另一方面这种剩余价值其实只是一种特殊的剩余价值形式。问题究竟出在哪里呢？

---

① 《马克思恩格斯全集》第 49 卷，北京：人民出版社，1982 年，第 461 页。

四

我们首先应注意的是,马克思从来没有说过《资本论》第一卷的剩余价值理论是自足的体系,恰好相反,马克思曾明确谈到过它另有指向:“从整体上考察资本主义生产,就可以得出结论:作为这个过程的真正产品,应考察的不只是**商品**(尤其不只是商品的**使用价值**,即**产品**);也不只是**剩余价值**;虽然剩余价值是结果,它表现为整个生产过程的目的并决定着这个过程的性质。不仅是生产一个东西——商品,即比原来预付的资本具有更大价值的商品,而且是生产资本和雇佣劳动;换言之,是再生产[劳动和资本之间的]关系,并使之永存。”①这段话出自被恩格斯视为包含《资本论》第一卷的“现有的最早文稿”②的《1861—1863 年经济学手稿》,我们可以看到,在这里马克思并没有赋予产业资本领域中的剩余价值以“自足”地位,甚至剩余价值的一般形式也不具有任何意义上的“自足性”,毋宁说,剩余价值只是资本主义生产系统的“结果”和“表现”,与其直接相关联的,不仅是资本的再生产,更是劳动和资本的关系的再生产;进一步说,剩余价值实际上在整个资本主义生产领域并非处于“基础”层面,反倒是处于“表现”层面,而使得这种“表现”得以如此表现的,是整个资本主义生产过程本身,因此,要真正考察清楚剩余价值的生成机制,就不能仅就剩余价值的“表现”来谈,而应通过深入把握这一生产过程本身的总体性(特别包括资本的再生产以及劳动和资本的关系的再生产这两个层面)来进行探讨。这一思路为我们重新理解《资本论》第一卷的剩余价值理论在政治经济学批判中的位置提供了新的可能性。

从这一视角出发,我们会看到,如果说马克思在《资本论》第一卷中所讨论的剩余价值实际上是整个资本主义生产过程的结果和表现的话,那么其引入方式是颇为特别的:相对于将它生产出来的“过程”来说,剩余价值是最早出现的一批概念(这一批概念还包括“资本”和“劳动力”)之一,而这就意味着,马克思是在还没有分析产生剩余价值的具体过程之前就引入了剩余价值概念的。如果我们将“细胞说”或“种子说”等各种关于《资本论》的叙述方

---

① 《马克思恩格斯全集》第 32 卷,北京:人民出版社,1998 年,第 181 页。

② 《马克思恩格斯全集》第 45 卷,北京:人民出版社,2003 年,第 4 页。

法的既有理解悬搁起来，聚焦于剩余价值概念的提出本身，那么我们会看到，在马克思的叙述中，剩余价值概念出现的直接语境是马克思对于货币流通的一般形式的分析：在 G—W—G 即货币流通中，如果始终没有量的变化，这一过程实际上是没有内容因而是无意义的（“因此，G—W—G 过程所以有内容，不是因为两极有质的区别（二者都是货币），而只是因为它们有量的不同”①），因此在这里就必须有一个增殖额存在：“我把这个增殖额或超过原价值的余额叫作剩余价值（surplus value）。可见，原预付价值不仅在流通中保存下来，而且在流通中改变了自己的价值量，加上了一个剩余价值，或者说增殖了。正是这种运动使价值转化为资本。”②在这里，剩余价值并不是对于现实中的工厂里的任何经验现象的归纳概括，而是在追问货币在一般货币流通形式中的意义时提供的一种解决方案：只有存在这一价值增量，G—W—G 这一过程中的 G（货币）的在场才是有意义的，但此时货币已经不再是一般意义上的货币，而是资本了，至于剩余价值的存在，则正是资本之为资本的前提。正是由于剩余价值概念的引入，在这里，所谓“货币转化为资本”才不能被理解为在时间维度上展开的某种转变，而是指曾“表现”为货币流通的过程，其“给出方式”其实是由资本主导的“为卖而买”。剩余价值概念的这一提出方式并不意味着剩余价值只是一种被“推演”出来的“观念”：作为马克思的独特的叙述方式的一种体现，或者说马克思的从抽象到具体的政治经济学批判方法的一个环节，剩余价值的出现意味着马克思通过对“货币流通”过程的形式规定的形式前提进行分析而进入了对于与货币流通这一认识对象相关的历史性现实运动维度的探讨③。在剩余价值概念被提出之后，马克思又接着对这一概念再进行形式分析，其形式前提即“劳动力”便跃然而出。在《资本论》第一卷中，马克思或许是为了叙述的简便和易懂，用了一种可称为“排除法”的方法揭示“劳动力”的存在的必要性，但在其手稿（如《1857—1858 年经济学手稿》和《1861—1863 年经济学手稿》）中，马克思却事实上给出了关于“劳动力”概念的形式分析论证：简要来说，“具有独立性的交换价值”（其基

① 《马克思恩格斯全集》第 44 卷，北京：人民出版社，2001 年，第 176 页。

② 同上。

③ 关于马克思的形式分析方法的讨论，请参阅拙文《价值形式分析与平等问题》（载《哲学研究》2019 年第 6 期）和《价值形式：马克思商品拜物教批判的理论定位》（载《中国社会科学》2020 年第 4 期）。

本形式就是 G—W—G)这一理论对象的形式前提货币其实是资本(这也就意味着存在剩余价值),而增殖的价值这一“内容”是不可能由交换价值这一“形式”本身产生的,交换价值只有与其对立物发生作用才可能产生超出纯形式范围的内容,这种对立物就是使用价值,但这种使用价值又不能是以消费为目的的使用价值,而只能是“作为使用价值的使用价值”也即以价值增殖为目标的使用价值,后面这种使用价值不能随着消费而消失,但也不能处于相对静止状态,而是只能在使用价值的形态的改变中改变交换价值的量,而这种改变就需要人的劳动能力的参与,这种劳动能力在《资本论》第一卷中被称为“劳动力”①。在这一语境中,我们可以看到,创造剩余价值的“劳动力”不是马克思从现代工厂的经验事实中“发现”的,而是通过形式分析的方法获得的;“劳动力”固然是工人的劳动能力,而工人又总是与资本家相对立的,但劳动力概念被以这种方式引出的意义,不在于将产生剩余价值的“场所”固定在“工厂”中,而在于进一步呈现“具有独立性的交换价值”(其实就是作为资本主义意识形态观念的重要组成部分的“市场”)的形式前提。在此处显现的剩余价值,只是剩余价值在此特定分析过程中的“表现”形式,而不是作为“实体”的剩余价值,从而也谈不上是“一般形式的剩余价值”。事实上,在此作为“结果”和“表现”的剩余价值,只有在进一步的对于资本主义生产的总的过程的讨论中,才能获得其“给出方式”(或“意义”),其基本方式是,对与产业资本相关的体现为“利润”的剩余价值的形式规定进行形式分析,就要进入到对于资本的再生产和资本与劳动的关系的再生产的分析,而若对后二者进行进一步的形式分析,即分析其历史性现实运动前提,就要进入关于资本的流通和资本主义生产总过程的探讨,而在这一视野中,剩余价值当然就不再仅仅与利润相关,而是也与地租和利息相关。

因此,我们可以看到,《资本论》是沿着一种独特的意义认识论路线展开叙述的。而恩格斯对《资本论》的解读则将这一路线的形式分析维度误读为一种以“剩余价值”为核心的有限的“事物反映论”。我们在上文中的分析已经表明,这种理解不仅就其自身逻辑来说具有不可克服的矛盾,而且对于《资本论》的解释力也明显有限。

---

① 马克思对于这一问题的论述,请参见《马克思恩格斯全集》第 31 卷,北京:人民出版社,1998 年,第 393—397 页。

但恩格斯的这种解读《资本论》的方式，极大地影响了后世思想界对《资本论》的阅读方式。今天人们习惯于从《资本论》与当代世界的多重关系来理解这本巨著，从而产生了多重阅读视角（如新政治经济学的视角，经济哲学的视角，政治哲学的视角，等等），这固然是必要的，但如果我们不对《资本论》本身的认识论问题进行反思，延续恩格斯为我们设定的反映论路线来理解《资本论》，就会产生各种理论问题，这些问题特别包括：《资本论》被理解为一部单纯的政治经济学著作，《资本论》被理解为是对于资本主义社会一般发展规律的分析，《资本论》的核心理论即剩余价值论被认为是业已过时的理论，《资本论》的政治哲学意蕴被理解为对于“更自由和更人性”的社会的追求，等等。当然，对于这些问题的分析已超出本文的范围。在这里，我们所能说的只是，上述这些问题的产生，尽管问题来源和问题意识各个不同，但由于都将“反映论”认识路线内置于《资本论》解读的工作中，从而不可避免地会影响对相关问题的深入探讨。

Is Theory of Reflection the Epistemological Basis of Marx's *Das Kapital*?

Wu Meng

Abstract: Engels developed his epistemological theory that can be called "theory of reflection of totality", from his reading of Marx's *Das Kapital*, which means that Engels viewed "surplus-value" discussed in *Das Kapital* as a special fact that is the basis for the reflection of the total connection in the capitalist production. For Engels, this was linked with his understanding of the epistemological basis of *Das Kapital* as a limited "theory of reflection of things", which missed the dimension of "formal analysis" of the epistemological approach of *Das Kapital*.

Key Words: Engels, Das Kapital, Surplus-value, Theory of reflection

书讯

《希罗多德的镜子》

[法]弗朗索瓦·阿赫托戈(François Hartog) 著 闫素伟 译

北京:中信出版集团,2019年8月

希罗多德的《历史》是一部重要而难读的西学经典著作。书中既有对希波战争的宏大翔实的标准历史叙述,又有对斯基泰、埃及等周边文明的详细"猎奇"的描绘,其中包含了相当多神异而荒诞的情节,大大削弱了这位"历史之父"书写的可靠性。但是,现代的内亚和西亚考古在相当程度上印证了希罗多德的斯基泰叙事并非全然虚构。那么,我们应该如何理解希罗多德心目中的历史真实性?如何理解《历史》的内在统一性?

法国年鉴学派史家阿赫托戈的经典名著《希罗多德的镜子》对这个问题给出了令人耳目一新的有力回答。他通过分析希罗多德如何书写非希腊人的风俗和信仰,来展示"这位伟大的历史学家是如何描述、理解一种与自己截然不同的生活方式,又使用了什么样的语言、修辞和哲学手段把他的文本塑造成了一面镜子"。我们在阅读《历史》的非希腊叙事时感受到的"神异而荒诞",也许不仅是一个特例,而是自古以来针对他者的历史叙事所难以逃脱的"镜中奇遇";只不过,有时候我们在看镜子,而更多的时候我们又在镜中。(肖京)

哲学门(总第四十一辑)
第二十一卷第一册
北京大学出版社,2020年6月

马克思对资本主义“自然假象”的认识论批判

——以《资本论》及其手稿为中心的讨论

张　梧*

提　要:所谓“自然假象”是指把作为特定历史阶段的资本主义拔高为永恒状态。马克思对“自然假象”的种种表现形式展开了认识论批判,其批判的重心在于揭示“自然假象”的社会历史根源。以孤立个体为起点的自然状态假象,其根源是“抽象成为表象”。以“看不见的手”为基础的自发秩序假象,其根源是社会关系的物化。以非暴力同意为核心的自由意志假象,其根源是强制暴力的形式转变。

关键词:马克思　自由主义　自然假象　自然状态　认识论

一

所谓“自然假象”,是指人们认为资本主义社会的生产关系和运行体系具有自发性等特征,可以比附自然规律,因而把具有历史规定性和暂时性的资本主义社会错认为一种超越历史的永恒状态。马克思多次批评古典政治经济学家所持有的“自然假象”,其中最为集中也是最为著名的段落是:

> 经济学家们的论证方式是非常奇怪的。他们认为只有两种制度:一种是人为的,一种是天然的。封建制度是人为的,资产阶级制度是天然的。在这方面,经济学家很像那些把宗教也分为两类的神学家。一切异教都是人们臆造的,而他们自己的宗教则是神的启示。经济学家所以说

* 张梧,1985年生,北京大学哲学系助理教授。

> 现存的关系(资产阶级生产关系)是天然的,是想以此说明,这些关系正是使生产财富和发展生产力得以按照自然规律进行的那些关系。因此,这些关系是不受时间影响的自然规律。这是应当永远支配社会的永恒规律。于是,以前是有历史的,现在再也没有历史了。以前所以有历史,是由于有过封建制度,由于在这些封建制度中有一种和经济学家称为自然的、因而是永恒的资产阶级社会生产关系完全不同的生产关系。①

在马克思看来,资本主义社会"自然假象"之所以具有虚假性,原因在于这种观念的"超历史性"。在此不得不指出,"自然"一词在马克思哲学中具有多重意谓。大体说来,马克思所使用的"自然"至少具有以下两种意义:一方面,"自然"具有必然性的意义,这个意义的"自然"等同于自然规律。例如,马克思在《资本论》第一版序言中说:"我的观点是把经济的社会形态的发展理解为一种自然史的过程。"②这里的"自然史"指这是一种不以人的意志为转移的客观过程,同时具有历史的必然性。此外,马克思更为明确的说法是,"问题本身并不在于资本主义生产的自然规律所引起的社会对抗的发展程度的高低。问题在于这些规律本身,在于这些以铁的必然性发生作用并且正在实现的趋势"③。在他看来,资本主义社会的运行体系具有内在的规律,这种规律甚至表现为与人相异的外在强制性,因而可以比拟为"自然规律"。值得注意的是,马克思虽然把资本主义运行逻辑称之为"自然规律",但也给自然规律加上了一个并非可有可无的限定词,即"资本主义生产的自然规律"。也就是说,在他看来,所谓"自然规律"只适用于特定社会的特定阶段,不存在超越历史的永恒规律。

另一方面,马克思是在与"历史"相对立的意义上使用"自然"概念,"自然"具有超历史的意义。在《德意志意识形态》中,马克思说:"'自然和历史的对立',好像这是两种互不相干的'事物',好像人们面前始终不会有历史的自然和自然的历史。"④自然与历史构成了原则上的对立,这里的"自然"便是不随着历史变化而变化的永恒状态。在马克思看来,并不存在超历史的

---

① 《马克思恩格斯文集》第1卷,北京:人民出版社,2009年,第612—613页。

② 《马克思恩格斯文集》第5卷,北京:人民出版社,2009年,第10页。

③ 同上书,第8页。

④ 《马克思恩格斯文集》第1卷,北京:人民出版社,2009年,第529页。

“自然”,自然也同样具有历史性,是人类社会历史的产物。脱离人的实践因而超出历史界限的自然是没有任何意义的,“被抽象地理解的、自为的、被确定为与人分隔开来的自然界,对人来说也是无”①。如果说《德意志意识形态》是批判法国唯物主义与费尔巴哈的直观唯物主义的“自然与历史的对立”,那么在《资本论》及其手稿中,马克思则对英国古典政治经济学的“自然与历史的对立”展开了批判。值得注意的是,马克思的这一批判不仅针对古典政治经济学,同时也针对整个自由主义。自由主义往往把“自然”视为规范性基础,这集中体现在自由主义对自然状态、自然权利、自发秩序的相关论证上。自由主义通过自然状态与自发秩序的理论虚构,由此证成自由主义的正当性,赋予自由主义生产关系与政治秩序以超越历史的自然永恒性外观。

对于上述两种“自然”意义,马克思显然肯定前者而否定后者。例如,在评价重农学派时,他说:“对于他们来说,生产的资产阶级形式必然表现为生产的自然形式。重农学派的巨大功绩是,他们把这些形式看成社会的生理形式,即从生产本身的自然必然性产生的,不以意志、政策等等为转移的形式。这是物质规律;错误只在于,他们把社会的一个特定历史阶段的物质规律看成同样支配着一切社会形式的抽象规律。”②按照马克思对“自然”的语用习惯,“自然假象”的含义由此明确,即把某个社会在特定历史阶段内有效的运行逻辑错认为适用于一切社会形态和历史阶段的永恒规律。对此,马克思本人的表达是“被神秘化为一种自然规律”③。这种“神秘化”是古典政治经济学通过一定的认识过程才得以完成,所以马克思对“自然假象”的批判必然涉及认识论批判。

从认识论的角度看,马克思批判“自然假象”的关注点是,“自然假象”的错误认识是如何进入人们的头脑并成为一种意识形态。这也是马克思认识论批判的一个重要方面。他曾在《德意志意识形态》中提出这样的问题:“由于费尔巴哈揭露了宗教世界是世俗世界的幻想(世俗世界在费尔巴哈那里仍然不过是些词句),在德国理论面前就自然而然产生了一个费尔巴哈所没有回答的问题:人们是怎样把这些幻想‘塞进自己头脑’的?这个问题甚至为德

---

① 《马克思恩格斯文集》第1卷,北京:人民出版社,2009年,第220页。

② 《马克思恩格斯全集》第33卷,北京:人民出版社,2004年,第15页。

③ 《马克思恩格斯文集》第5卷,北京:人民出版社,2009年,第716页。

国理论家开辟了通向唯物主义世界观的道路。"①同样,"自然假象"是如何塞进人们的头脑的,便是马克思对此展开认识论批判的重心所在。

值得注意的是,破解"人们是怎样把这些幻想'塞进自己头脑'的"这一问题有两个维度,即主观维度和客观维度。所谓"主观维度",即"自然假象"是由古典政治经济学家头脑中的主观偏差所导致的,以至于无法正确地反映客观实际。这也是传统教科书体系的认识论所关注的焦点问题,亦即如何用客观实际校正主观认识,又如何使主观认识符合客观实际。这种问题意识的前提预设便是认识论偏差是由主观因素所导致的。然而,这并非是马克思的关切所在。相比主观维度,他显然更为关注"客观维度",即"自然假象"的社会历史根源。在马克思看来,"自然假象"之所以形成,在根本上是由资本主义社会的历史性特征所决定的,体现了资产阶级社会的客观社会存在对主观意识的支配。如果要说古典政治经济学家的主观认识错误,那么他们的错误也仅仅在于他们以非批判的直观方式直接承认并肯定资本主义社会颠倒的"现实"。换言之,他们头脑中的错误认识倒是资本主义社会表象的"反映"。在此意义上,马克思对"自然假象"的认识论批判是传统教科书体系的反映论范式所无法涵盖的。

那么随之而来的问题便是,"自然假象"得以形成的社会历史根源究竟是什么?显然,这是不能用抽象的"资本主义社会"而加以笼统的回答,必须深入分析古典政治经济学家所处时代的具体特征。

二

对于"自然假象",马克思在《1857—1858 年经济学手稿》的"导言"中有过一段颇为直接的批评:"被斯密和李嘉图当做出发点的单个的孤立的猎人和渔夫,属于 18 世纪的缺乏想象力的虚构。这是鲁滨逊一类的故事,这类故事决不像文化史家想象的那样,仅仅表示对过度文明的反动和要回到被误解了的自然生活中去。同样,卢梭的通过契约来建立天生独立的主体之间的关系和联系的'社会契约',也不是以这种自然主义为基础的。这是假象,只是

---

① 《马克思恩格斯全集》第 3 卷,北京:人民出版社,1960 年,第 261 页。

大大小小的鲁滨逊一类故事所造成的美学上的假象。”[1]在此，马克思把“鲁滨逊故事”视为“以自然主义为基础”的假象。这种“自然假象”的起点便是“孤立的个体”。在斯密和李嘉图的政治经济学中，“单个的孤立的猎人和渔夫”作为出发点，从孤立个体的劳动状态开始建构整个政治经济学体系。

不仅斯密和李嘉图的政治经济学以孤立个体的劳动为起点，洛克政治哲学中有关私有财产的自然权利和自然状态学说也是如此。在人类共有的世界中何以会出现私有财产？答案正是自然个体的劳动，“所以只要他使任何东西脱离自然所提供的和那个东西所处的状态，他就已经掺进他的劳动，在这上面参加他自己所有的某些东西，因而使它成为他的财产”[2]。私有财产的根据在于，个体在原本作为公共产品的自然界中加入了个体的劳动。值得注意的是，个体劳动不仅确立了私有财产，而且还把私有财产确立为自然权利。一般说来，私有财产作为法权概念，需要经过政治社会的法律确认。然而，由于个体劳动的自然性，洛克将私有财产从政治社会的法权前置到自然状态的自然权利，认为私有财产先于政治社会而存在。对此，洛克给出的解释：个体面向自然界的劳动无须征得他人同意，因此基于个体劳动的私有财产也无须征得他人同意，“不必经过全体世人的明确协议”[3]。私有财产作为自然权利的自然属性，源于个体劳动是前政治社会的自然行为。

然而，在马克思看来，个体劳动的自然状态只是“缺乏想象力的虚构”。对同样是基于个体劳动的鲁滨逊故事，马克思做出完全不同于当时文化史家的流俗解读，即鲁滨逊故事是对过度文明的反动而要求重返淳朴的自然状态。马克思给出的解读是：“这是对于 16 世纪以来就作了准备、而在 18 世纪大踏步走向成熟的‘市民社会’的预感。”[4]孤立的个体正是市民社会的本质特征之一。马克思认为，在前现代，个体往往从属于形形色色的共同体而未能获得独立地位，这被马克思称为“人的依赖关系”[5]时代。进入到现代社会后，出现了“以物的依赖性为基础的人的独立性”[6]，孤立的个体才可能出现。

---

① 《马克思恩格斯文集》第 8 卷，北京：人民出版社，2009 年，第 5 页。
② 洛克：《政府论》（下篇），叶启芳、瞿菊农译，北京：商务印书馆，1964 年，第 18 页。
③ 同上书，第 17 页。
④ 《马克思恩格斯文集》第 8 卷，北京：人民出版社，2009 年，第 5 页。
⑤ 同上书，第 52 页。
⑥ 同上。

因此,马克思说:“产生这种孤立个人的观点的时代,正是具有迄今为止最发达的社会关系(从这种观点看来是一般关系)的时代。”[①]因此,所谓孤立个体是历史发展的产物,而非自然状态的起点。

于是,无论是洛克的自然状态学说还是斯密和李嘉图的政治经济学,在将孤立个体的劳动确立为逻辑起点的同时也就陷入到“自然假象”。孤立个体明明是“历史的结果”,却被他们颠倒为“历史的起点”,从而成为他们构建自由主义理论的“逻辑的起点”。马克思对此提出了尖锐的批评:“在他们看来,这种个人不是历史的结果,而是历史的起点。因为按照他们关于人性的观念,这种合乎自然的个人并不是从历史中产生的,而是由自然造成的。这样的错觉是到现在为止的每个新时代所具有的。”[②]自由主义和古典政治经济学在孤立个体问题上的倒果为因,必然产生这种虚假效应:资本主义社会中的原子化个体的劳动与自然状态下的个体劳动具有同质性,于是资本主义社会的个体劳动也就合乎自然状态,由此获得超历史的永恒性外观。

至此,我们只是指出了孤立个体作为自然起点的虚假性。问题在于,这种“自然假象”何以形成?这种“自然假象”源于资本主义社会“抽象成为表象”[③]的特征。在人们的头脑中,抽象总是与“本质”相联系,而与“表象”无涉,是把握表象背后的某种实体的方法。例如,人们从具体的苹果、梨、桃中抽象出“水果”。然而,在资本主义社会中,抽象的东西直接成为人们眼前的表象,获得了具体的规定性。对此,马克思在同一篇导言中以“劳动一般”这个概念为例加以说明。初看起来,“生产一般是一个抽象,但是只要它真正把共同点提出来,定下来,免得我们重复,它就是一个合理的抽象”[④]。然而,马克思却说:“劳动一般这个抽象,不仅仅是各种劳动组成的一个具体总体的精

---

① 《马克思恩格斯文集》第8卷,北京:人民出版社,2009年,第6页。

② 同上书,第5—6页。

③ 笔者对此问题的原先表述是“抽象成为现实”(参见张梧:《〈资本论〉对黑格尔辩证法的透视与重构》,《哲学研究》2019年第4期)。无论是“抽象成为表象”还是“抽象成为现实”,意指抽象物从头脑中概念转变为在感官中可以被直接感知的存在物。鉴于黑格尔以及马克思对“现实”的界定,特别是将现实和现象加以区分。又因为由抽象概念转变而来的可感知物,未必是具有本质性维度的“现实”,而只是某种现象,因此笔者用“抽象成为表象”代替了原先“抽象成为现实”的表述。

④ 《马克思恩格斯文集》第8卷,北京:人民出版社,2009年,第9页。

神结果。”[①]由于分工的高度发达,劳动日益摆脱了外在的差异性,而表现为无差别的同质性劳动,“个人很容易从一种劳动转到另一种劳动,一定种类的劳动对他们说来是偶然的,因而是无差别的”[②]。因此,“劳动一般”不再是经过头脑抽象的概念,而是现代社会的客观表象,“孤立个体”也是如此。于是,马克思做出总结:“所以,这个被现代经济学提到首位的、表现出一种古老而适用于一切社会形式的关系的最简单的抽象,只有作为最现代的社会的范畴,才在这种抽象中表现为实际上真实的东西。”[③]也就是说,抽象物随着现代社会的发展而成为可感觉的表象,而不再是头脑中的纯粹概念。

在“抽象成为表象”的客观基础上,古典政治经济学家又以经验主义的直观方式直接把握诸如“孤立个体”“劳动一般”等表象,并将此确立为历史的起点和理论的出发点,由此形成了孤立个体的“自然假象”。正因为古典政治经济学家以直观的方式反映“表象”,所以他们未能深入探究“表象之为表象”的呈现过程,亦即“孤立个体”的产生过程。于是,孤立个体不再是历史的产物,而是永恒的状态。用马克思的话说:“那些证明现存社会关系永存与和谐的现代经济学家的全部智慧,就在于忘记这种差别。”[④]马克思在此所说的“差别”正是事物在历史中所呈现的历史性差别。于是,古典政治经济学家便驻留在孤立个体的自然假象而无法再前进一步。

三

孤立个体只是自然状态的起点。一旦古典政治经济学家沉迷于孤立个体而遗忘历史,必然陷入方法论个体主义而遗忘个体间的社会联系,由此出现下一个“自然假象”:孤立个体之间的社会联系经由市场调节而呈现为“自发秩序”。对此,马克思说:“每个人只有把自己当作自为的存在才把自己变成为他的存在,而他人只有把自己当作自为的存在才把自己变成为前一个人的存在,——这种相互关联是一个必然的事实,它作为交换的自然条件是交

---

① 《马克思恩格斯文集》第8卷,北京:人民出版社,2009年,第28页。
② 同上。
③ 同上书,第29页。
④ 同上书,第9页。

换的前提,但是,这种相互关联本身,对交换主体双方中的任何一方来说,都是他们毫不关心的。”[1]在此,马克思所说的“相互关联”便是市场机制,也就是亚当·斯密的“看不见的手”或当前经济学家所谓的“自发秩序”。在市场经济的商品交换关系中,人们只关注自身的利益,因而对于这种“相互关联”不闻不问。换言之,社会联系在孤立个体的外观表象下被遮蔽了。

值得注意的是,在斯密等人看来,正因为人们在市场交换中盲目追逐个体私利,反而在无意间达成“前定和谐”状态。也就是说,人们在追求一己之私的同时也满足了他们的需要。这正是英国作家曼德维尔的讽刺作品《蜜蜂的寓言》所描绘的图景,马克思将其概括为“共同利益就是自私利益的交换”[2]。个人私利是人们在市场经济中的主观意图,然而在“看不见的手”的调节下,个人私利最终达成彼此依赖、相互需要的公共利益,此即隐匿在主观意图之中的客观效果。如果说主观意图是“人为”的,那么这种客观效果无疑是“自然”的,因为这种客观效果并非人为的主观意图,而是主观意图相互达成的结果,因而具有超越人为性的自发性。如果说以孤立个体的劳动为起点的自然状态理论中的“自然”具有“原初性”意谓,那么这里的“自然”则具有“自发性”的意谓。以英国古典政治经济学为代表的自由主义就曾以人为性和自发性区分前现代的封建社会与现代资产阶级社会。

把市场经济理解为各个主观利益达到均衡状态的自发秩序,进而把市场经济理解为超越人为性的自然状态,这便是古典政治经济学的“自然假象”的一种表现。饶有意味的是,康德也是在此意义上理解自由意志与自然意图的关系:“个别的人,甚至于整个的民族,很少想得到:当每一个人都根据自己的心意并且往往是彼此互相冲突地在追求着自己的目标时,他们却不知不觉地是朝着他们自己所不认识的自然目标作为一个引导而在前进着,是为了推进它而在努力着;而且这个自然的目标即使是为他们所认识,也对他们会是无足轻重的。”[3]按照康德的观点,自然意图正是体现在每个个体的自由意志及其相互关系中,这种自然意图便是康德所谓的“天意”。正如有论者所说:“康德的‘自然机械论’明显受到了亚当·斯密的自由市场理论的影响,每一

① 《马克思恩格斯全集》第30卷,北京:人民出版社,1995年,第198—199页。

② 同上书,第199页。

③ 康德:《历史理性批判文集》,何兆武译,北京:商务印书馆,1990年,第2页。

个个体在追求自我利益的实现之时无意地实现了社会的最大效益，对此进行调整的那只‘看不见的手’在康德这里就是所谓的天意。”①无论是斯密的“看不见的手”还是康德的“天意”，自然都被理解为超越了人为因素和主观意志的自发调节能力。

然而，在马克思看来，如同以孤立个体为起点的自然状态理论一样，以“看不见的手”为基础的自发秩序理论同样也是一种“自然假象”。自发秩序的虚假性在于：它把资本主义社会理解为“交换社会”，或者说他们是在交换视界中理解资本主义社会的运行机制。② 在交换视界的支配下，古典政治经济学家对自发秩序的理解至少存在着三个缺陷：

第一，当古典政治经济学家把市场社会比拟为自然化的自发秩序，因而具有超越人为因素的永恒性时，他们没有意识到，自发秩序同样也是历史的产物，因而不能视为自然前提。在马克思看来，自发秩序的实质是商品交换的普遍化。在此需要注意的是，正如市场和市场经济是两回事一样，商品交换和商品交换普遍化也是两回事。虽然商品交换自古以来一直存在，但是商品交换普遍化却是现代产物。马克思说：“如果我们进一步研究，在什么样的状态下，全部产品或至少大部分产品采取商品的形式，我们就会发现，这种情况只有在一种十分特殊的生产方式即资本主义生产方式的基础上才会发生。”③这是因为，在没有资本增殖逻辑的驱动下，商品交换仅是物与物的等价交换，并没有产生新增价值；然而在资本主义生产方式中，资本增殖逻辑使人产生了商品交换能够新增价值的幻象（其实价值增长的来源是剩余劳动而非商品交换，但新增价值却是在商品交换中实现的），因而商品交换才得以普遍化，“商业在这里不再表现为在各个独立生产部门之间交换它们的多余产品的活动，而是表现为生产本身的实质上包罗一切的前提和要素”④。这才出现了有关“自发秩序”的想象。

第二，受制于交换视界，人们在自发秩序中只能看到形式上的正义，而没有看到隐匿在生产领域的非正义。自古典政治经济学以来的自由主义把自

---

① 方博：《康德历史哲学中的天意与人的启蒙》，《哲学研究》2014 年第 3 期。

② 关于“交换视界”问题，请参见张梧：《资本主义的双重视界及其认识论意蕴》，《哲学动态》2020 年第 2 期。

③ 《马克思恩格斯文集》第 5 卷，北京：人民出版社，2009 年，第 197 页。

④ 《马克思恩格斯全集》第 30 卷，北京：人民出版社，1995 年，第 388 页。

发秩序的正当性奠基在所谓的平等和自由等启蒙价值观之上。对此,马克思明确指出:“作为纯粹观念,平等和自由仅仅是交换价值的交换的一种理想化的表现;作为在法律的、政治的、社会的关系上发展了的东西,平等和自由不过是另一次方上的这种基础而已。”①所谓“平等和自由”,其实质无非是商品交换中的交换价值。这意味着,这种“平等和自由”也仅仅在商品交换领域内存在,一旦离开了商品交换领域,平等和自由马上沦为“假象”。“这种假象就是:在流通中,在商品市场上互相对立的是平等的商品占有者,他们像所有其他商品占有者一样,只是以他们的商品的物质内容,以他们彼此出售的商品的特殊使用价值而互相区别。”②只要人们把目光从流通领域转向生产领域,便能看到雇佣劳动中的剥削关系,也能看到等价交换之外的剩余价值。然而遗憾的是,这种非正义关系在所谓的“自发秩序”中被交换视界所遮蔽。

第三,由此引申出的最后一个缺陷便是,他们把从事商品交换的人视为“纯粹的我”,而看不到人们在交换关系之外的社会关系。早在《德意志意识形态》中,马克思便指出,“在任何情况下,个人总是‘从自己出发的’,但由于从他们彼此不需要发生任何联系的意义上来说他们不是唯一的,由于他们的需要即他们的本性,以及他们求得满足的方式,把他们联系起来(两性关系、交换、分工),所以他们必然要发生相互关系”,紧接着,马克思笔锋一转,“但由于他们相互间不是作为纯粹的我,而是作为处在生产力和需要的一定发展阶段上的个人而发生交往的”。③ 对照马克思的这段话便会发现,自发秩序中的人只是作为“纯粹的我”而出现,他们也被流俗的经济学理论称为所谓的“理性人”。我们能看到这种“纯粹的我”充满着需要和欲望,但唯独没有看到其社会关系,更看不到制约着他的生产关系。所以,自发秩序中的个体充其量也只是“抽象的人”而已。

对认识论批判而言,仅仅指出作为自然假象的自发秩序的虚假性,这是远远不够的。更为重要的问题是,所谓“自发秩序”的自然假象是何以在古典政治经济学家的头脑中形成的。首要的原因在于,资本主义生产方式是以交换价值为主导的生产方式,而且始终以交换方式为生产方式的外观。即使是

---

① 《马克思恩格斯全集》第30卷,北京:人民出版社,1995年,第199页。

② 《马克思恩格斯文集》第8卷,北京:人民出版社,2009年,第545页。

③ 《马克思恩格斯全集》第3卷,北京:人民出版社,1960年,第514—515页。

资本攫取劳动力商品的剩余价值的生产关系，也是以资本和劳动力商品通过工资相互交换的方式实现的。正如马克思所说：“资本家和工人之间所进行的交换，完全符合交换规律，不仅符合，而且是交换的最高发展。”①所以在马克思之前，古典政治经济学家几乎都是从交换关系出发去理解生产关系。所以，他们只能囿于“纯粹的我”和“看不见的手”去理解自发秩序，进而把社会关系仅仅理解为交换关系。

更进一步值得思考的问题是，为什么古典政治经济学家都停留在“看不见的手”的认识水平上，进而停留在交换视界而无法深入到生产领域的社会关系之中呢？当他们惊叹于“看不见的手”能带来市场均衡时，却没有对“看不见的手”进行前提性的批判。黑格尔虽然也意识到自由放任市场的危害，从而想把“看不见”的市场之手转变为“看得见”的国家之手，让人们在陶醉于主观利益的同时也能意识到彼此的相互联系，进而从主观精神上升到客观精神。然而，即使是黑格尔，也没有提出这样的问题：“看不见的手”固然存在，但问题在于，为什么市场这只手是“看不见”的？

对此，马克思给出的解答是社会关系的物化。在商品交换中，“这只是人们自己的一定的社会关系，但它在人们面前采取了物与物的关系的虚幻形式”②。商品经济时代同时也是以物的依赖性为基础的时代，人与人的社会关系通过物与物的关系得以表征，由此形成“物的依赖性”。同时这也就意味着，物的外观将会遮蔽乃至阻碍人们对社会关系的进一步探究。因此，古典政治经济学家就像停留在孤立个体的表象而止步不前一样，他们又停留在商品世界的物性表象而没有探究其背后的社会关系，只能对“看不见的手”的自发调节功能啧啧不已，并将其拔高为前定和谐的“天意”而坠入到自然假象。因此，古典政治经济学家陷入自发秩序的自然假象，也有其深刻的社会历史根源，即社会关系在资本主义社会被全面物化。古典政治经济学家在认识中的主观错误仅仅在于他们再一次以直观的方式反映并停留在物化表象之上，从而完美地错过了对资产阶级社会关系的实质性讨论。

---

① 《马克思恩格斯全集》第31卷，北京：人民出版社，1998年，第69页。

② 《马克思恩格斯文集》第5卷，北京：人民出版社，2009年，第89—90页。

四

在自发秩序的自然假象下,古典政治经济学家进一步掩盖资本主义的暴力性,进而塑造出基于同意原则的自由意志理论。马克思将这种“自然假象”叫作梯也尔的“儿童故事”:

> 人们在解释这种原始积累的起源的时候,就像在谈过去的奇闻逸事。在很久很久以前有两种人,一种是勤劳的,聪明的,而且首先是节俭的精英,另一种是懒惰的,耗尽了自己的一切,甚至耗费过了头的无赖汉。诚然,神学中关于原罪的传说告诉我们,人怎样被注定必须汗流满面才得糊口;而经济学中关于原罪的故事则向我们揭示,怎么会有人根本不需要这样做。但是,这无关紧要。于是出现了这样的局面:第一种人积累财富,而第二种人最后除了自己的皮以外没有可出卖的东西。大多数人的贫穷和少数人的富有就是从这种原罪开始的;前者无论怎样劳动,除了自己本身以外仍然没有可出卖的东西,而后者虽然早就不再劳动,但他们的财富却不断增加。例如梯也尔先生为了替所有权辩护,甚至带着政治家的严肃神情,向一度如此富有才华的法国人反复叨念这种乏味的儿童故事。但是,一旦涉及所有权问题,那么坚持把儿童读物的观点当做对于任何年龄和任何发育阶段都是唯一正确的观点,就成了神圣的义务。①

马克思将这种充满了和平色彩的原始积累过程称为“儿童读物”,然而当这种“儿童读物”上升至为所有权辩护的“神圣的义务”时,梯也尔关于原始积累的“儿童故事”也就成为“自然假象”。这种“自然假象”的虚假性在于:它掩盖了资本主义原始积累的暴力因素。在马克思看来,基于自由意志的“同意”仅是理论上的虚构,其真实的基础正是暴力。按照马克思的说法:“大家知道,在真正的历史上,征服、奴役、劫掠、杀戮,总之,暴力起着巨大的作用。但是在温和的政治经济学中,从来就是田园诗占统治地位。……事实

① 《马克思恩格斯文集》第5卷,北京:人民出版社,2009年,第820—821页。

上,原始积累的方法决不是田园诗式的东西。”[①]于是,马克思便在《资本论》第一卷有关原始积累的部分用大量笔墨揭示了资本主义原始积累所采用的暴力手段。

用诸如英国圈地运动等史料戳穿资本主义原始积累的“田园诗”色彩是容易的,真正困难的问题是,古典政治经济学家为何会遗忘“暴力”呢?首要的原因在于,资本主义完成原始积累后开始推动强制暴力的形式转变:从超经济的暴力方式转变为经济暴力。在完成原始积累后,“超经济的直接的暴力”[②]转变成更为隐匿的强制方式:“资本主义生产最美妙的地方,就在于它不仅不断地再生产出雇佣工人本身,而且总是与资本积累相适应地生产出雇佣工人的相对过剩人口。这样,劳动的供求规律就保持在正常的轨道上,工资的变动就限制在资本主义剥削所容许的范围内,最后,工人对资本家必不可少的社会从属性即绝对的从属关系得到了保证。”[③]在此,马克思借助劳动力商品的供求规律,揭示出工人依附于资本家的秘密:数量庞大的产业后备军迫使获得就业机会的工人更加温驯地服从于资本的统治。于是,资本主义的系统性强制通过资本家与工人的劳资契约而褪去了暴力色彩而附丽上“自由意志”的外观。对此,马克思的总结是:“政治经济学家在本国,即在宗主国,可以花言巧语地把这种绝对的从属关系描绘成买者和卖者之间的自由契约关系,描绘成同样独立的商品占有者即资本商品占有者和劳动商品占有者之间的自由契约关系。”[④]至此,围绕自由意志的“自然假象”的根源也就不难理解:由于古典政治经济学家再一次以直观的方式反映完成原始积累后的资本主义“契约型强制”,因此遗忘了充斥暴力手段的原始积累阶段,直接将资本主义体系塑造成没有人为暴力因素的自然体系。

随之而来的问题便是,即使古典国民经济学家只关注到资本主义完成原始积累后的契约体系,但是他们为什么又会对残酷血腥的原始积累视而不见呢?这显然不能肤浅地怪罪于古典政治经济学家的故意掩饰,或归咎为所谓的“良心”的缺失,抑或历史意识的淡漠。古典政治经济学家对原始积累的遗忘也有

---

① 《马克思恩格斯文集》第5卷,北京:人民出版社,2009年,第821页。

② 同上书,第846页。

③ 同上书,第881页。

④ 同上。

其深刻的社会历史根源,即"资本的现代史"在本质上是"无历史"的结构。

为什么古典政治经济学家会忽视这种"历史因素"?马克思指出,这是因为他们没有区分"资本的形成史"与"资本的现代史"。在《1857—1858年经济学手稿》中,马克思指出:"资本家要成为资本,就必须把通过他本人的劳动或通过其他方式(只要不是通过已经存在的过去的雇佣劳动)创造出来的价值投入流通这样一个条件,就属于资本的洪水期前的条件,属于资本的历史前提,这些前提作为这样的历史前提已经成为过去,因而属于资本的形成史,但决不属于资本的现代史,也就是说,不属于受资本统治的生产方式的实际体系。"①根据马克思的观点,所谓"资本的形成史",主要是指"资本生成,产生的条件和前提恰好预示着,资本还不存在,而只是在生成;因此,这些条件和前提在现实的资本存在时就消失了,在资本本身从自己的现实性出发而创造出自己的实现条件时就消失了"②,换言之,资本形成的历史条件被扬弃了,而被直接包含在资本的现实展开之中。而所谓的"资本的现代史",其与"资本的形成史"的本质区别在于,"一旦资本成为资本,它就会创造它自己的前提,即不通过交换而通过它本身的生产过程来占有创造新价值的现实条件"③。英国古典政治经济学正是立足于"资本的现代史",而遗忘并遮蔽了"资本的形成史",由此形成了反历史的"自然状态"历史叙事。

在资本的原始积累阶段,政治暴力的强制性显而易见,而"田园诗"是彻头彻尾的虚构。但是,这在"资本的现代史"中被遗忘了,"资本的现代史"构建了一个没有强制性暴力的自发秩序。换言之,资本逻辑的自我结构化将资本的历史性条件吸纳为自身结构性的因素,从而呈现为"无历史"的结构。在此需要说明的是,资本主义作为结构,说其"无历史",并非是说资本主义社会没有经过历史发展或否认其是历史的产物,而是说资本主义的结构化过程掩盖了其历史形成过程,因为它把纵向维度上的历史条件转变为横向维度上的结构要素。具体而言,资本主义以契约关系为主轴的社会运行机制遮蔽了原始积累阶段的暴力记忆,这正是古典政治经济学家陷入以自由意志为基础的"自然假象"的根源。

---

① 《马克思恩格斯文集》第8卷,北京:人民出版社,2009年,第108页。

② 同上。

③ 同上。

至此,以孤立个体为起点的自然状态、以市场交换为基础的自发秩序和以自愿同意为前提的自由意志,正是古典政治经济学乃至自由主义的"自然假象"的三种表现形式。人们不难发现,这些"自然假象"有着深刻的社会历史根源,决非痴人的臆想妄语。如果说《德意志意识形态》的认识论突破是奠定了社会存在相对于社会意识的优先地位,要求社会意识回归到社会存在;那么《资本论》及其手稿的认识论突破则是,勾勒出从社会存在进入到社会意识的认识论过程。对于这些"自然假象"而言,这便是资本主义的历史性特征是如何进入古典政治经济学家的头脑从而幻化成为"永恒状态"而凝结为意识形态。换言之,《德意志意识形态》是要把社会意识"归纳"到社会存在,而《资本论》及其手稿则是要从社会存在"演绎"到社会意识。二者都是马克思认识论的重要组成部分,都有着不可替代的独立价值。

更为重要的是,古典政治经济学家头脑中错误的认识并非完全由其主观偏差所造成的,恰恰相反,他们的错误仅仅在于其在主观上"正确"地反映了资本主义的社会表象。马克思对上述三种"自然假象"的认识论批判表明:颠倒的认识源于颠倒的现实。如果没有资本主义的物化机制,也就不可能有李嘉图"把人变成帽子"的政治经济学家理论。这意味着,当资本主义社会存在本身就是颠倒的存在时,如果依旧用直观的反映论模式加以认识,那么对原本就颠倒的社会现实的"如实反映"只会得出颠倒的认识结果,最终也只能停留在资本主义的社会表象,反而无法把握资本主义的社会现实。

在此意义上,《资本论》及其手稿的认识论在如下两个关键问题上决定性地突破了传统教科书认识论理论的反映论模式:第一,传统的反映论模式无条件地信任认识客体,它根本无法意识到,作为认识对象的资本主义社会现实本身就是头足倒置的颠倒存在。第二,传统的反映论模式只能无条件地摹写认识客体,结果只能获得认识客体进入认识主体后的表象,而无法把握认识客体的本质。在此问题上,作为认识对象的资本主义社会现实不断把自己分化为表象与实质①。资本主义社会现实的表象与实质二重化的特点,在根本上决定了,要想真正把握认识客体的本质,只能通过辩证法去"透过现象看本质"。正是在一点上,传统的反映论模式无法与满足于感性直观的经验主

① 关于资本主义社会现实不断自我二重化为表象和实质的问题,笔者已有论述,不再赘述。请参见张梧:《〈资本论〉对黑格尔辩证法的透视与重构》,《哲学研究》2019 年第 4 期。

义划清原则性的界限。

重建马克思认识论理论的可能性恰恰在于传统反映论模式的不可能性,此即我们重返《资本论》及其手稿重新开启认识论研究的缘由所在。

Marx's Epistemological Criticism of Capitalism's "Idols of the Nature": A Discussion Centered on *Das Kapital* and Its Manuscripts

Zhang Wu

Abstract: The so-called "idols of the nature" refers to a specific historical stage of capitalism as an eternal state of history. Marx launched an epistemological critique of the various forms of "idols of the nature" and the focus of his criticism is to reveal the social and historical roots of "idols of the nature". The "idols of the nature" starting from isolated individuals has a basis that the abstract Concept becomes representation. The illusion of spontaneous order based on the "invisible hand" is rooted in the reification of social relations. The origin of illusion of free will centered on consent is the transformation of forced violence.

Keywords: Marx, Liberalism, Idols of the Nature, State of nature, Epistemology

书讯

《几何原本》

[古希腊] 欧几里得(Euclid) 著 张卜天 译

北京:商务印书馆,2020 年 6 月

《几何原本》(*The Thirteen Books of Euclid's Elements*)对于西方思想乃至整个人类思想的重要性不言而喻。两千多年来,《几何原本》“一直被视为纯粹数学的公理化演绎结构的典范”,它从最简单的定义、公理、公设出发,就能够推导出大量虽然并不直观却又必然正确的结论,构成了“最能体现理性的清晰性和确定性的思维方式”。追求在对世界的认识上达到甚至超越几何的确定性,也成为霍布斯、笛卡尔、斯宾诺莎等早期现代哲学家推动哲学革命的一大动机。阅读《几何原本》,我们一方面能够回到早期现代哲学革命的思想现场,另一方面又能够通过希腊数学与现代数学观念的微妙差异(如“点是没有部分的东西”似乎意味着希腊几何学并不像现代几何学那样抽象),理解“现代人的理性”如何区别于“希腊人的理性”。

要做到这一点,读者依靠的译本必须是专业而准确的。译者张卜天教授具备自然科学和哲学的双重专业背景,翻译成就斐然,是读者了解《几何原本》的可靠指引。(肖京)

哲学门(总第四十一辑)
第二十一卷第一册
北京大学出版社,2020 年 6 月

《资本论》中的历史叙事及其当代意义

黄玮杰*

提　要:《资本论》中的历史叙事,一方面叙述了先验的资本逻辑得以确立的历史过程及其界限,另一方面呈现了资本逻辑的内在普遍规律,在走向现实对象的过程中所产生的具体历史内容,从而描绘了现代社会及其经济形态形成与发展的实际历程。作为唯物史观的确证与发展,《资本论》在客观分析了资本逻辑的内在规律的基础上,通过历史叙事,展现了在此规律影响下所产生的具体社会矛盾,进而从实际的历史发展状况及其界限出发,为自由王国的必然性寻找现实中的内容支撑。作为《资本论》认识论的表现形式,历史叙事并不停留于对科学认识方法的抽象揭示,而是旨在将科学认识的成果呈现出来。面对复杂的资本全球化状况,马克思主义理论不仅需要在抽象层面科学地揭示和批判资本逻辑,而且需要基于当下资本逻辑的内在规律所衍生的实际内容,呈现当下社会的现实矛盾,捕捉其中所蕴藏的历史潜能,讲好属于这个时代的独特故事。

关键词:辩证法　界限　资本逻辑　物化

在当代《资本论》研究中,对于资本逻辑及其普遍内在规律的关注,成为了马克思主义理论研究的重要趋势。在此趋势下,不少理论将焦点放在资本逻辑以及“由它的概念的各种具体形式决定的客观体系”①上。然而,一方

---

*　黄玮杰,1990 年生,南京大学助理研究员,南京大学法学博士,伦敦大学哲学硕士。

①　路易 · 阿尔都塞、艾蒂安 · 巴里巴尔:《读〈资本论〉》,李其庆、冯文光译,北京:中央编译出版社,2008 年,第 177 页。

面,在马克思主义视角下,历史逻辑和规律的发展,总是“需要不断接触现实”①;另一方面,马克思对于资本主义生产方式的批判,并不停留在对于资本逻辑的抽象批判,而是基于资本逻辑在具体社会历史状况下产生的现实效应,指认其不断发展的历史界限。

正如《资本论》及其手稿所展现的,马克思除了客观再现了资本逻辑的普遍规律之外,还以历史叙事的方式,呈现了普遍规律得以发生的具体历史界限,以及它在走向现实的过程中产生的具体历史内容。这恰恰凸显了《资本论》的认识论特质:《资本论》不仅指出了认识社会结构及其规律的科学方法,而且旨在将认识的成果呈现出来,进而不仅为认识世界,而且为改造世界提供了理论支撑。换言之,《资本论》并未停留于规律本身,而是在揭示规律的基础上,从实践出发,叙述并依据规律得以产生的历史条件以及由它产生的现实内容,批判和改造具体社会现实,从而为自由王国的形成找到现实的基础。在《资本论》的《工作日》《所谓原始积累》等历史叙事章节中,马克思描绘了现代社会及其经济形态形成与发展的实际历程,从而展现了他直面具体问题、分析现实矛盾、通往未来社会的历史关怀。本文将具体探讨《资本论》中历史叙事要素的理论意义和当代价值。

一　历史叙事:《资本论》的重要维度

在马克思看来,《资本论》写作的核心目的,是为工人阶级提供科学而有效的解放途径。他甚至指出,“对于工人阶级说来,我这部著作所能提供的东西比我个人参加任何代表大会所能做的工作都更重要”②。耐人寻味的是,马克思认为,对于一般大众而言,阅读《资本论》“可以先读我的书的以下部分:《工作日》《协作、分工和机器》,再就是《原始积累》”③。这几个章节恰恰是《资本论》历史叙事要素最为集中的部分。在其中,马克思基于具体的历史素材,一方面在《所谓原始积累》等章节中呈现了资本主义社会的普遍规律得以发生的历史界限,另一方面则在《工作日》等章节中叙述了普遍规律在走向

---

① 《马克思恩格斯文集》第2卷,北京:人民出版社,2018年,第605页。

② 《马克思恩格斯全集》第31卷,北京:人民出版社,1972年,第523页。

③ 《马克思恩格斯文集》第10卷,北京:人民出版社,2009年,第274页。

社会现实过程中的具体效果。这是《资本论》区别于其他经济学著作的一大特质。不过,基于学界的相关讨论①,我们不得不面对这样一些问题:《资本论》中关于具体历史现实发展过程的叙事部分,是否仅仅是马克思在论述资本逻辑的过程中所运用的案例?离开了历史叙事,政治经济学批判是否还可以准确地把握资本主义生产方式?答案是否定的。历史叙事恰恰是《资本论》(区别于普遍规律之揭示)的重要维度。

在《资本论》的手稿中,马克思曾经谈道:"叙述的辩证形式只有明了自己的界限时才是正确的。"②在此,界限一方面是普遍内在规律中的界限,另一方面则是特定历史过程中的界限。《资本论》不仅着眼于资本逻辑的内在规律,而且关注由它所引发的实际的社会历史变迁。正是在这个意义上,马克思的唯物辩证法"是批判的和革命的"③,因为它指出了事物在现实发展过程中的历史界限及其趋势。在《资本论》第一版序言中,马克思指出:"问题本身并不在于资本主义生产的自然规律所引起的社会对抗的发展程度的高低。问题在于这些规律本身,在于这些以铁的必然性发生作用并且正在实现的趋势。"④然而,"一个社会即使探索到了本身运动的自然规律……它还是既不能跳过也不能用法令取消自然的发展阶段"⑤。这就意味着,对于"资本主义生产的自然规律"的揭示,无法直接带来自然发展阶段的取消。作为唯物史观的证实和发展,《资本论》恰恰承担了马克思寻找和论证无产阶级解放的条件和途径的现实使命。为此,《资本论》不仅揭示了资本逻辑的普遍规律,而且探索了资本逻辑的普遍规律得以发生的历史界限,以及它在走向对象的过程中的现实效应,从而基于现实状况,讨论未来社会的可能性。这一点有助于我们理解《资本论》商品拜物教批判的旨趣。在《资本论》第1章第4部分,马克思首先通过形式分析,揭示了商品拜物教的客观机制。不过,他在分析后提道:

> 最后,让我们换一个方面,设想有一个自由人联合体,他们用公共的生产资料进行劳动,并且自觉地把他们许多个人劳动力当作一个社会劳

① 阿尔都塞、巴里巴尔:《读〈资本论〉》,第104—105页。

② 《马克思恩格斯全集》第31卷,北京:人民出版社,1998年,第398页。

③ 《马克思恩格斯全集》第44卷,北京:人民出版社,2001年,第22页。

④ 同上书,第8页。

⑤ 同上书,第9—10页。

动力来使用。在那里,鲁滨逊的劳动的一切规定又重演了,不过不是在个人身上,而是在社会范围内重演。①

在此,以"自由人的联合体"作为参照,马克思指认了批判商品拜物教的意义,不仅在于揭示商品形式的秘密,而且在于超越商品拜物教,走向新的社会形态。这种对于历史界限的关怀,正是唯物史观之批判性的体现。固然,拜物教的社会形式是人类社会发展过程中"不可避免的一个阶段"。但与此同时,这个阶段本身却蕴含着走向新阶段的内容条件,这正是"批判的和革命的"辩证法需要抓住的。对于马克思而言,他一方面关注特定社会形式的内在规律,另一方面则关注历史如何通过内在规律走向具体内容,从而通往新的历史阶段。事实上,这牵涉到了《资本论》研究资本主义生产方式的两个维度。一方面,《资本论》研究了资本逻辑的内在普遍规律。在此逻辑中,价值是主体,商品、货币是其不同形式:

价值不断地从一种形式转化为另一种形式,在这个运动中永不消失,这样就转化为一个自动的主体。……价值在这里已经成为一个过程的主体,在这个过程中,它不断地变换货币形式和商品形式,改变着自己的量,作为剩余价值同作为原价值的自身分出来,自行增殖着。②

另一方面,《资本论》亦研究了作为一种历史形态的资本主义生产方式的历史发展过程及其界限。对于后者,马克思运用历史叙事予以呈现。历史叙事所揭示的,并非普遍形式之间的逻辑关系,而是普遍形式与社会具体内容之间的历史关系。在政治经济学批判的语境下,"经济范畴的转化",也不仅是形式之间的"辩证的转化",而且是涉及现实内容的"历史的转化"③。换言之,除了揭示了作为历史变迁必然阶段的资本主义形式之外,《资本论》还叙述了资本主义形式得以形成的具体历史条件,以及资本主义的实际发展道路,从而基于后者为人类解放创造条件。

在认识论层面,《资本论》的历史叙事启示我们,要在认识到历史必然性(资本主义必然灭亡)的同时,认识到不断发展的历史条件所造成的资本主义

---

① 《马克思恩格斯全集》第 44 卷,北京:人民出版社,2001 年,第 96 页。

② 同上书,第 179—180 页。

③ 《马克思恩格斯全集》第 29 卷,北京:人民出版社,1972 年,第 299 页。

界限的变化。后者正是《资本论》的历史叙事的重要性和独特意义所在,它体现了,马克思主义不仅揭示了社会发展的一般原则,而且始终面对具体,对资本主义发展的实际过程及其后果展开具体的分析,从而为改造现实奠定基础。以下,我们结合《资本论》中几个主要的历史叙事环节,对历史叙事的重要性展开具体分析。

二 资本逻辑的历史界限:关于资本原始积累的历史叙事

诚然,资本逻辑,在其运动过程中,“呈现在我们面前的就好像是一个先验的结构”①。但是,这种反映在我们面前的先验般的逻辑和规律并非天然形成的,而是在历史发展过程中产生的。对此,《资本论》以历史叙事的方式揭示了资本逻辑的内在规律得以形成的前史,即资本的原始积累过程。

众所周知,在《资本论》第一卷中,马克思将关于资本主义原始积累的叙事,放在对于直接生产过程的分析之后。之所以这么做,是因为他认为,只有揭示出历史过程的本质,才能抓住具体历史现象中的线索。只有先理解了资本主义生产的内在规律,才能更准确地把握资本原始积累的意义。然而,仅仅停留于内在逻辑和规律上又是不够的。因为,“历史又始终是逻辑的基础,正确理解的逻辑只能与历史的规律相一致,而不能和它相矛盾。因此,逻辑决不能在研究历史之前就提供出来,要把资本主义生产方式当作先行历史的结果和当作自然历史过程来研究,考察的范围就必须大大地超出资产阶级社会的结构本身”②。对于超出资产阶级社会结构的自然历史过程的揭示,恰恰是《资本论》关于资本原始积累的历史叙事的旨趣。这一叙事指认了资本逻辑的内在规律得以运行的历史前提条件。这意味着,所谓自律的经济范畴结构,是由现实的社会历史产生的。资本逻辑及其规律并非自然永恒的,它依赖于特定的历史条件,它是暂时的。这种条件性和暂时性恰恰为打破既有结构提供了可能性。《资本论》关于资本原始积累的历史叙事,通过研究资本得以生存的具体历史条件,再次为今后的现实斗争找到了“所能遵循的自然

---

① 《马克思恩格斯全集》第44卷,北京:人民出版社,2001年,第22页。

② 孙伯鍨:《孙伯鍨哲学文存》第4卷,南京:江苏人民出版社,2010年,第316页。

线索"[1]。在关于资本原始积累的叙事中,马克思一方面呈现了资本逻辑及其规律得以运行的历史条件,另一方面也指认了它的历史界限。

在《所谓原始积累》章中,马克思在展开自身理论的叙事前,首先讽刺了古典政治经济学所蕴含的资本积累的神话式叙事:

> 这种原始积累在政治经济学中所起的作用,同原罪在神学中所起的作用几乎是一样的。亚当吃了苹果,人类就有罪了。人们在解释这种原始积累的起源的时候,就像在谈过去的奇闻逸事。在很久很久以前有两种人,一种是勤劳的,聪明的,而且首先是节俭的精英,另一种是懒惰的,耗尽了自己的一切,甚至耗费过了头的无赖汉。[2]

古典政治经济学所蕴含的叙事,将资本原始积累的要因归之于个人的品性。相反,马克思通过历史叙事所揭示的资本原始积累过程,突出了在社会形式变迁的过程中,不断突破既有形式,而又创造新形式的"暴力性"内容。看似形式化的资本逻辑及其规律是从既定的社会结构中产生的,"后者的解体使前者的要素得到解放"[3]。对此,通过叙事,《资本论》呈现了资本主义生产方式的前提——生产者和生产资料分离——的历史形成过程。这一过程正是资本原始积累的过程。

在这部分叙事中,马克思叙述了在15世纪最后三十多年和16世纪最初几十年演出的社会变革序幕。在此历史过程中,一方面,王权在追求绝对权力时,用暴力加速了封建家臣的解散;另一方面,为了对抗王室和议会,大封建主强行夺取农民的公有地,大批农民被从土地上赶走。与此同时,王权与教权之间的斗争,最终导致教会地产被盗窃。大量居住在修道院中的人由此变成了无产阶级。更可怖的是,在此历史时期,西欧国家通过血腥立法,惩治从既有土地中被赶出来的流浪者。[4] 不过,这种前资本主义社会形式中的内容,却为资本主义社会的形成提供了有效前提,即劳动和劳动资料的分离。这正是《资本论》关于资本原始积累的叙事所突出的旨趣。它呈现了资本的

---

① 《马克思恩格斯文集》第2卷,北京:人民出版社,2009年,第603页。

② 《马克思恩格斯全集》第44卷,北京:人民出版社,2001年,第820页。

③ 同上书,第822页。

④ 同上书,第823—828页。

历史起源,包含了丰富的实际内容,而“不是单纯的形式变换”①。换言之,资本逻辑及其规律的“形式自为”是有条件的。这个条件就是劳动者和劳动实现条件的所有权之间的分离。这种分离的起源,恰恰不是资本逻辑及其规律本身所蕴含的。相反,“它本身显然是已往历史发展的结果,是许多次经济变革的产物,是一系列陈旧的社会生产形态灭亡的产物”②。

在此,历史不是作为抽象对象的历史,而是关于“资本主义在某一个国家某一个时期发展的具体条件的问题”③。通过历史叙事,马克思在资本主义社会结构之外,在具体的历史内容中,揭示了资本逻辑及其规律得以产生和发展的现实条件。马克思这种叙事方法的特质:

> 在于它服务沿着逻辑过程前进的历史辩证法的爆发力。超越现代的历史并不是作为他的世界观的一种外在的插入物进入他的体系。而(至少按照他的思想)是严格地从它自己的前提中衍生出来有关在资产阶级世界之前的过去,在论战中于《资本论》处处可见。④

《资本论》关于资本原始积累的历史叙事,在现代社会依然具有重要的理论作用。因为,资本的原始积累并不是一蹴而就的。在资本主义社会历史发展过程中,资本不断将自身的前提形式,作为结果生产出来。这正是资本主义生产关系再生产的过程。而这个过程,在今天的资本全球化运动中仍在继续。换言之,今天的资本全球化历程仍在不断再生产出劳动和劳动资料间的分离。《资本论》中关于资本原始积累的历史叙事,一方面展现了既定社会形式及其规律在走向现实内容时所产生的消极效应,另一方面则呈现了由此规律所催生的新内容蕴含的历史潜能。在封建社会经济结构中产生的暴力斗争,恰恰“为城市工业造成了不受法律保护的无产阶级的必要供给”⑤。这一点符合马克思的论断:带有盲目破坏作用的自然规律为自己开辟道路。⑥ 伴随着现代社会资本积累的继续,劳动和劳动资料的分离进一步加剧,其结果

---

① 《马克思恩格斯全集》第 44 卷,北京:人民出版社,2001 年,第 872 页。

② 同上书,第 197 页

③ 《列宁全集》第 4 卷,北京:人民出版社,2013 年,第 72 页。

④ 施密特:《历史和结构》,张伟译,重庆:重庆出版社,1993 年,第 62 页。

⑤ 《马克思恩格斯全集》第 44 卷,北京:人民出版社,2001 年,第 842 页。

⑥ 同上书,第 561 页。

是资本的垄断。对此,通过关于资本原始积累的叙事,马克思依据具体的历史条件,在《所谓原始积累》的最后指认了资本逻辑在历史发展过程中的界限:

> 资本的垄断成了与这种垄断一起并在这种垄断之下繁盛起来的生产方式的桎梏。生产资料的集中和劳动的社会化,达到了同它们的资本主义外壳不能相容的地步。这个外壳就要炸毁了。资本主义私有制的丧钟就要响了。剥夺者就要被剥夺了。①

由此可见,借助于叙事,《资本论》呈现了"无数历史的和实际的条件",而"这些条件正在并且必定会把资本主义引向灭亡"②。换言之,《资本论》谈论的不仅是逻辑和规律性的前提,而且是现实的历史条件。正是这些客观的社会历史条件,推动着历史的实际发展过程。在这个意义上,《资本论》叙事恰恰是唯物史观的发展和表现,它不但为认识世界,而且为改造世界,提供了可靠的理论支撑。因为它不仅关注改造世界所需要的规律性前提,而且重视改造世界所无法逃避的历史性条件。然而,要指认资本主义社会的历史限度,全凭对于资本逻辑之前提的揭示又是不够的。瓦解资本逻辑,就必须抓住资本逻辑的普遍规律在社会现实中衍生的实际效果,改造具体现实内容,为新社会形式的到来创造条件。在《工作日》等关于剩余价值生产的章节中,《资本论》恰恰以历史叙事的方式呈现了资本逻辑的内在规律,在走向社会现实过程中的实际历程和效果。以下,我们围绕这几个章节进一步阐发《资本论》历史叙事的理论意义。

三　资本逻辑的现实效应:剩余价值生产语境中的历史叙事

在《工作日》《协作》《分工和工场手工业》《机器和大工业》等关于剩余价值生产的章节里,马克思将大量现实经验内容注入《资本论》的历史叙事中,呈现了现代社会条件下,阶级斗争的实际过程。然而,这正是结构主义的马克思主义者所试图弱化的方面。例如,阿尔都塞认为,对于"有关具体历史

① 《马克思恩格斯全集》第44卷,北京:人民出版社,2001年,第874页。

② 《列宁全集》第4卷,北京:人民出版社,2013年,第74页。

的部分(为缩短工作日而进行的斗争,工场手工业向大工业的过渡,原始积累等等)”[①],即叙事部分的关注,有落入经验主义的危险。在他看来,“历史在《资本论》中表现为理论的对象,而不是现实的对象”,而那些丰富多彩的具体性质则可能成为“掩盖辩护论的企图”[②]。换言之,在他的语境下,加入实际经验内容有可能玷污科学的纯粹性。那么,《资本论》中的历史叙事是否破坏了其科学性?

诚然,在反经验主义的意义上,阿尔都塞的论断具有一定的合理性。可是,《资本论》历史叙事中的历史恰恰是有血有肉的历史故事,后者为当下的现实斗争提供了实际的参考路径。不可否认,《资本论》的历史叙事离不开对资本逻辑内在规律的分析。然而,《资本论》的历史叙事关注的,恰恰是内在规律在走向现实对象过程中所产生的具体内容。在《资本论》第一卷中,马克思不仅揭示了剩余价值生产的客观规律,而且以叙事的方式呈现了剩余价值生产过程对于工人的现实影响。这种影响一方面在文本中直接反映为工人在生产生活中的现实状况,另一方面则表现为工人——作为历史主体——在颠倒的社会现状中逐渐成长的历史过程。这个历史过程为自由人及其联合体的形成奠定了基础。

在《工作日》章中,马克思借助于工厂观察员对于工人生产生活的现实报告,叙述了“资本‘零敲碎打地偷窃’工人吃饭时间和休息时间”[③]的行为。而后,马克思借助于童工调查委员会的报告,描绘了在剩余价值生产的过程中,低龄化童工长时间劳动的状况。与此同时,马克思亦叙述了被吸纳进剩余价值生产的女工的可怖生活,以及工作日的延长、换班制度的诞生对于工人健康的摧残。对此,资本主义国家在应对具体阶级矛盾的过程中,反复变更立法和对策。[④] 于是,围绕《工作日》的主题,《资本论》讲述了与社会契约论者所讲故事完全不同的故事。因为,在《工作日》的叙事中:

> 我们看到,这些按照军队方式一律用钟声来指挥劳动的期间、界限和休息的细致的规定,决不是议会设想出来的。它们是作为现代生产方

① 阿尔都塞、巴里巴尔:《读〈资本论〉》,第104页。
② 同上书,第105页。
③ 《马克思恩格斯全集》第44卷,北京:人民出版社,2001年,第281页。
④ 同上书,第267—350页。

> 式的自然规律从现存的关系中逐渐发展起来的。它们的制定、被正式承认以及由国家予以公布,是长期阶级斗争的结果。[①]

关于工作日的叙事,不仅呈现了在绝对剩余价值生产的前提下,工人阶级具体的生产生活状态,而且叙述了在此条件下,围绕工作日而展开的工人与资本家的斗争。作为工作日斗争的结果,关于工作日的具体规定,不断以法令的形式确立和变更。在《资本论》的叙事中,正是围绕剩余价值规律所形成的社会现实,以及工人阶级对此压抑性现实的反抗,推动了历史的实际发展过程。在此语境下,马克思指出,从必然王国走向自由王国,现实中的"工作日的缩短是根本条件"[②]。可见,马克思不仅研究了资本逻辑的内在规律,而且在结合了规律所产生的现实社会状况后,推导出了自由王国的现实必然性。正是在这个意义上,"马克思强调的是从现状的唯物主义的分析中推导出未来的样子的必要性,而不是企图以种种纯粹思维构想推导未来的必要性"[③]。

在此叙事逻辑下,伴随着资本主义生产方式和工作日斗争的发展,在新的现实状况下,对于剩余价值的生产来说,"只延长它的持续时间,就绝对不够了"[④]。为了延长剩余劳动,资本以各种方式缩短必要劳动,提高绝对剩余价值。作为效应,"相对剩余价值的生产使劳动的技术过程和社会组织发生彻底的革命"[⑤]。在《资本论》的语境下,这种转换既是逻辑发展的产物,也是历史发展的结果。在此条件下,马克思在《协作》《分工和工场手工业》《机器和大工业》三章中进一步展开叙事。

在《机器和大工业》中,作为工作日斗争叙事的延续,马克思叙述了机器生产对工人的影响以及工人与机器之间的斗争。在价值增殖原则的支配下,机器被打上了资本主义生产方式的烙印,以至于"机器成了一种使用没有肌肉力或身体发育不成熟而四肢比较灵活的工人的手段"[⑥]。在此条件下,马克思以叙事的方式描述了"机器使儿童和妇女以压倒的多数加入结合劳动人

---

① 《马克思恩格斯全集》第44卷,北京:人民出版社,2001年,第326页。

② 《马克思恩格斯全集》第46卷,北京:人民出版社,2003年,第929页。

③ 施密特:《历史和结构》,第23页。

④ 《马克思恩格斯全集》第44卷,北京:人民出版社,2001年,第366页。

⑤ 同上书,第583页。

⑥ 同上书,第453页。

员中"①的过程及其现实伦理效应。在《机器和大工业》的第五部分,马克思进一步通过叙事呈现了工人和机器之间的斗争。这种斗争一方面体现为工人对于机器所采取的粗暴反抗,即鲁德运动;另一方面则呈现为机器对于工人反抗的镇压。随着机器和工厂制度的普及,工场手工业和家庭劳动受其反作用而发生变迁。它们成为了工厂的外部分支机构。在此状况下,"资本除了把工厂工人、手工工场工人和手工业工人大规模地集中在一起,并直接指挥他们,它还通过许多无形的线调动着另一支居住在大城市和散居在农村的家庭工人大军"②。对此,马克思通过叙述工场手工业和家庭劳动中工人的具体劳动状况,证明了"现代工场手工业中对廉价劳动力和未成熟劳动力的剥削,比在真正的工厂中还要无耻"③。

在这部分的叙事中,通过叙述发生在工人身上的真实故事,《资本论》以更为清晰的方式,表现了资本压迫工人的实际过程。这是资本逻辑的内在规律所引发的消极现实内容。然而,《资本论》的历史叙事不仅在消极的维度展开。在积极的维度,《资本论》叙述了工人作为历史主体的发展过程。具体而言,一方面,马克思在叙事中呈现了资本主义社会的内在规律:"通过工人阶级的不断牺牲、劳动力的无限度的浪费和社会无政府状态造成的灾难而放纵地表现出来。"④另一方面,马克思通过叙事预示了这一现实状态所蕴含的历史发展趋势:

> 但是,如果说劳动的变换现在只是作为不可克服的自然规律并且带着自然规律在任何地方遇到障碍时都有的那种盲目破坏作用而为自己开辟道路,那么,大工业又通过它的灾难本身使下面这一点成为生死攸关的问题:承认劳动的变换,从而承认工人尽可能多方面的发展是社会生产的普遍规律,并且使各种关系适应于这个规律的正常实现。……用那种把不同社会职能当作互相交替的活动方式的全面发展的个人,来代替只是承担一种社会局部职能的局部个人。⑤

---

① 《马克思恩格斯全集》第44卷,北京:人民出版社,2001年,第463页。
② 同上书,第531页。
③ 同上书,第532页。
④ 同上书,第560—561页。
⑤ 同上书,第561页。

在剩余价值生产过程中形成的机器大工业化趋势,蕴含着一种新的可能性:全面发展的个人。因为,机器大工业的特质,致使工人的劳动具有了全面的流动性,并逐步成长为资本主义社会的掘墓人。由此,马克思"不仅把大工业看作是对抗的根源,而且也看作是解决这些对抗所必需的物质条件和精神条件的创造者"①。换言之,《资本论》叙事的要义之一恰恰是突显工人成长为自由人的历史条件、现实过程和客观趋势——个人的全面性恰恰是在历史的实际发展过程中形成的:

> 生产力——财富一般——从趋势和可能性来看的普遍发展成了基础……这种基础是个人全面发展的可能性,而个人从这个基础出发的实际发展是对这一发展的限制的不断扬弃,这种限制被意识到是限制,而不是被当作神圣的界限。个人的全面性不是想象的或设想的全面性,而是他的现实联系和观念联系的全面性。②

在此,《资本论》的历史叙事为工人阶级在现实中展开具体的斗争,奠定了信心,指明了方向。同时,它表明,带有盲目破坏作用的自然规律正在为自己开辟道路③,资本主义正在为自身生产掘墓人。《资本论》的历史叙事所呈现的,是逻辑与历史,必然性和偶然性的辩证统一。正如恩格斯所指出的,在实际历史的发展过程中,偶然性是必然性为自身开辟道路的方式。④

可见,在唯物史观的框架下,通过叙事,《资本论》呈现出资本逻辑的内在规律所产生的现实内容。由此,《资本论》基于历史发展的具体内容,寻找到了"批判所能遵循的自然线索"⑤。换言之,《资本论》的历史叙事,从资本逻辑的内在规律所带来的内容中,不断捕捉当下现实所蕴含的具体条件,后者是创造历史的前提。因为,历史只能"在直接碰到的、既定的、从过去承继下来的条件下创造"⑥。在这一点上,《资本论》的历史叙事恰恰是唯物史观的体现与发展,因为它突显了这些现实条件内容的生成史及其建构性效应,进而为从实际条件出发创造历史,指明了符合规律的方向。

---

① 《马克思恩格斯全集》第32卷,北京:人民出版社,1974年,第528页。
② 《马克思恩格斯全集》第30卷,北京:人民出版社,1995年,第541页。
③ 《马克思恩格斯文集》第3卷,北京:人民出版社,2009年,第552页。
④ 《马克思恩格斯文集》第4卷,北京:人民出版社,2009年,第194页。
⑤ 《马克思恩格斯文集》第2卷,北京:人民出版社,2009年,第603页。
⑥ 同上书,第470—471页。

那么,《资本论》的历史叙事逻辑是否伴随着《资本论》叙事的结束而终结?《资本论》的历史叙事要素对于当代社会的发展是否依然具有意义?以下我们来作延伸性的探讨。

四 呈现科学认识的成果:《资本论》历史叙事的旨趣与意义

在马克思的视域下,历史叙事关注的是历史发展的时间性。在此,时间性所指涉的,不是自然时间,而是充斥着历史建构的时间,是具有方向性的时间。对于历史发展之方向性的关切,正是马克思历史叙事的重要意图。在这个意义上,《资本论》的历史叙事逻辑并未终结。因为,在《资本论》中,种种要素都蕴藏着具有方向的时间性。这恰恰需要我们结合当代社会的新兴特质,进一步挖掘这些要素的历史潜能,以叙事的方式呈现出来。

在马克思意义上,资本主义发展过程中所蕴藏的具有方向的时间性,意味着资本主义生产方式的历史使命。例如,资本主义生产方式在致使工人生活恶化的同时,又不自觉地为未来的社会形态创造着条件。这种条件不仅体现在物质基础上,还体现在人的发展方面。我们可以以物化问题为例。事实上,蕴含在物化形式背后的,是一个社会历史问题。在《资本论》手稿中,在分析了货币的形式规定性之后,马克思谈到了三大社会形态。其中,在探讨第二大社会形态,即物的依赖性社会的时候,马克思指出:

> 以物的依赖性为基础的人的独立性,是第二大形态,在这种形态下,才形成普遍的社会物质变换,全面的关系,多方面的需求以及全面的能力的体系。建立在个人全面发展和他们共同的社会生产能力成为他们的社会财富这一基础上的自由个性,是第三个阶段。第二个阶段为第三个阶段创造条件。①

换言之,正是在物化社会中,人独立成为具有个人利益的个人,人逐渐摆脱了人身依附关系。这是自由人生成的前提。与此同时,正如我们在关于机器化生产的叙事中所看到的,机器化生产在压迫工人的同时,已为个人能力的全面发展创造了前提。在物的依赖性社会之中,个人的能力和社会关系全

① 《马克思恩格斯全集》第46卷(上册),北京:人民出版社,1979年,第104页。

面化和丰富化了。而在未来社会,历史积累起来的条件基础转换为每一个人,而不是少数人的真实生活的前提和条件,这就是马克思所谓的社会历史过程的客观性,自由人的联合体、彼岸世界的客观性。正如列宁所揭示的:"承认资本主义的历史进步性……这不仅没有抹杀,反而阐明了资本主义的历史短暂性。"[①]对此,我们恰恰需要延续《资本论》的历史叙事逻辑,结合资本主义发展的最新内容,捕捉反抗资本主义社会的契机,为未来的社会形态提供客观的现实条件。

然而,受结构主义影响,当代西方左派却更为关注物化社会的形式规律本身。这代表了 20 世纪 80 年代之后,意识形态批判的一个新动向。这个动向恰恰说明了,在西方左派的研究当中,研究丧失了对当下实际存在的社会历史内容的把握。于是,批判只是在形式中徘徊,历史内容消失了。相反,马克思不仅关注物化的形式规律本身,而且关注在规律走向现实的过程中,物化所蕴藏的历史内容及其趋势。《资本论》历史叙事关注的正是具体的历史内容。不过,《资本论》的历史叙事不仅意在拯救被形式及其规律支配着的内容,更是要抓住越出形式的新内容,进而探索新形式的可能性。基于这个背景,可以看出,如果仅仅着眼于研究和批判特定社会形式的规律本身,可能会带来两方面的问题。

在认识的层面,纯粹规律性的研究,在一定程度上削弱了历史研究所应当呈现的历史内容的丰富性。甚至,在极端情况下,"为了看似科学和客观,历史已经压抑并剥夺了其自身力量的最大源泉"[②]。换言之,如果说历史研究的意义之一,在于让大众理解历史过程的原委,那么它就需要把那些对大众来说陌生的东西变成他们熟悉的东西。这正是叙事的意义所在。叙事因其所呈现内容的丰满性和清晰性,促使社会主体以更亲切的方式,了解历史变迁的真实过程。这就是为什么马克思建议大众从《资本论》的历史叙事部分开始阅读这一著作。[③]

在实践的层面,诚然,社会主体在认识了历史规律的发生过程后,"既不能跳过也不能用法令取消自然的发展阶段",但是,这反过来恰恰要求我们不

---

① 《列宁全集》第 4 卷,北京:人民出版社,2013 年,第 73 页。

② 海登·怀特:《后现代历史叙事学》,陈永国、张万娟译,北京:中国社会科学出版社,2003 年,第 192 页。

③ 《马克思恩格斯文集》第 10 卷,北京:人民出版社,2009 年,第 274 页。

仅要关注规律本身,而且须把握规律在走向现实对象过程中所产生的具体内容,依据具体内容,基于现实条件而展开斗争。在此过程中,尽管我们无法取消自然的发展阶段,但却“能缩短和减轻分娩的痛苦”①。

在此前提下,历史叙事应被视为一种马克思主义历史认识论的表现形式:在马克思主义语境下,问题不仅在于主体如何认识历史对象,而且在于如何将历史认识的对象呈现出来,进而把握历史发展的过程及其趋势,为从现实出发改造社会,奠定理论基础。这不仅涉及对于普遍规律的揭示,而且涉及对于具体内容的叙事。在此线索下,在思想史上,部分西方学者已从新的角度,结合新的历史内容,延续了《资本论》的叙事②。然而,这对于今天而言又是远远不够的。站在新的历史阶段,我们有必要结合当下丰富的时代内容,完成马克思《资本论》未竟的叙事。面对复杂的资本全球化状况,我们不仅要在抽象层次上对资本逻辑展开批判,而且要基于当下资本逻辑的内在规律所衍生处的最新具体内容,呈现当下社会的现实矛盾,捕捉其中所蕴藏的历史潜能,讲好属于这个时代的独特故事。

Historical Narratives in *Das Kapital* and Its Contemporary Effects

Huang Weijie

The historical narratives in *Das Kapital* represent the process, in which capital logic was becoming to be the dominate moment of society, and the limit of capital logic. On the other hand, it presents the process, in which the internal laws of capitalism are becoming into societal facts, therefore depicting the real process of the development of modern society. As the form of Marxist epistemology, Marxist historical narratives do not only stay in revealing the abstract epistemological method of history, but also intend to present the result of the applied

① 《马克思恩格斯全集》第44卷,北京:人民出版社,2001年,第10页。

② 例如:马尔库塞在社会心理变化层面延续了《资本论》叙事,叙述了劳动时间与精神压抑的关系变迁。(参见马尔库塞:《爱欲与文明》,黄勇、薛民译,上海:上海译文出版社,2008年,第10—31页)

method. Encountering the complex situation of global capitalism, Marxist theory should catch the potency of future societal forms with assistance of historical narratives, which reveals the actual contradictions of society and tells the real story of the era.

Key words: Dialectic, Limit, Capital Logic, Reification

书讯

《易于认识历史的方法》

[法]让·博丹(Jean Bodin) 著 朱 琦 译

上海:华东师范大学出版社,2020年6月

博丹的主权论,是早期现代政治哲学的一个重要开端。要理解主权的性质,进而把握现代国家的特征,及其与古典政治的根本差异,无法绕开对博丹主权学说的深入探讨。《易于认识历史的方法》(*Methodus Ad Facilem Historiarum Cognitionem*)是博丹在《国家六书》之前的一部著作,博丹力图根据他对人类政治本性的新理解,来提供分析历史的新眼光。这一努力集中展现在该书第六章中,博丹以主权的概念批评古典的政体学说未能把握国家的本质。从这里,我们可以具体而微地看到现代的政治理解怎样在与古典思想的搏斗中诞生。

博丹著作的中译状况与他思想的重要性不相匹配。在该书之前,只有一个对《国家六书》这部皇皇巨著的选译本(仅选译了四章)。《易于认识历史的方法》是译者依据拉丁文本并参考英译本而完成的中译,译文规范,注释详尽,可以帮助对政治哲学和国家问题感兴趣的读者从更广阔的视野来审视现代政治理解的起源。(肖京)

哲学门(总第四十一辑)
第二十一卷第一册
北京大学出版社,2020年6月

“小辩而毁大道”
——《孔丛子·公孙龙》中的名儒论辩

李秋红*

提　要:相比于儒道关系、儒墨关系、儒法关系,儒家与名家的关系较少受到关注。见诸《孔丛子·公孙龙》的孔穿与公孙龙的论辩,则是探讨儒名关系的典型素材。从中可见,儒家与名家对辩说之意义与功能有不同理解,即名家主要关注论辩在逻辑与知识上的价值,而儒家则致力于揭示其对政治伦理的价值。因此,儒家特别强调以指导性的“理”为论辩的基础,并首先将“辩说”视为服务于论理与政治理念(“道”)的手段。正基于此,名家基于知识与论证进路的论辩观念才会招致儒家“小辩而毁大道”的指责。

关键词:孔穿　公孙龙　辩说　《孔丛子·公孙龙》

相比于儒道关系、儒墨关系、儒法关系,儒家与名家的关系不太引人注目。见诸《孔丛子·公孙龙》的孔穿与公孙龙围绕“白马非马”这个论题的辩论,则为探讨儒名关系提供了典型素材。而总的说来,孔穿与公孙龙的分歧,代表的就是儒家与名家对论辩意义的不同理解。

一方面,从公孙龙对“白马非马”的辩护看,名家对论辩的理解可说是“在论辩之中看论辩”,即以论辩的意义就在论辩本身,或说是以为“为论辩而论辩”有至高价值;但另一方面,从孔穿对“白马非马”的反驳看,儒家对论辩的理解则是“在论辩之外看论辩”,即以论辩的意义并不在其自身,而是来

*　李秋红,1990年生,中国人民大学博士生。

自某种“附加物”——可说是论辩活动所服务的某种政治伦理目标(“道”或“理”)。

正因此,名儒对论辩胜负的评判就有不同的标准。在名家,其标准仍可说是“在论辩之中”的标准,即论辩本身所依据的知识、语义和说理规则;但在儒家,其标准不仅“在论辩之中”,更是“在论辩之外”,即论辩中的主张是否成立,不仅取决于论辩本身,更取决于其是否合乎“道”的要求。因此,名家的论辩观念势必招致儒家“小辨而毁大道”的指责。所谓“小辨”,正是指名家为论辩而论辩,其意义或价值十分有限。所谓“毁大道”,即是说“为论辩而论辩”无关于“道”所表征的伦理目标,因而“无用”;更是说在“为论辩而论辩”的过程中,像“白马非马”这种怪论被推而广之时,还会形成如“楚人非人”这类明显违背“道”之要求的结论,因而“有害”。[①]

应该说,“小辨而毁大道”正是从“在论辩之外看论辩”这个角度提出的批评,对名家“从论辩之内看论辩”的论辩观念,及基于这种观念形成的白马论,并不构成真正的威胁。也就是说,孔穿与公孙龙的争论并不能够依据相同的标准来判定胜负。[②] 而这正好呈现出早期中国思想中论辩观念的两个面向。本文所述,正欲以孔穿与公孙龙的论辩为中心,揭示这两个面向的内涵与意义。

一 名儒之辩

要理解孔穿与公孙龙的论辩,最好先说说如何看待名儒关系的问题。虽然比之对儒家与道家、墨家与法家的关系的研究,名儒关系并不受到重视,但已有的研究仍能分成两种进路,一是思想史或哲学史进路,一是逻辑史进路。但无论哪种进路,都倾向于认为名家的学术兴趣主要在逻辑与知识,对政治

---

① 实际上,孔穿所以要批判公孙龙的白马论,不仅是因“白马非马”无关乎“道”,更因作为“白马非马”之变体的“楚人非人”违背了“道”。

② 对于孔穿能否破公孙龙之辩的问题,研究者有不同的看法,或认为不能,或认为能,或指出孔子和公孙龙一说道德问题,一说逻辑问题,但不论及反驳的有效性问题。可参见冯友兰:《三松堂全集》(第八卷),郑州:河南人民出版社,1991 年,第 441 页;周云之、刘培育:《先秦逻辑史》,北京:中国社会科学出版社,1984 年,第 183 页;温公颐:《先秦逻辑史》,上海:上海人民出版社,1983 年,第 38 页;王琯:《公孙龙子悬解》,北京:中华书局,2015 年,第 43—44 页;郭湛波:《先秦辩学史》,上海:上海古籍出版社,2015 年,第 46 页。

和伦理问题的关切则阙如,并因此认为儒家对名家论辩作出批评是没有必要的。

思想史研究中持这种主张的以牟宗三为代表。牟氏以性理、玄理、名理区分儒、道、名三家开创的学术领域,并认为公孙龙的名理之学"非中国心灵之所长",故只能在先秦名家昙花一现。牟氏认为无论从历史的发生角度还是从理论内在意义的角度来看,名家与儒家的理论都可以看作独立的两套系统。从现实历史发生的角度来看,"名实"问题始于孔子,可以说儒家的"正名实"是名家名理思想的现实因缘,而后名家则发展出了独立于儒家思想体系之外的理论境域,即"名理域"。从理论的内在意义上来说,名家的名理之学是抽象的、逻辑的,"显理智之俊逸",而儒家名实思想的本质是求"义道之建立","显道德之庄严"。因此名家与儒家代表着中国思想文化发展可能的两个路向,只是名家思想不适合中国文化的土壤,故最终没有得到继承和发展。这种分析路向能够突出名儒思想各自的特质,但是将名家理论作为独立于当时学术环境之外的特异思想造成了解释上的困难,因为若真如牟氏所说,名儒思想旨趣沿着两种完全不同的方向发展,并最终形成各自的理论域,那么名儒两派之间的争辩似乎是没有可能也是没有必要的。牟宗三也正是这样以为的,故他说"礼义纲纪自是礼义纲纪,名理自是名理……荀子既'隆礼义',又可以言正名,然则惠施、公孙龙之名理又何碍于礼义纲纪乎"①。

逻辑史的研究同样注意到了名儒两家理论立场不同的问题,并以此作为儒家尤其是荀子批评名家的论辩的理由。逻辑史的研究者认为名家的论辩是"纯逻辑的",其探究的对象是自然现象和抽象的思维形式等。而儒家则将辩说的内容限制在政治伦理的范围内,并将伦理原则引入逻辑论辩中作为标准,破坏了逻辑思想的独立性。但是从逻辑的角度来看,名家的辩题,如"山渊平""马非马"等通常是符合逻辑的,推动了中国逻辑思想的发展,而儒家对其的反驳则在逻辑上难以成立。② 除了误解了名家辩题的意义之外,儒家

---

① 牟宗三:《名家与荀子》,长春:吉林出版集团,2010年,第66页。

② 周云之详细分析了荀子在"三惑"中列举的辩题及荀子的反驳,并指出"荀子在破'三惑'中无论在理论上还是在所举事例上都包含着某种片面性,尤其是包含着对名、墨思想的偏见和误解"。参见周云之主编:《中国逻辑史》,太原:山西教育出版社,2004年,第197—203页。

对“辩”本身的看法也是一种带有阶级立场或是学术立场的“偏见”。[①] 如果我们仔细考察“偏见”这一说法,会发现它带有两层含义,“偏见”首先说明名家和儒家论辩思想各处一“偏”,名家“逻辑的”论辩和儒家“伦理的”论辩立场不同。另外它也暗示着立场无高下之分,不能以儒家的论辩贬低名家的论辩。换言之,如果跳出特定的立场来看,儒家对名家论辩的批评是没有必要的,这就与牟宗三的结论相一致。

但是或许正因为名家与儒家“旨趣不合”、立场不同,所以儒家才要批评名家的辩说。认为名家的辩说是“无用之辩,不急之察”(《荀子·天论》),这是儒家批评名家论辩的一方面原因,这或许可以认为是一种“偏见”,但仍需回答的问题是,儒家划分“有用”和“无用”的标准是什么?除了“无用”之外,还可以见到儒家诸如“王公好之则乱法,百姓好之则乱事”(《荀子·儒效》)、“小辨而毁大道”(《孔丛子·公孙龙》)这样的批评,其中“法”“事”“大道”都是儒家最为关心的政治和社会秩序、伦理理想等内容,这显然说明名家论辩的影响已经延伸到儒家的理论领域中,并对儒家的理论构成了实质性的威胁。那么随之而来的问题就是,名家关于“自然物理”“抽象形式”作“逻辑的”论辩最终如何能够对“礼义纲纪”的问题产生影响?

郭沫若非常敏锐地指出这是将名家的论辩加以“演绎”的结果。他指出名家的辩题都可以演绎出正反两方面的社会意义,例如“白马非马”的辩题既可以演绎为“暴君非君”而表现出革命性,同时也可以演绎为“暴人非人”而成为暴君杀人的借口,而如果公孙龙有意向后一方向推演,他的观点就会成为“反动的”诡辩。[②] 虽然郭沫若通过演绎的程序得出的对公孙龙的评价尚待商榷[③],但提出这种演绎的可能性确是一种极为深刻的洞见。因为从《孔丛子·公孙龙》看来,公孙龙的确有从“白马非马”到“楚人非人”的演绎倾向,而这一演绎的结果是破坏了儒家要表达的“广其人”的道德劝诫功能,从而招致了儒家“小辨而毁大道”的批评。

---

① 周云之、孙中原、周山等的中国逻辑史研究都认为荀子对名家的辩题和论辩本身的看法中存在“偏见”。参见周山:《中国逻辑史论》,沈阳:辽宁教育出版社,1988年,第251—252、201—203页;周云之:《中国逻辑史》,第191—192、201—203页。

② 郭沫若:《十批判书》,北京:人民出版社,1976年,第245—246页。

③ 郭沫若认为公孙龙“是位帮闲者”,他的“诡辩”是“反动言论的掩饰”。同上书,第246页。

二　内在标准:"悖"

基于以上对名儒关系的讨论,可将目光转向公孙龙与孔穿的辩论。众所周知,"白马非马"是先秦辩学的公共论题,但公孙龙尤善此说,甚至"欲推是辩,以正名实而化天下"(《公孙龙子·迹府》)。因此孔穿对公孙龙的批评直指"白马非马",就在情理之中。但首先需要注意的是,孔穿反对"白马非马",最初并不是要和公孙龙展开论辩,而只是以谦卑却蛮横的态度,直接要求公孙龙放弃这个主张("诚去白马非马之学,则穿请为弟子")。但公孙龙的回应,一开始就强调"先生之言悖也",则将孔穿硬生生"拉"到了论辩的语境中。可以想见,如果孔穿参与此一论辩活动,他必须遵从说理的规则;而如果要求公孙龙放弃"白马非马"的主张在说理规则中是不能成立的,那么孔穿坚持这一主张,就只能采用不作回应的方式。所谓"不作回应",作为一种拒绝论辩的姿态,正可说是拒绝以"说理规则"为判定"悖"的唯一标准。

公孙龙当然要维护自己因以为名的"白马非马"的学说,而他采用的方式是将其置于论辩的语境中,即说明孔穿让自己放弃"白马非马"的学说是自相矛盾("悖")的:

> 龙之学,正以白马为非马著也,今使龙去之,则龙无以教矣。令龙无以教,而乃学于龙,不亦悖乎!且夫学于龙者,以智与学不逮也。今教龙去白马非马,是失教也[①]而后师之,不可也。

公孙龙认为自己学问的核心就是"白马非马",所以如果孔穿让自己不再主张"白马非马"就没什么可以教给孔穿的,反过来说就是孔穿没什么可以向其学习,因此孔穿让公孙龙放弃"白马非马"然后再向公孙龙学习就是不可能的。需要注意的是,"龙之学,正以白马为非马者"并不是一个能被双方共同承认的前提,正相反,孔穿要求"去白马之学"已经暗示了他对"白马非马"的鄙夷

---

① 按傅亚庶《孔丛子校释》中的说法,原本作"失",明清时期很多版本改作"先"。从本段来看,作"先教"似乎更为合适,因为如果是"失教而后师"的话就与前一句"无所教"而"乃学"文意重复,但"且夫"应当是另起一句,不应再次重复前文的内容。且从文意上说"先教而后师"逻辑上也符合公孙龙所要论证的"悖"的问题。但结合《公孙龙》篇后面的内容来看,写作"失教"则更为合适,因为孔穿只回应"未失其所师者",而没有针对"先教而后师"的回应。不过到底是"失教"还是"先教",对这里要说明的问题都没有太大的影响,只需要明确公孙龙意欲指出孔穿之"悖"即可。

态度,并且在后来的反驳中这仍然是孔穿主要攻击的地方(见本文第三节)。但是公孙龙针对的是孔穿的言辞中前后两个部分的逻辑关系,即"去白马之学"与"则穿请为弟子"两句之间的联系,因此他反驳的重点落在"去……学"与"学"或者"教"与"学"之间的矛盾上。

接下来,为了清楚地说明什么是"悖",公孙龙将孔穿类比于明显犯了悖谬错误的齐王("先生之所教龙者,似齐王之问尹文也")。齐王提出"寡人甚好士,而齐国无士",尹文先使齐王承认"忠孝信顺"之人"可谓士",且可以为臣。尹文又问假如这个人"见辱不斗",那么还能不能做齐王的士人,齐王又说不可以。这时尹文就发起了批评,如果齐王认为"忠孝信顺"的人可以称作"士",并且被任用,那么虽然这个人 "见辱不斗",但他仍不失"忠孝信顺"的品质,那么这个人就仍然应该被齐王任用。这说明齐王认为"齐国无士"首先是因为他并不清楚知道什么是"士"。齐王的法令规定"杀人者死,伤人者刑",如果"斗"就是违反这个法令,正直的官吏应该按照规定对违反者进行惩罚。然而齐王又认为被人侮辱而"斗"是值得赞扬的行为,这样齐王违背了自己制定的法令,而且同样是"斗",官吏要惩罚他,齐王却要奖赏他,这就更加矛盾了。于是尹文总结道:"赏、罚、是、非相与曲谬,虽十黄帝,固所不能治也。"

在指出孔穿之"悖",并说明什么是"悖"之后,公孙龙又援引孔子的观点为自己的"白马非马"辩护,这类似《墨子·小取》中的"援"式推论,即引用孔穿认同的观点作为前提,然后由此及彼,提出自己的观点。这样孔穿如果承认这一前提就同时会承认整个论证,而如果孔穿否认这一前提,就必然会陷入自相矛盾的境地。公孙龙的推论如下:

> 且白马非马者,乃子先君仲尼之所取也。龙闻楚王张繁弱之弓,载忘归之矢,以射蛟兕于云梦之圃,反而丧其弓。左右请求之,王曰:"止也!楚人遗弓,楚人得之,又何求乎?"仲尼闻之曰:"楚王仁义而未遂。亦曰'人得之'而已矣,何必楚乎?"若是者,仲尼异楚人于所谓人也。夫是仲尼之异楚人于所谓人,而非龙之异白马于所谓马,悖也。

公孙龙认为孔子"异楚人于所谓人"和自己"异白马于所谓马"一样是"异",就是说如果孔子认为有必要把"楚人"改为"人",就是承认这两个语词的含义是不同的,那么当然"白马"和"马"也应该是不同的,所以公孙龙说"白马非马”“乃子先君仲尼之所取”。可以想见，按照公孙龙这样的想法，如果孔穿承认自己的儒家立场（“好儒术”），就必须认同儒家圣人孔子的观点，那么同时也必须承认“白马非马”的合理性。如果孔穿承认自己的儒家立场却不承认“白马非马”，就是对两个相同的观点持有一肯定（“是”）一否定（“非”）两种相反的态度，从而陷入自相矛盾。并且，孔穿要是反驳公孙龙也必然会使自己陷入困境，因为孔穿反驳的方式有两种，要么根本否认自己“好儒术”，使孔子“取”或“不取”都不对自己构成限制；要么为了反驳公孙龙连同孔子的观点也一并反对，即否认孔子把“楚人”改为“人”的做法是正确的。但是无论如何都必须放弃自己原来的立场，这仍然是承认了公孙龙的说法。这样看来，孔穿除了承认公孙龙的观点别无他法，而这是孔穿所不愿意接受的，所以他唯一能做的只有退出辩论（“子高莫之应”）。

公孙龙面对孔穿“去白马之学”的挑战，极力论证“先生之言悖”，企图从孔穿所说内容的本身发现悖谬之处，借此证明孔穿不应该让自己放弃“白马非马”的主张。整体看来，公孙龙辩论的思路非常严谨，首先指出孔穿“失教而后师”是“悖”，接下来用“齐王之问尹文”的事例说明什么是“悖”，最后再说明孔穿不仅与公孙龙的信念——“龙之学正以白马非马”——相悖，甚至与自己的儒家信念相悖。不仅三个论证独立来看无可辩驳，并且三个推论环环相扣，使孔穿逐渐失去可以提出反驳的机会。所以孔穿最终只得不作回应（“莫之应”）。

三　外在标准：“理”

孔穿对公孙龙的辩论不作回应，让人觉得难以理解，平原君就有为什么“今是非未分，而先生翻然欲高逝”的疑问。孔穿给出的回答是，“理之至精者，则自明之，岂任穿之退哉”，这也就是说在孔穿看来“明理”才是论辩的最终目的，但是他认为这种“理”不能通过论辩而获得，因为公孙龙所说的话并不合“理”，所以孔穿不愿意继续与公孙龙辩论（“言非而博，巧而不理。此固吾所不答也”）。但是，正如上文已经说明的那样，公孙龙的辩论完全符合一般论辩的规则，以他的这套规则为评判标准，孔穿之言才是不合“理”（“悖”）的。这就形成了一种二人互相指责对方不合“理”的情形，在这种矛盾的情形下，我们发现孔穿坚持的是儒家之“理”,这种“理”并不是语言的或逻辑的规则规范,而是评判语言本身是否可取的价值标准。而且,若仅以公孙龙的论辩的规则为标准,辩论其实可以无休止地进行下去,永无胜负可言,而以价值判断之“理”为标准,则可以轻易地裁断出某个论辩是否值得肯定和认同,孔穿反复以是否可“贵”、可“从”来评判公孙龙的论辩,正是这样一种价值判断的表达。

针对公孙龙“白马非马”的主张,孔穿首先说明“白马是马”无论是在逻辑层面还是在知识层面都是可以成立的。并且他特别强调这一证成的依据是“取之经传”,这就同时否定了公孙龙“且白马非马者,乃子先君仲尼之所取也”的说法。因为,儒家经典尤其是孔穿所举之《诗》和《春秋》被认为是经过孔子之手编定而成的,所以孔穿借此说明孔子根本不可能认同“白马非马”这样的奇谈怪说,这样就反驳了公孙龙对孔子的歪曲解释。按照孔穿的说法,事物之“实”是通过其经验性质得以呈现的(“内由外显”),而人直接经验到的是事物的外在性质,然后把这些性质统合起来形成对事物之“实”或“质”的认识。也就是说,人对事物的认识过程与事物将自身呈现出来的过程是相反的。命名事物的过程应当与认识过程相符,“先举其色,后名其质”,这样才能被普遍认可,所以“谓之‘白马’,名实当矣”,所谓“当”就是使所有人都觉得明白恰当。

在“白马”之名中,“白”是显现在外的性质,而“马”指马之“实”。但同一事物可以呈现出不同的性质,“马”可以是白马,也可以是黑马、黄马,孔穿认为,改变外在性质并不会改变该事物的实际,“色名虽殊,其质故一”。可见,在儒家的观念中,“质”代表着事物所属的“类”,“白马是马”实际上就是说“白色的马”属于“马类”。这就化解了孔穿的“白马是马”和孔子的“异楚人于所谓人”之间的矛盾。承认“白马是马”,也就意味着必须承认“楚人是人”,但在“类”的原则下,“楚人是人”和“异楚人于所谓人”并不矛盾。因为“楚人”也包含“楚”这个外在性质和“人”之“实”这两个部分,而孔子改变的是前者而非后者,“异楚王之所谓‘楚’,非异楚王之所谓‘人’也”。即是说,虽然所指的范围从“楚”之人推广到全部“人”,但其实,“楚人”和“人”属于同一“类”,而这正是能够“推广”其道德行为(“广其人”)的前提。[①]

① 李巍:《行为、语言及其正当性——先秦诸子“类”思想辨析》,《中国社会科学》2013年第11期,第131页。

从论辩的或逻辑的角度来看,孔穿虽然论证了"白马是马",但其实这并不能说公孙龙的"白马非马"就是不成立的,因为从《公孙龙子·白马论》来看,公孙龙以事物的性质为"实",所以"白马非马"是指指称"二实"的"白马"与指称"一实"的"马"不同,这与儒家以个体事物及其统类作为事物之"实"的看法不同。[①] 而且"白马"也可以按照孔穿的逻辑,去"白"而言"马"。因此如果公孙龙只是强调"异"的相同性,即将论证的重点放在孔子承认"楚人"和"人"之间的"差异"和自己承认"白马"和"马"之间的差异是一样的,并以此来证明自己"白马非马"的合理性的话[②],在逻辑上仍然是可以成立的。职是之故,我们可以设想,如果让公孙龙与孔穿继续辩论下去的话,孔穿的说法仍然可以被公孙龙所反驳。

但与其说孔穿意欲证明公孙龙的"白马非马"在说理规则上不成立因而是"错"的,不如说他意欲说明"白马非马"是"不可取的"。其中的差别在于,如果说"'白马非马'的主张是错的",这是一个知识性判断,对它的证成需要像公孙龙一样,从知识或说理规则入手指出其中的悖谬之处。但说"'白马非马'是不可取的",则是一个价值判断,可以将公孙龙的论证整个置之不理,只说明在价值上认同("贵")或不认同("不贵")的标准即可。因此在同样可以证成的前提下,儒家"白马是马"的主张比公孙龙"白马非马"的主张更为可取是因为论说要符合人对事物的认识,而不应该用难持之说("'君子'之谓,贵当物理,不贵繁辞");同样,虽然把"楚人"改为"人"和把"白马"改为"马"都遵循着相同的语义规则,但是考虑到语言承担的道德功能("广其人")和社会政治功能("正名色"),就会发现公孙龙"异白马于所谓马"的主张是不可取的。

总之,孔穿能够破公孙龙之辩的"理"("诚察此理,则公孙之辨破矣"),与公孙龙借以评判论辩"悖"或"不悖"的"理"并不相同,孔穿之"理"意在判别什么是有价值的论辩。换言之,"理"从外部为论辩设置了一个"止"的界限,儒家认为如果没有"理"的限制,论辩就会成为"穷无穷,逐无极"(《荀子·修身》)的争论。所以即便同样符合说理规则,仍然存在对辩说的取舍问

---

① 陈声柏、李巍:《从"物"、"实"之别看公孙龙名学的价值——以荀况为参照》,《中国哲学史》2008年第1期,第44—51页。

② "白马非马"中的"非"本表示相异关系,而不表示排拒关系。参见牟宗三:《名家与荀子》,第80页。

题,这一取舍标准即论辩在伦理、政治等场景中发挥的实际效用。

四 “小辨”如何“毁大道”

正因为公孙龙的论辩不符合价值标准之“理”,故而儒家批评其为“小辨”。[①] 因为在儒家看来,“辩”乃是“用之大文也,而王业之始也”(《荀子·正名》),是达到政治理想、道德理想(“大道”)的手段。而公孙龙却以为论辩本身就具有价值,在辩论过程中为了求胜,过于追求文辞的形式和论辩的技巧,“而无深于其志义”(《正名》),因而其论辩的价值“小”。公孙龙真的有“欲推是辩,以正名实而化天下”的意图(《公孙龙子·迹府》),但无论从“白马非马”本身来看还是从“白马非马”的推演形式“楚人非人”来看,公孙龙的论辩不仅不能达到这一目的,反而背离和破坏了“道”的要求。

儒家讥公孙龙的论辩为“小辨”首先是因其“无用”,即如荀子所说名家的辩说“不法先王,不是礼义”因而“不可以为治纲纪”(《荀子·非十二子》)。其实“无用”是先秦思想家批评名家思想最常用到的理由,只不过出发点并不相同。《庄子》是从“始于玄冥,反于大通”(《庄子·秋水》)的高蹈境界出发,认为名家辩“坚白”“同异”是“胥易技系,劳形怵心者也”(《天地》);《韩非子》是从“形名参同,君乃无事焉”(《主道》)的治国御臣之术的角度出发,认为“白马非马”之说“考实按形不能谩于一人”(《外储说左上》)。儒道法立场不同,而同样对名家的论辩作出“无用”的评价,主要是因为名家关于自然物理的论辩很难对个人和社会产生直接的影响,“天地所以不坠不陷,风雨雷霆之故”(《庄子·天下》)本身是不及于人事问题的。尤其在儒家看来,名家的主张内不足以修身,外不足以治人,这样的论辩其意义是相当有限的。所谓“虽小道,必有可观者焉;致远恐泥,是以君子不为也”(《论语·子张》),即使进入论辩之内,考察公孙龙“白马非马”的主张到底说明了何种知识,对其的证成又运用了何种方法,这样的探究只会使人离“大道”越来越远,这正是孔穿不愿进入论辩之内与公孙龙争辩的原因。

---

① 在先秦古籍中,“辩”与“辨”同,兼“辩”和“辨”两种含义,公孙龙之论辩言辞“博”而“巧”(《孔丛子·公孙龙》),能“困百家之知,穷众口之辩”(《庄子·秋水》),因此儒家的批评并不指“不善言辞”,而是针对其论辩的内容和目的不具有价值,因而用“辨”字。

如果仅就知识的层面来说，名家的论辩还只是“无用”，“不知无害为君子，知之无损为小人”（《荀子·儒效》），但这种“无用之辩”一旦进入到社会生活领域，就会破坏政治和伦理秩序，“王公好之则乱法，百姓好之则乱事”（《儒效》）。“繁辞”是致“乱”的根源。像“白马是马”这样的论说是“万物之所同，圣贤之所常也”，而名称的约定性和稳定性使“名”及由“名”而成的“辩”[①]，像“度量”“符节”一样成为具有统一的含义和使用标准的沟通工具。当“物理”的论说在社会共同体内更易于被所有成员明白知晓和遵守，才能指导人们正确地行动并最终形成稳定的社会秩序。[②] 而“繁辞”首要的特征是“难”，孔穿谓“臧三耳”“甚难而实非”，荀子亦称“坚白”“同异”等辩题是“是说之难持者”（《荀子·不苟》）。“难”成为名家论辩的主要特征，因为名家在论辩中“欲以胜人为名”，故时常提出一些如“卵有毛，鸡三足”之类脱离甚至于完全违背经验常识的论辩。不仅论者“难”于证成，同时也会使听者难以接受而生“惑”，庄子说“颉滑坚白、解垢同异之变多，则俗惑于辩矣”（《庄子·胠箧》），“惑”则使人“无所措手足”而生“乱”。[③]

在儒家观念中，语言和治乱问题是通过“行”联系起来的，所以公孙龙的论辩直接关涉人事行为的时候，更直接地表现出致“乱”的后果。语言文辞的运用体现出主体一定的意图（“欲”），这一意图从“因”的方面说能够借以探查说话者的道德品质和行为动机，孟子“以意逆志”即是此意（《孟子·万章上》）；从“果”的方面说又预示着说话者进一步的行动及其影响，使人能够“听其言而观其行”（《论语·公冶长》）。楚王说“楚人遗弓，楚人得之”的本意是“示广”，但以儒家的道德标准来看却是“狭”，所以孔子将“楚人”改为

---

① 《荀子·正名》“实不喻，然后命；命不喻，然后期；期不喻，然后说；说不喻，然后辨”，按伍非百的说法，“命”即“名”；“期”即“辞”，“即今之所谓句”；“辨”即“辩”。四者皆连缀而成后者，如连缀二个以上的“名”为“辞”，连缀两个以上的“辞”而成“说”，两个对立的“说”而成“辩”等等，因之以成无穷之辞。参见伍非百：《中国古名家言》，北京：中国社会科学出版社，1983 年，第 743—747 页。

② “故王者之制名，名定而实辨，道行而志通，则慎率民而一焉。故析辞擅作名以乱正名，使民疑惑，人多辨讼，则谓之大奸，其罪犹为符节、度量之罪也。故其民莫敢托为奇辞以乱正名。故其民悫，悫则易使，易使则公。其民莫敢托为奇辞以乱正名，故壹于道法而谨于循令矣。”（《荀子·正名》）

③ 庄子在“俗惑于辩”之后紧接着谈论的就是“故天下每每大乱，罪在于好知”（《庄子·胠箧》）。荀子同样也说“今圣王没，名守慢，奇辞起，名实乱，是非之形不明，则虽守法之吏，诵数之儒，亦皆乱也”（《荀子·正名》）。

“人”的直接目的不是要求使用者对词语外延内涵有正确的认识,而是通过修正楚王的言辞表达一种道德劝诫[1],从更长远的角度来看,这一劝诫进一步规范着楚王作为上位者的施政行为。对楚王仅以“楚国”为实施其道德行为的对象提出批判,还出于儒家以“天下”为单位的道德追求,“各亲其亲,各子其子”在儒家看来是“大道既隐”的表征(《礼记·礼运》)。仅以“楚人”与“人”作为论辩词项,以其形式上的“异”类比于“白马非马”而不考察其意义和功能,是不可能将这一整套道德理念表达出来的。

“有异”可以看作“非”较弱的含义,从这种意义上来说“仲尼异楚人于所谓人”可能只是掩盖了孔子要表达的道德主张而已。但采取“非”较强的含义,即“全异”则可以通过“白马非马”推演出“楚人非人”这样的说法,即“人”这个类中不包含“楚人”,再推演下去就会有“杀楚人非杀人”更加荒谬的说法。儒家批评名家的论辩“毁大道”正是因其经过推演会产生负面的社会意义,因而儒家认为论辩仅服从说理规则是不够的,而一定要有一个外在的限制使论辩不致沦为诡辩。总结来说,提出“理”作为论辩的价值标准的意义正如伍非百所指出的那样,使“辞足以见极而止。过此则非所用。树名家之正轨,防诡辩之流转”[2]。

The Minor Debates that Destroy the Grant Dao: The Debates between Confucians and Logicians in the Chapter Gongsun Long of the Kong Congzi

Li Qiuhong

Abstract: Compare to the relationships between the Confucians and Taoism, Moist and the Legalists, the relationships between the Confucians and Logicians have risen relatively less attention to the previous scholars. The debates between Kong Chuan and Gongsun Long can be seen as typical materials which can explain

① “楚人遗弓”的故事另见于《说苑·至公》和《孔子家语·好生》《吕氏春秋·贵公》等,这些篇章无一例外地都以“公”的观念为核心解释孔子“异楚人于所谓人”。

② 伍非百:《中国古名家言》,第752页。

this. In this text, we can see the how the Confucians and Logicians different in their understanding of the meaning and function of debates. That is, the Logicians focus more on the logic aspects of debates, Confucians, on the other hand, try to reveal the political and moral aspects. Therefore, the Confucians emphasis on debating on the basis of "li", which is of instructive meaning. Moreover, Confucians tend to see debates as a tool of defending its political beliefs. Because of this, the debates of Logicians, which is based on knowledge and reason has brought criticism from Confucians.

Key words: Kong Chuan, Gongsun Long, Debates, The Chapter Gongsun Long in the Kong Congzi

书讯

《马克思告别哲学的尝试》

[美]丹尼尔·布鲁德尼(Daniel Brudney) 著 陈 浩 译

北京:中国人民大学出版社,2019年7月

丹尼尔·布鲁德尼是国际著名的马克思思想与罗尔斯思想研究专家,其博士毕业于哈佛大学,现任美国芝加哥大学哲学系教授。布鲁德尼的主要研究领域为政治哲学、哲学与文学、宗教哲学等。其主要著作有《罗尔斯与马克思:分配原则与人的观念》《青年马克思与中年罗尔斯》等。

《马克思告别哲学的尝试》(*Marx's Attempt to Leave Philosophy*)一书是布鲁德尼对青年黑格尔派和马克思的早期思想进行思考和研究的一部力作。全书共10章,分别讨论了费尔巴哈在《基督教的本质》和《未来哲学原理》等文本中对基督教和哲学的批判,布鲁诺·鲍威尔在1841—1843年的报刊类和论战类著作中关于"自我意识""国家和市民社会"以及"宗教批判"问题的观点,以及马克思在1844年的著作中关于"自我实现""共同体的结构"和"证成难题"的讨论,最后分析了《关于费尔巴哈的提纲》以及《德意志意识形态》中关于反哲学、人的善好生活的观念以及道德批判等诸多议题。围绕着人与世界之间的基本关系、人与人之间的基本关系以及人的善好生活究竟如何的问题,作者对马克思的主要文本进行了详细地梳理和解读,展现了马克思对人类本性以及何为善好生活的揭示,对资本主义所进行的规范性批判,以及马克思如何极力避免黑格尔"哲学"的影响、避免陷入形而上学观念的努力。该书聚焦于费尔巴哈和马克思文本的内在结构,详细地论证了二者告别哲学所作的尝试,这不仅为我们重新理解马克思的哲学变革和早期思想开拓了新的视野,同时也为学者进一步研究马克思与青年黑格尔派的思想关系、人的本性及人的善好生活等问题提供了重要的参考,具有一定的理论意义和参考价值。(关祥睿)

哲学门(总第四十一辑)
第二十一卷第一册
北京大学出版社,2020年6月

《西铭》“称”之意涵再探
——从“乾称父,坤称母”说起

吴　瑶*

提　要:张横渠的《西铭》,以“乾称父,坤称母”为全篇的前提。通过“称”,一方面从道理上揭露乾坤为万物父母的本然事实,以及父母之所以为父母的重大性;另一方面要求人通过行动意义上的去“称”来履行自身的职责。去“称”的工夫并非有事亲、事天两套方案,根据《西铭》下篇以事亲明事天的论述,可知事亲、事天不二,事天是通过事亲来达成的。通过“称”,人与自身、乾坤、父母、万物的关系都发生转向,我不再是一个有限的个体,乾坤不再遥远疏离,父母不再是两团气血,万物不再是无关的他者。

关键词:称　乾坤　父母　事亲　事天

“《订顽》之言,极纯无杂,秦、汉以来学者所未到。”①“《西铭》更从上面说来。《原道》言‘率性之谓道’,《西铭》连‘天命之谓性’说了。”②“《订顽》之训,示我广居。”③张横渠所作的《西铭》,原名《订顽》,得到了二程和朱子的极大肯定和推崇,可见其中蕴含了非常重要的意蕴。同时,朱子认为《西铭》前三句“似人破义题”④,即倡明主旨的中心句,因此,首句“乾称父,坤称母”

---

*　吴瑶,女,1990年生,北京大学哲学系博士,现为四川大学哲学系专职博士后。

①　程颢、程颐:《二程集》,北京:中华书局,1981年,第22页。

②　朱熹:《朱子语类》,北京:中华书局,1985年,第2475页。

③　《朱子全书》第24册,上海:上海古籍出版社;合肥:安徽教育出版社,2002年,第4003页。

④　朱熹:《朱子语类》,第2519页。

对于理解《西铭》极为重要。首句之中,朱子又指出当厉声言“称”,应当对其中的“称”字加以重读,可见,“称”是一个极为重要的字眼。因此,本文将从《西铭》首句的“称”字切入,通过对“称”的意涵的分析来解读《西铭》。

一 “称”之义:乾坤即父母,父母即乾坤

父母对于我们而言是非常亲近的,乾坤则看起来虚悬遥远。乾坤与父母二者,看似毫无关系,互不相涉。然而,张横渠所作的《西铭》开篇便宣称“乾称父,坤称母”,即称乾为父,称坤为母,将看起来无关的二者联系在了一起。对此,朱子曾说,“乾父、坤母,皆是以天地之大喻一家之小。乾坤是天地之大,父母是一家之小”[①]。据此,乾坤与父母似乎只是类比的关系,而关联起乾坤与父母的“称”则近乎“好像”的意思,正如劳思光先生所说的“相称”之意,“‘称’应作去声读,即俗语所谓‘相称’之称,意谓‘乾’相当于‘父’,‘坤’相当于‘母’”[②]。这个意义上的“称”是作为表达乾坤和父母关系的一个连词,将其理解为“好像”或“相称”所隐含的意思是乾坤与父母之间没有内在的必然关联。

“乾称父,坤称母”一句中所潜在的一个重要主体——“我”——在下一句中正视登场。“予兹藐焉,乃混然中处。故天地之塞,吾其体;天地之帅,吾其性。”[③]“予”即是我,是天地间千千万万的存在。“兹”,此。“藐焉”,渺小。“中处”是指天在上,地在下,人位于其中。“混然”是指我与天地间的万物浑(混)然无间。这句话是在说我作为一个渺小的存在,是以浑然无间的形式立于天地之间的。浑然无间意在强调我与天地万物的关系,不仅不是互不相干的,也不是因为偶然原因发生形体上的相合,而是本然的、无间的本合。“塞”出自《孟子》所说的“以直养而无害,则塞乎天地之间”[④]。充塞于天地之间的存在是天地之气,是我和天地间所有万物的形体的来源。我与天地间的万物分享着天地之气,拥有着共同的构成,因此我与万物是同体的。虽然我与万物在气化作用下最终呈现为不同的形态,但是从本质的构成上来看,我与万

① 朱熹:《朱子语类》,第 2523 页。

② 劳思光:《新编中国哲学史》(三上),北京:生活 · 读书 · 新知三联书店,2015 年,第 132 页。

③ 张载:《张载集》,北京:中华书局,1978 年,第 62 页。

④ 《孟子 · 公孙丑上》章四。

物都是由天地之气所成,因此我与万物是浑然无间的。"帅"出自《孟子》所载的"志为气帅",是主宰的意思,主宰天地之气的天地之性是我和万物的性的来源。张横渠说,"性者万物之一源,非有我之得私也"[①],这句话中的"性"是天地之性,是万物的性的共同来源,并非为我一己私有。他还利用水冰之喻来阐明天性与人性的关系,"天性在人,正犹水性之在冰,凝释虽异,为物一也"[②]。天性落于人,就好比水凝聚成冰,凝结以后的性是人性,凝结之前的性是天性,虽然有天性、人性之别,但其实是一贯的。由此可见,我的体、性都来源于天地,天地实实在在地造就了我,因此黄勉斋说:

> "乾父坤母,予混然中处",此四句是纲领,言天地,人之父母;人,天地之子也。天地之塞帅,为吾之体性,言吾所以为天地之子之实。[③]

通过天地塞帅,张横渠阐明了人是如何为天地所造就的,因此,天地确实是我的父母。由是反观首句乾父坤母的论断,其并不仅仅只是一个类比,而是确有其实,因此,关联乾坤和父母的"称"也不仅仅是"好像"的意思。

在中国古代文献中,对人、物来源的根本追索常常诉诸天地,张横渠也以天地塞帅来论述人的来源,那么他为何不说"天称父,地称母",而说"乾称父,坤称母"呢?张横渠说,"言天地则有体,言乾坤则无形"[④],天地与乾坤的差异在于,天地是有形体的,而乾坤是无形的。他还说,"不曰天地而曰乾坤者,言其用也。乾坤亦何形,犹言神也"[⑤]。乾坤是对造化神妙大用的指谓,天地是就形体方面的论述。王船山对此进一步解释说,"天地者其形体,迹之与父母异者也;乾坤者其性情,理之同者也"[⑥]。就形体而言,天地是至大的,其造化活动是贯通于整个世界的,完全不同于有限的、渺小的父母,因此不言"天称父,地称母"。乾坤是对造化的性情的指谓,是无形的,朱子解释说,"乾者,健而无息之谓,万物所资以始也","坤者,顺而有常之谓,万物所资以生也"[⑦],乾坤因为所秉有的健、顺特性,所以能生生不息地始物、成物,其造

① 张载:《张载集》,第 21 页。
② 同上书,第 22 页。
③ 林乐昌:《正蒙合校集释》,北京:中华书局,2012 年,第 1000 页。
④ 张载:《张载集》,第 69 页。
⑤ 同上书,第 177 页。
⑥ 王夫之:《张子正蒙注》,北京:中华书局,1975 年,第 315 页。
⑦ 《朱子全书》第 13 册,第 141 页。

化万物之理与父母的生育之理相同,因此说“乾称父,坤称母”。

乾父坤母是在乾坤生我之理与父母生我之理相同的意义上而言的,因此,这句话中的“父母”实际上并非仅仅指两个有限的、具体的个体,而是指父母之理或父母之道。之所以不言“天称父,地称母”,不仅因为天地和父母在形体上不相似,还因为形体意义上的天地无法揭示和对应父母之理。对此,蔡仁厚先生曾谈道:“天地之所以为天地、以成其为万物之父母者,正是由于此乾之健、坤之顺,故横渠特取乾坤二字言之。”[①]在他看来,张横渠既言乾父坤母,又言天地塞帅,并不是乾坤和天地并列为万物的始源,在二者之间,天地是偏形体化的描述,乾坤则是对造化的所以然之理的指称,是造化的根本之理。天地之所以被指谓为造化始源、万物父母,事实上是因为作为根本依据的乾坤,乾坤是天地作为万物始源的根据,是乾坤让天地能够成为万物的创生之始。可见,“乾称父,坤称母”是比“天称父,地称母”更为根本的表述,因此《西铭》首句言“乾称父,坤称母”。

朱子所说的厉声言“称”是对“称”的重读和重视,正如丁为祥教授所说的“豁省”[②]之意。因为关联乾坤和父母的“称”字揭示了我与乾坤的本然关系,乾坤从遥远无关的对象转变为造就我的父母,使人能够重新认识乾坤对于人的重大意义,并认清自己的来源和所是,这对于人来说是认知上的重大转向和觉醒。

另外,对乾父坤母之说,朱子曾提醒学者,“分而言之,便见乾坤自乾坤,父母自父母,惟‘称’字便见异也”[③]。虽然“称”表明乾坤确然为万物的父母,而不仅是好像的意思,但朱子认为“称”也并不是“就是”“等同”的意思。乾坤和父母毕竟是不同的,二者的差异由“称”字可见,需要去称、有必要去称便表明二者并不是等同的。朱子的提醒是为了避免学者的一种错误理解,即认为乾坤是父母,因此我的生便无所资凭、无关于生身父母,原来亲近的父母就有沦为陌生人的危险,即王船山“不父其父而父天,不母其母而母地”[④]的担忧。

人之生当然是生于生身父母,但父母之为父母却不仅仅因为其给予了我

① 蔡仁厚:《宋明理学·北宋篇》,长春:吉林出版集团,2009年,第68页。

② 丁为祥:《虚气相即——张载哲学体系及其定位》,北京:人民出版社,2000年,第173页。

③ 朱熹:《朱子语类》,第2523页。

④ 王夫之:《张子正蒙注》,第313页。

身体发肤,不只基于偶然的血脉关系。《论语》中,孔子在回答子游问孝的时候说,"今之孝者,是谓能养。至于犬马,皆能有养;不敬,何以别乎"①。人如果只是像动物一样,对父母的孝敬只是停留在赡养的层面而没有爱敬之心,仅仅本于因血缘而产生的自然亲爱和基于后天养育的报本,这样的孝和动物的反哺没有区别,是不足以为孝的,这样的关于父母和孝的理解都是狭隘的。朱子说:

> 人之一身。固是父母所生,然父母之所以为父母者,即是乾坤。若以父母而言,则一物各一父母。若以乾坤而言,则万物同一父母矣。②

其指出,父母之所以为父母,是父母之理同乎乾坤发育流行、厚载万物之德。父母并不是通常所理解的,只是两团渺小的、有限的血气和个体,而是承载着乾坤之德的存在,正因为此,惟有父母之名才能配名乾坤。王船山进一步说:

> 从其大者而言之,则乾坤为父母,人物之胥生,生于天地之德也固然矣;从其切者而言之,则别无所谓乾,父即生我之乾,别无所谓坤,母即生我之坤。③

从天下这一大的视角来看,我是生于乾坤健顺之德;就一家的切近视角而言,我是为父母所生。事实上,我是以父母生我的形式为乾坤所生,父母即是我的乾坤。"于父而知乾元之大也,于母而知坤元之至也"④,王船山认为,通过对父母之道的理解,就能够知晓与父母之道相贯通的乾坤大德。人正是凭借着对父母之道的认知而通达到对乾坤之德的领会,同时,也就对父母有了真正的、充分的理解。可见,乾坤和父母之间并不是完全等同的,乾坤也没有降低和消解生身父母的地位。

因此,"称"既不是"好像",也不是"等同",其表达的是乾坤与父母理同而事异的关系。在道理上来说,乾坤生物之理同于父母生我之理,乾坤就是父母;但乾坤和父母毕竟有别,乾坤不完全和父母等同。同时,通过厉声言

---

① 《论语·为政》章七。
② 《朱子全书》第21册,第1561页。
③ 王夫之:《张子正蒙注》,第314页。
④ 同上书,第314页。

“称”带来的豁省不仅表现在对乾坤即父母的觉察,还表现在对父母和孝的重大性的揭露,使得人于生身父母中见出父母之所以为父母之理,从而得以从血脉私情和机械回报中超拔出来。对于乾坤,“称”破除了见理不明带来的人与乾坤的遥远和疏离;对于父母,则规避了自然亲爱带来的对父母的重大性的湮没。

在描述完我与乾坤、天地的关系(乾父坤母、天地塞帅)以后,张横渠进一步描述了我与世间万物的关系:

> 民,吾同胞;物,吾与也。大君者,吾父母宗子;其大臣,宗子之家相也。尊高年,所以长其长;慈孤弱,所以幼其幼;圣,其合德;贤,其秀也。凡天下疲癃、残疾、惸独、鳏寡,皆吾兄弟之颠连而无告者也。①

天下之人,因为同出于乾坤,因此都是我的同胞兄弟,草木虫鱼等万物都是我的同伴。君王是父母的宗子,协理一家;大臣是宗子的家相,有协助宗子的责任。尊老爱幼并将其推扩于全天下所有的老幼,圣贤是兄弟中出类拔萃的人,世间的残疾、鳏夫、寡妇、孤儿等都是我颠沛流离的兄弟。这段话描述了一个异于通常理解的世界,其发生在乾父坤母的前提下,当明白了乾父坤母和我与万物浑然共存的道理以后,天下的人物对于我来说就不再像过去所理解的那样无关甚至对立,而是我的兄弟、朋友,我对天下万物也不再是对立、占有,而是具有关爱、帮扶的责任。对此,朱子总结说:

> 《西铭》首论天地万物与我同体之意,固极宏大,然其所论事天功夫,则自“于时保之”以下方极亲切。②

按照朱子对《西铭》的划分,以上所论是《西铭》的前半部分,是在讲明天地万物与我同体的道理:之所以同体是因为万物都来源于同一个乾坤父母,因此乾父坤母是这部分的根本前提。明白了我在天地中的位置,以及我与世间万物的关系,张横渠将进而论述我如何在天地中自处,如何去与乾坤、生身父母、万物打交道,如何将这样的真实关系实然地践行,也就是如何成为乾坤天地之子、如何事天。

---

① 张载:《张载集》,第 62 页。

② 《朱子全书》第 22 册,第 2285 页。

二 “称”之行:事亲与事天

张横渠说:“于时保之,子之翼也;乐且不忧,纯乎孝者也。”[1]朱子曾评价说,“张子此篇,大抵皆古人说话集来”[2],认为《西铭》一篇充斥着大量对古代经典和典故的化用。这一句中,“于时保之”和“乐且不忧”分别出自《诗》的“畏天之威,于时保之”[3]和《易》的“乐天之命,故不忧”[4]。二者都是在论述作为乾坤之子的人如何面向乾坤父母。前者是说人畏惧天威,因此循理而不敢违背,从而能够自保;后者是说人乐天安命、自然顺理,从而能够坦荡无忧,较前者更为宽和自如。“翼”在这里是恭敬、谨慎的意思,指人子在事亲过程中展现出的谨慎、恭敬;“纯乎孝者”是指人子对于父母至诚的孝心和爱意。这句话中,不仅有畏天自保和乐天不忧等事天工夫的描述,还有“翼”与“孝”等事亲工夫的论述,并且二者在张横渠看来有着密切的关系。朱子在《西铭解》中对这句话有如下的解释:“畏天以自保者,犹其敬亲之至也;乐天而不忧者,犹其爱亲之纯也。”[5]在朱子看来,这句话的确既有事天又有事亲的内容,同时,张横渠是以事亲来说明事天工夫,“犹”字便表明了事天和事亲工夫之间相类同,对乾坤父母的畏与乐就好比对于生身父母的翼与孝。

“违曰悖德,害仁曰贼;济恶者不才,其践形,惟肖者也。”[6]这句话是说违背事物的当然之则是有悖于我得于乾坤的德性。妨害我的仁性就如同孟子所讲的“有是四端而自谓不能者,自贼者也;谓其君不能者,贼其君者也”[7],是灭杀我本有的仁性。作恶的人,是古语所说的“不才子”。充尽我从父母那里得来的形体、实现我之为我,才是与乾坤、父母相似的肖子。违理、害仁、济恶都是张横渠反对的行径,是有害于我实现为乾坤之子的,因为它们都在戕害我从乾坤那里得来的天德、本性。只有基于我有限的形体来充尽自己的本

---

① 张载:《张载集》,第62页。
② 朱熹:《朱子语类》,第2520页。
③ 《诗·周颂·我将》。
④ 《易传·系辞上》。
⑤ 《朱子全书》第13册,第143页。
⑥ 张载:《张载集》,第62页。
⑦ 《孟子·公孙丑上》章六。

性才能够恢复到乾坤所造就的我的本来样子,才能成为与乾坤相似的肖子。由这句话可见,事天的内容与我本性的实现密切相关,事天并不是我朝向乾坤去做额外的工夫,而是本于我个人的尽性、尽己。同时,事天的这些内容也不止于事亲所涉及的孝、敬、养等内容,其范围远大于事亲。

张横渠紧接着说:"知化则善述其事,穷神则善继其志。"[①]《中庸》言,"夫孝者,善继人之志,善述人之事者也"[②],这句话是对事亲的描述,即孝子继承父母的志向、行父母的言行。穷神知化是对乾坤造化活动的穷究和觉知。这句话是说知晓乾坤的造化活动以后则能够像善述父母之事一般去顺应、协助乾坤完成生物、成物之事,例如以民为胞、以物为与、尊高年、慈孤弱等;对乾坤造化之理的穷究则能够让人像继承父母的志向一般去继承天地之志,恢复、保持我从天地那里得来的德性,通过尽性来实现我之为我。从这句话中,可以看出上两句中也包含的三个面向:其一,事天与事亲相类同,与"于时保之,子之翼也;乐且不忧,纯乎孝者也"一样,这句话也是以事亲言事天;其二,事天的内容是大于事亲的,事天还需要对乾坤造化之道的认知和协理;其三,事天、事亲的工夫与人性的复归和已德的实现密切相关,事天、事亲工夫的完成伴随着个人的自我实现。

"不愧屋漏为无忝,存心养性为匪懈。"[③]不愧屋漏和存心养性分别出自《诗》"相在尔室,尚不愧于屋漏"[④]和《孟子》的"存其心,养其性,所以事天也"[⑤];"无忝"与"匪懈"分别出自《孝经》"夙兴夜寐,无忝尔所生"[⑥]和"夙夜匪懈,以事一人"[⑦]。这句话是说即使在屋漏之奥这种最隐秘的地方也要做到无愧于心,能够以此自修,才能不辱父母生我,也不为父母招致羞辱,能够存心养性、实现我的本性就是不懈于事亲的表现。由这句话可见,自我的尽己修身不仅与事亲、事天密切相关,其本身就是事亲、事天的内容和表现,自修的同时也就是在事亲、事天。紧接着张横渠举出六个具体的例子,即禹克制饮酒、颍考叔帮助郑庄公与母亲重聚、舜成全父亲、曾子不损发肤、申生和

① 张载:《张载集》,第62页。

② 《中庸》章十九。

③ 张载:《张载集》,第62页。

④ 《诗·大雅·抑》。

⑤ 《孟子·尽心上》章一。

⑥ 《孝经·士章第》。

⑦ 《诗·大雅·烝民》。

伯奇顺从父亲的典故,他们都是古代孝子的楷模。朱子在对这部分的内容进行解释的时候基本上都本于事天与事亲的相类同来进行,在他看来,六位孝子的故事虽然看起来是在说事亲,但实际上是以事亲而言事天。例如在对舜和申生的故事进行解读时,他说,"舜尽事亲之道而瞽叟厎豫,其功大矣;故事天者尽事天之道,而天心豫焉,则亦天之舜也。申生无所逃而待烹,其恭至矣;故事天者夭寿不贰,而修身以俟之,则亦天之申生也"[①],这也是为何他认为《西铭》下篇工夫"亲切"的原因。他说,"《西铭》则推人以知天,即近以明远,于学者之用尤切"[②],他认为张横渠以亲切的事亲之事来阐明事天之事是出于让学者亲切易懂的用心。

王船山在朱子的基础上进一步认为,张横渠此部分的论述不仅仅是由事亲的亲切性来说事天之事,二者不只是类同,在他看来,事亲之事本身就是事天的内容,事亲就是在促成事天的实现。例如在对"不愧屋漏"一句进行解释的时候他说,"止恶于几微,存诚于不息,圣功之至,亦止以敬亲之身而即以昭事上帝矣"[③]。人的慎独和养性工夫,固然是在事亲,但同时也是在事天,并且是以事亲来事天,即使是至于圣人的境界,也不过是以事亲之事来事天。

最后,张横渠说,"富贵福泽,将厚吾之生也;贫贱忧戚,庸玉汝于成也。存,吾顺事,没,吾宁也"[④]。我所有幸拥有的富贵福泽,是乾坤父母庇佑我,优渥地安顿我;我所遭遇的贫贱忧戚,是乾坤父母为了成就我,增益我所不能,而不是以私意阻遏我。因此,人在活着的时候,便要顺受乾坤和父母所给予的德性,也就是由尽己来完成事亲与事天,成为乾坤的肖子和父母的孝子;而当面临死亡的时候,也就没有任何的不甘和埋怨,能够坦荡以赴,不愧于天地和父母。

《西铭》的下篇主要论述了人如何事天和事亲,张横渠常常都是以事亲之事来说明事天,同时也认为事亲就是在事天。并且,事天和事亲都离不开人的自我实现,与人的修身尽性有着密切的关系。同时,事天、事亲还是对首句"乾称父,坤称母"的落实,所有的事天行为都是在称乾为父、称坤为母,不仅

① 《朱子全书》第13册,第144页。
② 同上书,第1342页。
③ 王夫之:《张子正蒙注》,第317页。
④ 张载:《张载集》,第63页。

仅是通过口去称,仅仅以父母之名加诸乾坤,而是通过人的自修、尽己让乾坤与我的关系实然地实现。可见,“称”不仅可以作为一个表示关系的连词,在道理上解释乾坤、父母与我的关系,还同时是一个动词,表明我积极地去成就乾坤、父母与我的关系。

三 事亲、事天不二

郭晓东教授在《宋明理学》一书中谈及,程明道和朱子是以“仁孝之理”来理解《西铭》,但其主要还是说仁,是借孝以表仁[①]。正如朱子所言,“他不是说孝,是将孝来形容这仁;事亲底道理,便是事天底样子”[②]。在程明道和朱子看来,事亲和事天是有别的,而现代学者赵馥洁和周赟则分别以“敬天与孝亲的融通”[③]和“事亲与事天本是同一理”[④]来解释事亲和事天的关系,认为张横渠以事亲说事天不仅仅是为了读者理解上的方便,以孝说仁是本于事亲和事天内在的同理和融通。

另外,王船山在注解《西铭》的时候说,“守身以敬亲而事天,则悦亲而乐天,无小大之异也”,“尽敬以事父,则可以事天者在是;尽爱以事母,则可以事地者在是”[⑤]。在王船山的注解中,始终贯穿着事亲就是在促进事天的论述,并且他说,“程、朱二子发明其体之至大,而未极其用之至切,盖欲使学者自求之,而非可以论说穷其蕴也”[⑥]。他认为程、朱极大地挖掘出了《西铭》所言的乾坤即父母的面向,但是对切身的工夫有所忽略,体现在事亲与事天的关系上,表现为对事天工夫的分外强调。但他认为程、朱并非是对于《西铭》所蕴含的道理有所不莹,而是希望学者能够自求,因此没有一一言明。

冯友兰先生也曾说:

> 张横渠《西铭》,即是从事天的观点,以看人之道德底行为。他以事亲之道,说事天。我们有事亲之孝,有事天之孝。从事天之观点看,人之

① 曾亦、郭晓东:《宋明理学》,南京:南京大学出版社,2009年,第40页。

② 朱熹:《朱子语类》,第2526页。

③ 赵馥洁:《关学精神论》,西安:西北大学出版社,2015年,第107页。

④ 周赟:《张载天人关系新说——论作为宗教哲学的理学》,北京:中华书局,2015年,第203页。

⑤ 王夫之:《张子正蒙注》,第314页。

⑥ 同上书,第319页。

一切尽人道底行为，都是事天之孝。……一切尽人道之行为，皆是“替天行道”，皆是事天。[①]

他认可朱子所说的以事亲说事天的看法，但尤其强调王船山事亲即事天的观点，认为人所从事的一切合乎道的行为和一切修身、尽性的工夫，包括对父母的事亲之孝，都是在事天，都是在述天之事和协理乾坤父母。因此，《西铭》下篇对事亲和事天工夫的论述，并不仅仅是以事亲言事天，而是通过事亲而事天，事亲即是事天。

台湾学者吕妙芬认为，明代以后，对《西铭》的理解开始出现一个明显的特征，即将《西铭》和《孝经》相联系，认为《西铭》的主旨是言孝[②]。《论语》中，有子言：

其为人也孝弟，而好犯上者，鲜矣；不好犯上，而好作乱者，未之有也。君子务本，本立而道生。孝弟也者，其为仁之本与！[③]

这句话的最后一个“为”字应是“行”而非“是”，“本”是“下手处”而非“根本”。这句话是说孝悌是行仁的下手处，而不是孝悌是仁的根本所在。从用或事上讲，孝是行仁之本；从体或道理上言，仁是孝之本。要摆脱基于偶然、机械、本能的行孝，就需要明白父子之义的根本道理以及孝行所当然的根据，这个根据就是仁，这也是为何《西铭》开篇便论述“乾称父，坤称母”的原因，即让人认识到父母之所以为父母的根本道理，从而能够理解何为真正意义上的孝。同时，乾父坤母所带来的行动指导意义并不是让人不事亲而事天，或者以事天代替事亲，而是让人明白如何真正的事亲。对于人来说，父母就是我的乾坤，不仅给与我血气肉身，还是我仁性的价值源泉。因此，真正的孝子首先要实现自己从父母那里得来的仁性，成为一个仁人，通过自我成就去实现真正意义上的孝，因此可以说仁人方能为孝子。这种孝不再只是奉衣奉食、冬温夏清，而是实现了孝之所以为孝的仁孝，是真正意义上的大孝。就此而言，《西铭》赋予了父母和孝更广大的含义，事亲也不仅仅局限于对父母双亲的敬爱奉养，当人去事天、去实现自己的仁性的时候，也同时在充尽父母

① 冯友兰：《新理学》，北京：商务印书馆，1946年，第302页。

② 吕妙芬：《〈西铭〉与〈孝经〉：兼论晚明“孝”的形上本体思想》，载《全球化下明史研究之新视野论文集》（三），台北：东吴大学历史系编，2007年。

③ 《论语·学而》章二。

所赋予的本性、形体,也就是在事亲,因此,事天也即是事亲,正如孙希旦所言:

> 即此推之,亲即天也,天即亲也,其所以事之者,岂容有二哉!夫事亲如天,孝子事也,而孔子以为仁人,盖孝子之至则仁矣。①

张横渠之所以通过事亲之事来阐明事天,一方面是因为事亲与事天本不是两件事,并不是因为相类同而产生的譬喻,而是事天便是事亲,事亲便是事天,事亲之外没有另外一套事天的工夫。另一方面,虽然事亲、事天不二,但亲疏有别,因此教人从切近的父母着手。孝是众善、百行的出发点,不由孝,便无法推扩致敬兄、爱友、恤众。孟子说:"仁之实,事亲是也;义之实,从兄是也"②;朱子曾以水为喻,"仁如水之源,孝弟是水流底第一坎,仁民是第二坎,爱物则三坎也"③。这都表明,仁义之德,虽然可以推扩至天下的所有人物,但却无法越过事亲和从兄而爱其他人。

这一道理以程伊川"理一分殊"的总结最为洽切。程门高弟杨龟山在读《西铭》的时候认为其"言体而不及用,恐其流至于兼爱"④,程伊川则以理一分殊来为《西铭》辩护。丁为祥教授曾言,"今观《西铭》原文,则确有此病;盖横渠立言一向粗疏,此铭强调万物一体,遂不及交代"分殊"一面;伊川虽能为张氏辩,不能为此铭辩"⑤,认为杨龟山的疑问并不是无中生有,《西铭》的确存在着不及分殊的毛病。但郭晓东教授则认为"《西铭》刚刚好反过来,从人道的角度出发来讲人应该如何事天肖天,以成就天德,从而合天人为一体,它强调的则更多是个体生命应该如何去做的'分殊'"⑥。事实上,杨龟山在与程伊川的对话中曾坦言并非认为《西铭》文字本身呈现出兼爱的弊病,而是担心学者的错误理解而造成对《西铭》的误解⑦。因此,与其说程伊川的"理一分殊"是在为《西铭》辩护,毋宁说是对《西铭》应有之意的提炼以帮助后学更好地理解《西铭》。且《西铭》的文字本身就体现着理一和分殊两个面向,朱

---

① 孙希旦:《礼记集解》,北京:中华书局,1989年,第1266页。
② 《孟子·离娄上》章二十七。
③ 朱熹:《朱子语类》,第463页。
④ 程颢、程颐:《二程集》,第609页。
⑤ 丁为祥:《虚气相即——张载哲学体系及其定位》,第133页。
⑥ 曾亦、郭晓东:《宋明理学》,第43页。
⑦ 程颢、程颐:《二程集》,第609页。

子曾说,"《西铭》通体是一个理一分殊,一句是一个理一分殊"[①]。称乾坤父母的"予"就是千千万万个我,是天地造化之理分殊的体现;其还表现在"民胞物与"所体现出的爱有差等和事亲工夫所展现出的在天下一家下的各亲其亲。

关于理一分殊,朱子在《西铭解》中有进一步的阐释,其言:

> 盖以乾为父,坤为母,有生之类,无物不然,所谓"理一"也。而人、物之生,血脉之属,各亲其亲,各子其子,则其分亦安得而不殊哉!一统而万殊,则虽天下一家、中国一人,而不流于兼爱之弊;万殊而一贯,则虽亲疏异情,贵贱异等,而不梏于为我之私。此《西铭》之大指也。[②]

天地间的万事万物都是生于乾坤之德,这是所谓的理一;但是由"民吾同胞,物吾朋与",也可见爱有差等,这是所谓的分殊。朱子认为,《西铭》所蕴含的理一分殊是理一前提下的分殊和分殊前提下的理一,理一和分殊不是割裂的。在《西铭》的语境里,"一统而万殊"就是分殊前提下的理一,指对乾坤大德、父母之道、人之本性的觉知,从而超越于小家庭的范围,去积极地做尽己复性的工夫,并协助天地将天地间的人物如其所是的安顿,但又知晓推及之理,避免爱无差等、万物平施的兼爱的弊端。程伊川正是在这一意义上以理一分殊来论述《西铭》本身所蕴含着的对兼爱的扬弃,也是事天即事亲之意。"万殊而一贯"是理一前提下的分殊,是指人立足于人伦日常的场域,履行孝顺父母、敬爱兄长等责任,但又不溺于个体的、血缘的私情,而是由对生身父母的孝来实现称乾坤父母的责任,即事亲即事天之意。

称乾坤为父母是用实际的行动和工夫去让乾坤为我父母的本然关系得以实然地实现,同时,称乾坤父母和称生身父母并不是两套并行无关的工夫,也不仅仅只是在道理上类同的两件事。称乾坤是通过称父母而实现的,称父母也就是在称乾坤,事亲即是事天,事天即是事亲。因此程伊川说"尽得仁,斯尽得孝弟;尽得孝弟,便是仁"[③],王船山也说"故必践形斯为肖子,肖乾坤而后肖父母,为父母之肖子,则可肖天地矣"[④]。

---

① 朱熹:《朱子语类》,第 2522 页。

② 《朱子全书》第 13 册,第 145 页。

③ 程颢、程颐:《二程集》,第 310 页。

④ 王夫之:《张子正蒙注》,第 317 页。

在“乾称父,坤称母”一句中,“称”既可以作为连词揭示乾坤即父母、父母即乾坤的含义,也可以作为动词,但这个动作并不是仅仅用口来完成,而要用实际的工夫来让乾坤实然地成为我的父母。通过去“称”乾坤,去事天,便能够使乾坤生物的大德不再晦暗不明,使人明白自己与天地万物的真实关系和责任;通过去“称”父母,去事亲,方可摆脱使双亲仅沦为两团血气的危险,从而使父母之义重新彰显,为孝行提供根据。在称乾坤和父母的过程中,我之为我,也在与自己、父母、他人、万物的交道中有以实现,使得我避免沦为器物而成为与天地参的大人。并且,称乾坤的事天工夫是通过称父母的事亲工夫来实现的,事亲的同时也就是在事天。因此,《西铭》所言,是要人立足于人伦的道场,通过修身尽己、事亲尽仁来实现人的超越性,来对越上帝,正如王船山所说:

> 张子此篇,补周子天人相继之理,以孝道尽穷神知化之致,使学者不舍闺庭之爱敬,而尽致中和以位天地、育万物之大用,诚本理之至一者以立言,而辟佛、老之邪迷,挽人心之横流,真孟子以后所未有也。①

The Interpretation of "Call" in the *Western Inscription*

—From the "Call Qian Father, Call Kun Mother"

Wu Yao

Abstract: Zhang Zai wrote the *Western Inscription* and established the premise of the whole article with the "Call Qian father, call Kun mother". In terms of the philosophical connotation, "Call Qian father, call Kun mother" aims to illustrate that Qian and Kun are truly our parents; in terms of the action, that demands us to take the responsibility to "call". However, there are not two different tasks for us to "call", like to "call" Qian-Kun or to "call" parents. According to the *Western Inscription*, to "call" Qian-Kun and to "call" parents are actually not

① 王夫之:《张子正蒙注》,第 315 页。

two different ways. To "call" parents is calling Qian-Kun. Through "calling", the relationships between me and others (like Qian-Kun, parents, all beings) become different. I am no longer a limited individual, Qian-Kun is no longer estranged with me, parents are not just flesh and blood, all substances are not unrelated objects to me.

Key words: Call, Qian - Kun, Parents, To "call" Qian - Kun, To "call" parents

书讯

《马克思与异化:关于黑格尔主题的论述》

[英]肖恩 · 塞耶斯(Sean Sayers) 著 程 瑶 译

北京:中国人民大学出版社,2020 年 4 月

肖恩 · 塞耶斯是英国肯特大学哲学系荣休教授,世界知名的马克思主义哲学家。塞耶斯教授在社会哲学、伦理学、认识论、形而上学和逻辑学等领域都有所建树,主要研究方向是以新黑格尔主义的马克思主义视角对黑格尔和马克思哲学进行研究。其主要著作有:《马克思主义与人性》《现实与理性》《黑格尔、马克思与辩证法》等。

《马克思与异化:关于黑格尔主题的论述》(*Marx and Alienation: Essays on Hegelian Themes*)一书由塞耶斯教授在七年间所写的一系列论文组成,这些文章都聚焦于马克思的异化及其超越理论。全书共分 9 章,分别讨论了黑格尔关于异化概念的遗留问题,马克思与黑格尔在劳动、异化、自由、私有财产等问题上的思想关联性,以及马克思的共产主义概念等诸多议题。作者不仅通过将黑格尔、克尔凯廓尔、海德格尔、阿伦特、哈特、奈格里、柯亨等哲学家的劳动异化思想与马克思的思想作对比,而且还结合了当代政治哲学关于平等、正义等问题的争议,逐步将马克思的著作及其思想置于十分广阔的哲学语境之中。在作者看来,历史和辩证的方法是马克思从黑格尔那里继承的主要思想之一,而异化概念也必须据此得到理解。本书在当代各种争议当中阐明马克思的异化及其超越理论,并对黑格尔哲学之于恰当理解马克思思想的必要性进行了详细论证,这为学者进一步研究异化概念、马克思与黑格尔思想之间的关联等重要理论问题提供了必不可少的参考,具有一定的理论意义和学术价值。(关祥睿)

哲学门(总第四十一辑)
第二十一卷第一册
北京大学出版社,2020 年 6 月

从正思的萌生与否到心灵的健康与病态*

——朱子“中和新说”义理新探

李　毅**

提　要:“中和新说”是朱子理论体系的关键组成部分,也是中国哲学中心灵理论方面的扛鼎之作。其中所定“未发”“已发”的所指并不是“思虑未萌”和“思虑萌焉”,而是“正思未萌”和“正思萌焉”,且二者都有“健康”“病态”之分,“健康未发”又有“极致健康”和“尚未极致健康”之分。病态的未发已发分属“不静”“妄动”而相互蕴含,形成一个恶性循环;极致健康的未发和健康的已发则分属“静”“动”而亦相互蕴涵,形成一个良性循环,这一良性循环即是“中和”范畴的基本意涵。依据“中和新说”,我们可以对人类心灵作出极富启发性的分析。

关键词:正思　动静　气象　智愚　中和

朱子虽然不以“心学”自名,但对于心却有着与心学家相比有过之而无不及的深刻意见和详密探讨,“中和新说”即是这一探讨最终的代表性结论。众所周知,“中和新说”的提出经历了一个曲折而精彩的过程,其本身的义理内涵也极其精微,学界对于其提出过程的研究已经比较充分了,但对其义理内涵的研究在笔者看来则存在着许多偏失,这些偏失起于对“未发已发之所指”的错误认定,蔓延为对“未发已发之动静属性”和“未发已发之关系”的简单化处理,最终使得“中和新说”在人类心灵分析上的有效性、深刻性不得展现。

*　本文为教育部人文社会科学研究青年基金项目“朱子‘心学’研究”(17XJC72003)阶段性成果。

**　李毅,1988 年生,北京大学哲学系博雅博士后。

本文即拟在细致深入的文献分析的基础上解决以上偏失,并展示出朱子“中和新说”至今仍然足以令人叹服的洞察力和解释力。

一　未发已发之所指:正思未萌与正思萌焉

众所周知,“中和新说”的义理首先在于“未发”“已发”的所指。论者多认为朱子的“未发”“已发”即是指“思虑未萌”和“思虑萌焉”两种状态[①],且引《答张钦夫第四十九书》中“方其静也,事物未至,思虑未萌”“及其动也,事物交至,思虑萌焉”两言和《与湖南诸公论中和第一书》中“以思虑未萌、事物未至之时,为喜怒哀乐之未发”“及其‘感而遂通天下之故’,则喜怒哀乐之情发焉”两言。尤其是《答吕子约》中“但有所思,即为已发。此意已极精微,说到未发界十分尽头”一段和《语类》中“未发之前,万理备具。才涉思,即是已发动”一句[②]为证。这一说法看似有据,但实际上面临着两个问题:其一,《答张钦夫第四十九书》和《与湖南诸公论中和第一书》中的“事物未至”“事物交至”字样是否真的无足轻重而可以直接省略? 其二,朱子又曾说“众人虽具此心,未发时已自汩乱了,思虑纷扰”[③]。按照上面的说法,“思虑纷扰”明明是“已发”,朱子为什么却说是“未发时”? 笔者认为,“事物未至”“事物交至”八个字是不能直接省略的,因为这八个字是对“未发”“已发”的第一重规定,规定出未发已发的大背景。“思虑未萌”和“思虑萌焉”则是在这一前提下对“未发”“已发”进行第二重规定,规定出未发已发的实质:只要“事物未至”,便已经可以说是“未发时”,“事物未至思虑未萌”是“未发时此心确实未发”或者说健康的未发,“事物未至思虑纷扰”则是“未发时此心不能未发”而形成的不正常“病态”的未发。在朱子,某一心灵在一定的情境下不能有与情境相应的状态,说明这一心灵处于一种不正常的状态中,朱子曾称之为“病心”“心之病”,[④]相应地,某一心灵在一定的情境下能够有与情境相应的状态,则说明这一心灵处于正常状态中,我们可以称之为一种“健康”状态。朱子意义上的

---

① 陈来:《朱子哲学研究》,上海:华东师范大学出版社,2000 年,第 175 页。

② 《朱子全书》第 21、23、22、16 册,上海:上海古籍出版社;合肥:安徽教育出版社,2002 年,第 1419、3130、2223、2038 页。

③ 《朱子全书》第 17 册,第 3179 页。

④ 《朱子全书》第 14、22 册,第 221、2602 页。

"病""健康"与今日心理学意义上的心理疾病、健康心态都略有区别:只要"事至物来",便已经进入"已发时","事物交至,思虑萌焉"是"已发时此心乃发"或者说健康的已发,"事物交至,思虑萌焉"而又有他思以乱之是病态的已发,"事物未至""思虑萌焉"不得在任何意义上冒"已发"之名。唯其如此,朱子"未发时已自汩乱了,思虑纷扰"一言才可能成立,亦惟如此,"未发""已发"之间乃能有客观而稳定的界限,不会完全以个人的特殊心灵状况而定。直接省略"事物未至""事物交至",等于拆除了朱子新说所定"未发""已发"的客观界限,"未发""已发"所指的混乱便在所难免了。朱子曾论未发已发说:

> 动静,恰似船一般,须随他潮去始得。浪头恁地高,船也随他上;浪头恁地低,船也随他下。动静只是随他去,当静还他静,当动还他动。[1]

此中"动静"即是指"思虑萌焉"和"思虑未萌","船"以喻心,"浪头"的"高""低"则是指"事至物来"和"事物未至"。"动静只是随他去"即显示出"事物未至""事物交至"是"未发""已发"的第一条件,"思虑未萌""思虑萌焉"是"未发""已发"的第二条件,唯其如此,才谈得上"当动""当静"的问题。直接省略"事物未至""事物交至"而单说"思虑未萌""思虑萌焉",无异于丢弃浪头高低"的背景谈船的上下,所谈难免偏离本义,而所谓"当静""当动",则完全谈不上了。由此观之,"才思即是已发"和"才涉思,即是已发动"两处朱子自己省略"事物未至"和"事物交至",应该是着力强调"思"在未发已发判分中的核心性,因而一时有所偏重所致,并非最为完整的表达。

"事物未至""事物交至"八个字不能直接省略,并不代表它们完全不能省略、"未发""已发"的表述完全不可简化,因为在朱子看来,"事物未至"和"事物交至"能够在一种"思"上显现出来,那便是着眼于来自事物本身的"正思"。单说"思虑未萌""思虑萌焉",我们无法看出事物是否已至,但单说"正思未萌""正思萌焉","事物未至""事物交至"之意便已经在其中了,因为"正思"一定是"随"事物的,"事物未至",正思便一定"未萌","事物交至",正思才会"萌"。在这个意义上,"事物未至,思虑未萌"和"事物交至,思虑萌焉"可以分别简化为"正思未萌"和"正思萌焉"而不失原义。在此前提下:只要"正思未萌",便一定是"未发","正思未萌而无妄思"("妄思"即不着眼于

① 《朱子全书》第15册,第1600页。

事物本身的“思”)是健康的未发,“正思未萌而妄思纷扰”是病态的未发;只要“正思萌焉”,便一定是“已发”,“正思萌焉而无妄思”是健康的已发,“正思萌焉而妄思亦萌”是病态的已发,“正思未萌而妄思纷扰”不得在任何意义上冒“已发”之名。可以看出,这一精简规定下的心灵分析和朱子原本规定下的心灵分析是完全吻合的。值得注意的是,己丑之悟确立“中和新说”后,朱子在和吕祖俭的书信中曾说“但有所思,即为已发。此意已极精微,说到未发界十分尽头”,又曾对弟子说:“未发之前,万理备具。才涉思,即是已发动”。[①]这两处文献似乎能够对前辈学者直接省略“事物未至”“事物交至”,将中和新说所定未发已发说为“思虑未萌”“思虑萌焉”的做法提供支持,但一方面《与湖南诸公论中和第一书》和《答张钦夫第四十九书》中的说法在这一问题上更为可靠,另一方面这两处应该只是朱子为了强调未发已发的实质而一时有所偏重,且其中的“思”应该仅仅是指“正思”,因为只有“正思”的萌生与否才和事物的来至与否一样具有客观性和稳定性,足以作为“界”。总而言之,前辈学者将中和新说所定未发已发的所指仅仅说为“思虑未萌”“思虑萌焉”,是有失准确的,真正精确的说法应该是“正思未萌”“正思萌焉”。可以说,朱子没有让“妄思”染指未发已发的分判,“妄思”只能在未发已发判定之后显示出其怪胎的本质。

二 未发已发的动静属性

“未发”“已发”既然都有健康和病态之分,那么其动静属性便不能仅仅简单说为“未发属静、已发属动”,而需要更加细致的分疏。笔者所见,在朱子的语境中“正思未萌而无妄思”的“健康未发”和“正思萌焉而无妄思”的“健康已发”相对比,后者属“动”而前者相对属“静”(“健康未发”只是相对于“健康已发”而言属“静”,并不是绝对属“静”,此待后文详论)。“正思未萌妄思纷扰”的“病态未发”和“正思萌焉妄思亦萌”的“病态已发”虽然似乎也显示出一种“动”态出来,但和“健康已发”之为“动”对比,实际上前者只是一种“静”的丧失态或者说“不静”,并不是真正的“动”,后者则实际上是一种“妄动”,也不是真正的“动”,朱子曾说:

---

① 《朱子全书》第22、16册,第2223、2038页。

不是静坐时守在这里,到应接时便散乱了去。[①]

动,不是恁地劳攘纷扰。[②]

此中将“病态已发”称为“应接时便散乱了去”,又强调“动”就其本义而言不包含“劳攘纷扰”,即是说“病态已发”是一种“妄动”而不是真正的“动”。甚至可以说,“健康已发”之为“动”,虽然不是“静”,但却是带着一种“静的气象”的,“病态已发”之为“妄动”,则不但不是“静”,而且没有任何“静的气象”。“静的气象”保证了“动”之为“动”,并将“妄动”从“动”中排除出去,《朱子语类》载:

问:“动、静两字,人日间静时煞少,动时常多。”曰:“若圣人动时亦未尝不静,至众人动时却是胶扰乱了。如今人欲为一事,未尝能专此一事,处之从容不乱。其思虑之发,既欲为此,又欲为彼,此是动时却无那静也。”[③]

“圣人动时”是“健康已发”之“动”,“未尝不静”的“静”只是“静的气象”的意思,并不是“健康未发”之“静”,也即这里只是强调“健康已发”之“动”有“静的气象”而“病态已发”之“妄动”没有“静的气象”,不是要混淆“健康未发”和“健康已发”的“动”“静”之别。《朱子语类》又载:

或问:“而今看道理不出,只是心不虚静否?”曰:“也是不曾去看。会看底,就看处自虚静。这个互相发。”[④]

“看道理”属“正思已萌”之“已发”,“会看底,就看处自虚静”也是“健康已发之‘动’有‘静的气象’”之意。“病态已发”之“妄动”之所以没有“静的气象”,本质上是因为无视于来至事物之理而胡乱造作,“健康已发”之“动”之所以有“静的气象”,则本质上是因为一出于来至事物之理而别无造作,所以朱子又说:

动时,静便在这里。动时也有静,顺理而应,则虽动亦静也……知这

---

① 《朱子全书》第15册,第1600页。

② 同上书,第1161页。

③ 《朱子全书》第14册,第374页。

④ 《朱子全书》第18册,第3660页。

事当做,便顺理做去,便见动而静底意思,故曰"知止而后有定,定而后能静"。①

动中有静,如"发而皆中节"处,便是动中之静。②

此中的"静"都是"静的气象"的意思,不是指"健康未发"之"静"。这两段即表明"健康已发"之"动"之所以有"静的气象",本质上是因为一出于来至事物之理而无造作。反过来说,"健康未发"之为"静",虽然不是"不静"也不是"动",但也并非死寂,其中"思虑未萌而知觉不昧"(《答张钦夫第四十九书》)担当着安顿事物的重任,并因此向"动"开放着,在这个意义上朱子认为"健康未发"之为"静"也可以说是有"动的气象"的,朱子说:

"仁者静",然其见得天下万事万理皆在吾心,无不相关,虽曰静,而未尝不动也……静,不是恁地块然死守。③

其静时,思虑未萌,知觉不昧,乃复所谓"见天地之心",静中之动也。④

此中的"动"都不是指"健康已发"之"动",只是"动的气象",所以这两条都是在说"健康未发"之为"静",有"动的气象"。《朱子语类》又载:

寂,含活意,感则便动,不只是昏然不省也。⑤

"健康未发之静"不是"昏然不省也"而"含活意",也是说"健康未发"之为"静",有"动的气象"在其中。不难推知,"病态未发"之为"不静",只有"妄动气象",而没有"动的气象"。总而言之,在朱子,"健康已发"属"动"而有"静的气象","健康未发"属"静"而有"动的气象","病态已发"和"病态未发"则一属"妄动",一属"不静",都有"妄动的气象"。后来阳明论未发已发曰"未扣时原是惊天动地,既扣时也只是寂天寞地"⑥,其本意也是为了强调"健康未发"虽然属"静"却有"动的气象"。"健康已发"虽然属"动"却有"静的气象"这一点,语意稍嫌过重,泯灭了动静本身与动静气象之间的区别。

---

① 《朱子全书》第15册,第1600页。

② 《朱子全书》第14册,第382页。

③ 《朱子全书》第15册,第1161页。

④ 《朱子全书》第16册,第2049页。

⑤ 《朱子全书》第17册,第3246页。

⑥ 《王阳明全集》,上海:上海古籍出版社,2011年,第130页。

需要说明的是,在朱子,“健康已发”和“健康未发”虽然构成“心”的一组动静,甚至是“心”这里最重要的一组动静,但却并非“心”这里全部的动静,甚至不是“心”这里最基本的一组动静,“心”这里最基本的动静是“苏醒”和“睡眠”,“健康未发”和“健康已发”只是对“苏醒”和“睡眠”这一组基本动静中“苏醒之动”的进一步划分而已。此外“睡眠之静”也可以以“有梦”“无梦”为标准划分为一组动静,而“有梦”“无梦”这组动静和“健康已发”“健康未发”这组动静合在一起,才足以全面反映“心”这里正常的动静状况。朱子晚年答陈北溪说:

> 寤寐者,心之动静也;有思无思者,又动中之动静也;思有善恶,又动中动,阳明阴浊也。有梦无梦者,又静中之动静也。梦有邪正,又静中动,阳明阴浊也。但寤阳而寐阴,寤清而寐浊,寤有主而寐无主,故寂然感通之妙,必于寤而言之。寤则虚灵知觉之体燁然呈露,如一阳复而万物生意皆可见;寐则虚灵知觉之体隐然潜伏,如纯坤月而万物生性不可窥。①

“寂然感通之妙”即健康未发健康已发。此段即指出“苏醒”和“睡眠”才是“心”这里最基本的动静,“健康未发”和“健康已发”只是对“苏醒”和“睡眠”这一组基本动静中“苏醒之动”的进一步划分②。鉴于朱子将“寤”的本质规定为“虚灵知觉之体燁然呈露”,所以可以说“寤之动”就是“知觉呈露之动”,而“健康已发之动”“健康未发之静”和“寤之动”的不同层其实就是和“知觉呈露之动”的不同层,这种不同层意味着“健康已发之动”和“知觉呈露之动”是不等同的,“健康未发之静”和“知觉呈露之动”是不冲突的。这一点非常重要,如果不能分清这一点,便会造成“健康已发之动”的扩大化和“健康未发之静”的荒谬化,朱子曾批评吕子约,说他“强以已发之名侵过未发之实,使人有生以后、未死以前更无一息未发时节,惟有烂熟睡着可以为未发,而又不可以立天下之大本”③,即是此意。又《朱子语类》载:

> 曰:“常醒,便是知觉否?”曰:“固是知觉。”曰:“知觉便是动否?”曰:

① 《朱子全书》第18册,第4340页。

② 朱子这里的用以划分未发已发的“思”似乎包含了“妄思”,这应当只是一时表达不慎所致。

③ 《朱子全书》第22册,第2225页。

> “固是动。”曰:“何以谓之未发?”曰:“未发之前,不是瞑然不省,怎生说做静得?然知觉虽是动,不害其为未动。若喜怒哀乐,则又别也。”曰:“恐此处知觉虽是动,而喜怒哀乐却未发否?”先生首肯曰:“是。”①

知觉呈露便是“动”,但此“动”和“健康未发之静”“健康已发之动”不同层,比后二者更基本,所以“不害”“健康未发”之为“未动”,有别于“健康已发之动”。不难看出,“健康未发之静”的“动的气象”,即源于其所以为基础的“知觉呈露之动”。以上分析也已经表明,“动”“静”二字在朱子这里并无定在,当随文活看。

三　未发已发的关系

“未发”“已发”既然皆有健康与病态的区分,且健康与病态的动静属性不同,那么“未发”“已发”的关系势必也会非常错综复杂。笔者所见,这一复杂问题的解决要从作为“未发”“已发”第一重规定的“事物未至”和“事物交至”开始。

不难想见,现实生活中“事物未至”和“事物交至”一定是接续交替,不会只有其一的,朱子说:“只是这个心自有那未发时节,自有那已发时节……只管夹杂相滚。若以为截然有一时是未发时,一时是已发时,亦不成道理。今学者或谓每日将半日来静做工夫,即是有此病也”②,也指出了这一点(“未发时节”即是指“事物未至”,“已发时节”即是指“事物交至”)。在这种接续交替之中,“病态未发”之为“不静”,会使得此心在“事物未至”的情况下就已经自我损耗,以至于“事物交至”的时候心力短缺。所以“病态未发”之“不静”之后的“已发”之“动”即便最初是健康的,早晚也一定会流为“病态已发”的“妄动”;相对而言,“健康未发”之为“静”,则使得此心在“事物未至”的时候最大程度地保存了实力,以至于“事物交至”的时候心力较为充足,所以“健康未发之静”之后的“已发”较容易保持其健康性而为真正之“动”。朱子说:“心于未遇事时须是静,及至临事方用,重道此二字。便有气力。如当静时不静,思虑散乱,及至临事,已先倦了。伊川解‘静专’处云:‘不专一则不能直

① 《朱子全书》第17册,第3246页。

② 《朱子全书》第16册,第2039页。

遂’,闲时须是收敛定,做得事便有精神”,“盖人心本善,方其见善欲为之时,此是真心发见之端。才发,便被气禀物欲随即蔽锢之,不教它发”,“‘不能尽其才’,是发得略好,便自阻隔了,不顺他道理做去”[①],都是在说这两个意思。鉴于“病态未发”本身就是有“妄动气象”的,而“健康未发”本身是有“动的气象”的,所以这两个意思也可以表述为:“病态未发”的“妄动气象”后来即便一开始没有、早晚也一定会落实为“病态已发”的真实“妄动”,而“健康未发”的“动的气象”后来较容易落实为“健康已发”的真实之“动”。职是之故,朱子又说:“人身只有个动、静。静者,养动之根;动者,所以行其静”[②],指出“健康的未发之静”对于“已发之动”有根源性的养护意义,而“已发”的健康与病态往往是“未发”的健康与病态的延续。不难推知,朱子之所以认同周子“主静”之说,原因也正在于此。

但“健康未发之静”及“动的气象”对于其后“已发”之“动”的健康性未必能作出完全保证,因为来至事物可能非常棘手,尤其是其所附带的诱惑有可能非常强大,只有“聪明睿智”的圣人的未发之静,也即拥有最高能力[③]因而极致健康的“未发之静”及其“动的气象”才能够保证其后无论什么事物来至,其“已发”之“动”都始终是健康的。朱子说:

> 但平日庄敬涵养之功至,而无人欲之私以乱之,则其未发也,镜明水止,而其发也,无不中节矣。
>
> 心既静,虚明洞彻,无一毫之累,便从这里应将去,应得便彻,便不难,便是“安而后能虑”。[④]

在朱子看来,“庄敬涵养之功至”则为圣人,“虚明洞彻,无一毫之累”也只有圣人才说得上,所以这两段即是在说圣人“极致健康的未发之静”能够保证其后无论什么事物来至,其“已发”之“动”都始终是健康的。普通人的未发之静也即“能力有限、尚未极致健康的未发之静”及其“动的气象”最多只能保

---

① 《朱子全书》第 14、16 册,第 381、394、1882 页。

② 《朱子全书》第 14 册,第 382 页。

③ 在朱子,“聪明睿智”的圣人是拥有最高能力的。他说:“如尧舜之时,真个是‘宠绥四方’,只是世间不好底人,不定叠底事,才遇尧舜,都安帖平定了”(《朱子全书》第 18 册,第 3829 页),“圣人之心,浑然一理,而泛应曲当”(朱熹:《四书章句集注》,北京:中华书局,1983 年,第 72 页),都指出了这一点。

④ 《朱子全书》第 23、18 册,第 3131、3642 页。

证其后较为简单的事物来至,其“已发”之“动”才始终保持为健康的,一旦其后强大的诱惑来至,其“已发”之“动”就会像“病态未发”之“不静”之后的“已发”之“动”那样,早晚流为“病态已发”的“妄动”。前面引文中朱子所言“才发,便被气禀物欲随即蔽锢之,不教它发”“发得略好,便自阻隔了,不顺他道理做去”,也包含了这种情况在其中。

“病态已发”之为“妄动”是无视于事物的来去而无休止的,以至于即便外在境况恢复到“事物未至”,此心也仍然“思虑纷扰”,所以“病态已发”之后的“未发”一定是“不静”的“病态未发”,或者说“病态已发”若缺乏“静的气象”一定会落实为其后“病态未发”的“不静”。朱子说:“如今人不静时,只为一事至,便牵惹得千方百种思虑。这事过了,许多夹杂底却又在这里不能得了。头底已自是过去了,后面带许多尾不能得了”[①],即明白地指出了这一点。相对而言,“健康已发”之为“动”则是专注于事物而有节律的,以至于外在境况一旦恢复到“事物未至”,此心便一定随之“思虑未萌”,所以“健康已发”之后的“未发”一定是“静”的“健康未发”,或者说“健康已发”之“静的气象”一定会落实为其后“健康未发”之“静”,朱子说:“惟动时能顺理,则无事时始能静”“应事得力,则心地静”“若事物来,亦须应;既应了,此心便又静”[②](“应了”之“了”是“了结”之“了”),都是这个意思。

既然“不静”的“病态未发”之后跟随的一定是“妄动”的“病态已发”,而“妄动”的“病态已发”之后跟随的又一定是“不静”的“病态未发”,“极致健康的未发之静”之后跟随的一定是“健康的已发之动”,而“健康的已发之动”之后跟随的又一定是“健康的未发之静”。那么当然可以说,“不静”的“病态未发”和“妄动”的“病态已发”一定是相伴生的,一起形成一个恶性循环,无怪乎它们在“妄动气象”这一点上如此一致。“极致健康的未发之静”和“健康的已发之动”也一定是相伴生的,一起形成一个永恒的良性循环,无怪乎它们分别有接近对方的气象。“尚未极致健康的未发之静”如果一直不遭遇棘手的事物强大的诱惑,也会像“极致健康的未发之静”那样,和有“健康的已发之动”相伴生而形成一个良性循环,但一旦遭遇棘手的事物强大的诱惑,便会从此堕入“病态已发”之“妄动”和“病态未发”之“不静”的恶性循环中去。

---

① 《朱子全书》第15册,第1162页。

② 《朱子全书》第15、18册,第1600、3641、3642页。

朱子说“动了又静，静了又动，动静只管相生，如循环之无端”，又说“动静相涵”①，主要是说“极致健康的未发之静和“健康的已发之动”之间所形成的良性循环，但确实也适用于“病态未发之不静”和“病态已发之妄动”之间的关系。

四　基于未发已发的人类心灵分析

在朱子看来，每个人一生最开始的时候，其心都是处于“静而有动之气象”的“健康未发”状态中的。《乐记》说“人生而静”，朱子论之曰：“所引‘人生而静’，不知如何看‘静’字？恐此亦指未感物而言耳。”“所谓‘静’者，亦指未感时而言耳。”②即指明了这一点。但人类心灵生来便有从“圣”到“愚”或者说从“上智”到“下愚”的种种不同，只有生而较智的心才是从“高度健康的未发之静”开始的，生而较愚的心则是从“低度健康的未发之静”开始的。生而较智的心本身足以处理的事物、应对的诱惑范围就很大，又会非常注意自我保护和自我提升，不会揽揽自己不足以处理的事物、接触自己不足以应对的诱惑，而是热衷于格物明理，所以紧接着“高度健康的未发之静”的一定是“全然健康的已发之动”，甚至是“自我提升型的健康已发之动”（在朱子，格物明理是自我提升型的工作，且属于已发③）；当这种“自我提升型的健康已发之动”暂时结束的时候，生而较智的心不但能够回到“高度健康的未发之静”，而且拥有了“更为健康的未发之静”。由此则生而较智的心在其一生的最初阶段一定是在“高度健康的未发之静”和“自我提升型的健康已发之动”所形成的上升型的良性循环之中渐渐增强，以至于“上智”，而其“高度健康的未发之静”成为“极致健康的未发之静”，此后或全然保障着其继续进行的“自我提升型的健康已发之动”，或全然保障着其处理事务的“已发之动”的健康性。生而较愚的心，本身足以处理的事物、应对的诱惑范围就不大，又不太会注意自我保护和自我提升。如果有足够的外力持续地保护它、提升它，也即屏蔽掉其所不能处置的事物、不能应对的诱惑，同时引导它自我提升，则

① 《朱子全书》第 18、14 册，第 3642、383 页。

② 《朱子全书》第 22 册，第 1979、1899 页。

③ “穷理读书，皆是动中工夫。”（《朱子全书》第 16 册，第 2049 页）

它在其一生的最初阶段也会在“低度健康的未发之静”和“自我提升型的健康已发之动”所形成的上升型的良性循环中渐渐增强[①],首先达到生而较智的心初生时的强度,而后开始自我保护自我提升,以至于“上智”,其“低度健康的未发之静”也成为“极致健康的未发之静”,从而或全然保障着其继续进行的“自我提升型的健康已发之动”,或全然保障着其处理事务的“已发之动”的健康性。如果没有足够的外力持续地保护它、提升它至于生而较智之心初生时的强度,它便会因为过早地力小任重或者接触其所不能应对的诱惑而产生“病态的已发之妄动”,并从此进入“病态的已发之妄动”和“病态的未发之不静”所形成的恶性循环之中渐渐消磨,以至于越来越贫弱。总而言之,生而较智的心在后天一定会自我教育而进入“极致健康的未发之静”和“健康的已发之动”的永恒良性循环之中,生而较愚的心则只有在良好的外部教育之下才能够进入“极致健康的未发之静”和“健康的已发之动”的永恒良性循环之中,如果没有良好的外部教育,则会进入“病态的已发之妄动”和“病态的未发之不静”的恶性循环之中。

在“极致健康的未发之静”中,“事物未至”,“上智”之心作为自己独自存在着,并向着全世界一切可能的他者不偏不倚地开放着,所以被《中庸》称为“中”。《与湖南诸公论中和第一书》中朱子紧接着“以思虑未萌、事物未至之时,为喜怒哀乐之未发”说“当此之时,即是此心‘寂然不动’之体,而天命之性,当体具焉。以其无过不及,不偏不倚,故谓之中”,即是说当处于“极致健康的未发之静”这一状态的时候,上智之心作为自己存在着,而天命之性当体而具,这样的上智之心自身没有任何过不及,也没有任何偏倚,所以被《中庸》称为“中”;[②]而《答张钦夫第四十九书》中朱子紧接着“方其静也,事物未至,思虑未萌”说“而一性浑然,道义全具,其所谓中,是乃心之所以为体而寂然不动者也”,也是说当上智之心处于“极致健康的未发之静”的时候,它是一性浑然而道义粲然的,这便是《中庸》所言的“中”,这便是处于“寂然不动”状态的上智之心自身。这即是说,在朱子,《中庸》所谓“中”是特指上智之心的未发之静,并非其他心灵所能当。

① 朱子说“今人未发时心多扰扰,然亦有不扰扰时”,又说“某看来,‘寂然不动’,众人皆有是心”(《朱子全书》第17册,第3290、3179页),即有此意。

② 《未发已发说》中的“当此之时,即是心体流行‘寂然不动’之处,而天命之性,体段具焉。以其无过不及,不偏不倚,故谓之中”同此。

在“健康的已发之动”中，“事物交至”，上智之心自身被来至事物触发，以运用的方式使得任何来至事物都能够得到合理的处置，不会有任何屈曲或不妥，所以上智之心的运用被《中庸》称为“和”。在《与湖南诸公论中和第一书》中朱子紧接着“及其‘感而遂通天下之故’，则喜怒哀乐之性发焉”说“而心之用可见，以其无不中节，无所乖戾，故谓之和”，即是说当与他者接触的时候，上智之心自身能够使任何他者得其所宜，所以被称为“和”；在《答张钦夫第四十九》中朱子紧接着“及其动也，事物交至，思虑萌焉”说“则七情迭用，各有攸主，其所谓和，是乃心之所以为用，感而遂通者也”，也是说当上智之心进入已发之动的时候，其运用而发的情感能够切中来至的他者本身，这便是《中庸》所谓“和”，是上智之心“感而遂通天下之故”的运用。这即是说，《中庸》所谓“和”也是特指上智之心的已发之动，也非其他心灵所能当。总而言之，在朱子那里，《中庸》所谓“中和”主要是在描述上智心灵的未发已发，并不直接适用于一般心灵。

不难看出，在“极致健康的未发之静”和“健康的已发之动”的永恒良性循环之中，上智之心永远保持着自身而不会被奴役，并在所有事件中成就万物。朱子说：

> 盖圣人之动，便是元亨，其静，便是利贞，都不是闲底动静。①

“元亨”“利贞”“不是闲底动静”即是说“上智”之心在“极致健康的未发之静”和“健康的已发之动”的永恒良性循环之中成己成物。显然，这种“不是闲底动静”的状况，是人类心灵最为正当、理想的状况，所以《与湖南诸公论中和第一书》在“故谓之和”之后紧接着说：“此则人心之正，而情性之德然也。”所谓“人心之正”，就是指人类心灵最为正当、理想的状况，也是我们每个人应该努力的方向。

通过以上四小节的探讨我们发现，在“中和新说”中，朱子是以“正思”的萌生与否划分未发已发，其中“正思未萌而无妄思”为健康的未发，属“静”而有“动的气象”，“正思未萌而妄思萌”是病态的未发，属“不静”而有“妄动气象”，“正思萌焉而无妄思”是健康的已发，属“动”而有“静的气象”，“正思萌焉而妄思亦萌”是病态的已发，属“妄动”而无“静的气象”。“上智”之心会拥

---

① 《朱子全书》第18册，第3660页。

有“极致健康的未发之静”,其“极致健康的未发之静”也会保证“健康的已发之动”的出现,并与之形成永恒的良性循环。在这种良性循环中,上智之心广泛地成就他者和自身;非上智之心应当及时自我提升为上智之心,以免沦入“病态未发—病态已发”的恶性循环之中去败坏他者和自身。朱子的这些分析,是深刻、独到、详密而极具解释力的,是世界心灵哲学中的一块瑰宝,也是今人理解、提升自己心灵的有力参考。

A New Study on Zhu Xi's "New Theory about 'Zhong-He'"

Li Yi

Abstract: The "New theory about 'Zhong-He'" (中和新说) is an important part of Zhu Xi's theoretical system. I found it mainly contains four sub-topics: "the signification of 'Wei-fa(未发)' and 'Yi-fa(已发)'", "the dynamic and static properties of them", "the relation of them" and "the analysis of the human mind based on them". The distinction between the "Wei-fa" and "Yi-fa" is not so much the production of thought as the production of positive thought, and both of them have healthy and pathological states; the healthy ones belong to dynamic and static and contain each other, forming a virtuous circle, while the sick ones belong to "acting in vain" and "not static" and also contain each other, forming a vicious circle. The former is the proper state of a healthy mind, while the latter means a sick mind.

Key words: Zhu xi, Zhong-He(中和), Motion and stillness(动静)

哲学门(总第四十一辑)
第二十一卷第一册
北京大学出版社,2020年6月

部分的奠基结构
——对胡塞尔形式本体论范畴的一种分析*

毛家骥**

提　要:与传统本体论比较,胡塞尔形式本体论是本体论历史的一座里程碑。它处理了范畴理论、数学与逻辑学的关系,奠定了本体论的基本体系,并首次详细地从形式与现象学两个方面探讨了本体范畴的部分论逻辑。根据胡塞尔提出的范畴与直观的对应性,以及他对经验的明见性类型的发生现象学分析,这篇论文将重构胡塞尔形式本体论的范畴构造与结构。并且,在分析中我们将发现范畴的结构差异与奠基层次,并呈现部分的奠基结构的构造性与普遍性。通过范畴及其结构与框架的分析,本文进一步解释了胡塞尔形式本体论的基础层次与最高层次。

关键词:部分—整体　奠基　范畴　这一个　个体

一　胡塞尔对本体论的扩展

自亚里士多德以来,本体论的主题被界定为对“是”自身的研究。亚里士多德多次指出:“‘是’这个基础术语具有多重含义。”①布伦塔诺比较了《形而

---

* 本文受到中国博士后科学基金资助项目“胡塞尔部分整体范畴的研究”(2018M633265)与高校基本科研业务费中山大学青年教师培育项目“胡塞尔被动综合中的范畴构成研究”(19wkpy112)的资助。

** 毛家骥,深圳大学马克思主义学院助理教授。

① 亚里士多德:《形而上学》,1028a10。本篇论文引西文著作译文略有改动,下同,不一一标出。

上学》中各处对“是”的含义的诸种划分,他认为《形而上学》第5卷第7章的含义划分是首次最完整的,即将“是”划分为:显现偶性的“是”、表达真假的“是”、范畴以及涉及潜能与现实的“是”。[①] 其中,后两者是本体论的主题。

我们用例子来讨论亚里士多德的这个划分。在“骑自行车的人是有两条腿的”或“数学家是有理性的”这两个事态中,“是”显现的就是偶性。虽然表面上看“骑自行车的人必然是有两条腿的”“数学家必然是有理性的”,似乎“是”显现了某种必然性。但波利(Roberto Poli)提出了一个问题:考虑琼斯这个人既是骑手又是数学家;如果所有骑手必然是有两条腿的,那么琼斯必然是有两条腿的,但数学家不必然是有两条腿的,那么琼斯不必然是有两条腿的;似乎我们得到了一个悖论。分析这个伪悖论,波利认为“骑自行车的人是有两条腿的”与“数学家是有理性的”这两个事态本质结构是“一个人作为骑手是有两条腿的”与“一个人作为数学家是有理性的”。换言之,“A is C”是“A qua B is C”的缩写,这样再看琼斯的例子就不会再出现悖论了。[②] 而且,“数学家是有理性的”转写为“一个人作为数学家是有理性的”之后,我们就能看到这个事态中的“是”显示的只是A作为B这个方面的“是”,因此这个“是”是一个显示偶性的“是”。

波利认为“A qua A is X”与“A qua B is C”不同,“A qua B is”表示我们是从B这个视角来表达“A is C”,但“A qua A is”则表示“A is X”不依赖我们的视角,并且这种反身性的叠词(reflexive reduplication)表达了A自身的标准视角(canonical perspective)或原始类型(prototypicity)。[③] 因此,本体论的名字是theory of being qua being,而不能简写为theory of being。科恩(S. Marc Cohen)也指出,qua的意思是“就……而言”,一个对作为y的x(x qua y)的研究指仅仅就x的y方面对x进行的一种研究。因此,研究being qua being指的是仅就存在者(beings)的being方面对事物进行的研究。[④] 具体而言,科学是从某个角度或方面研究事物,它和从车手的角度表达琼斯的性质“是有两条

---

① 布伦塔诺:《根据亚里士多德论“是者”的多重含义》,溥林译,北京:商务印书馆,2015年,第19页。

② Poli, R. (1999). Qua-theories. L. Albertazzi ed. *Shapes of Forms: From Gestalt Psychology and Phenomenology to Ontology and Mathematics*. Springer. 249.

③ Ibid. 253-254.

④ Cohen, S. M., “Aristotle's Metaphysics”, *The Stanford Encyclopedia of Philosophy* (Summer 2014 Edition), Edward N. Zalta (ed.), URL=〈http://plato.stanford.edu/archives/sum2014/entries/aristotle-metaphysics/〉.访问时间为2021年1月1日。

腿的"本质上相同。例如物理学研究的是作为在宇宙中运动的事物(things qua movable)的规律。而从事物自身来讨论事物,它探讨的不是作为某物的事物,而是仅仅研事物自身的规律,研究它被谓述或者能谓述其他事物,它在某物之中或者不能在某物之中,以及谓述的几种有限类型。这样我们就会发现事物自身的可能存在方式,即范畴。例如,当我们考虑事物自身的时候,我们对琼斯的"是"提出一系列问题,例如琼斯是谁、琼斯是什么、琼斯是在哪里等等,虽然我们能够得到无数的答案,但似乎它们都能归类为几个有限的类型中,并对应于几种对琼斯自身的"是"的提问分类。即,它对应了琼斯被谓述的几种有限类型,反映了琼斯可能的存在方式。

此外,潜能和现实刻画是质料与形式的区分,质形论(Hylomorphism)是对范畴的进一步分析,以及对范畴间复合规律的研究。亚里士多德质形论的分析对应于胡塞尔对个体中这一个与本质的部分—整体分析。而"表达真假的是"被亚里士多德认为不属于本体论的主题,因为"是真的"只表示意识内的肯定或否定,而不表示事物的存在方式。在亚里士多德看来,"玫瑰花是红色的"与"'玫瑰花是红的'是真的"表达着同一个事态。因此,显示潜能与现实的"是"的含义被归入范畴概念中,而真假问题和显示偶性的"是"都被亚里士多德排除在本体论之外。综上所述,科学的主题是作为某个区域中的对象,而本体论的主题是任意对象的范畴结构和特征。因此,本体论和范畴理论是同义的。①

与传统本体论比较,胡塞尔形式本体论是本体论历史的一座里程碑。波利指出,形式本体论作为一个复合词,它由形式与本体论两者构成,我们若注意形式本体论的本体论方面就会发现区域本体论和形式本体论的关系,我们若注意形式本体论的形式方面则会发现逻辑与本体论的关系。② 正如波利总结的形式本体论的两个方向,胡塞尔形式本体论的提出,正是在对象概念的扩展(事态中非感知部分的现象学发现)和意义与对象的区分(意向相关项结构的现象学发现)中实现了传统本体论的扩展。首先在这个扩展中,胡塞尔一方面根据事实与观念的差异而划分了区域的与形式的本体论,另一方面

① 亚里士多德:《形而上学》,1017a23。

② Poli, R. (1993). Husserl's Conception of Formal Ontology. *History and Philosophy of Logic*, 14(1): 1.

根据意义与对象的现象学分析而发现了逻辑与本体论的对应性。[①] 其次,传统本体论中不包括数学对象。亚里士多德根据运动与否和独立与否区分了形而上学对象(不动且独立)、物理学对象(运动且独立)和数学对象(不动且不独立)[②],而郭克兰纽(Rudolphus Goclenius)在 1613 年出版的《哲学词典》(*Lexicon Philosophicum*)中认为本体论是对抽象事物(abstractio materiae)的研究,数学的对象虽然也是抽象的,但数学对象是虚构的或不独立的,换言之数学对象与逻辑对象(例如"真"概念)不可分离地存在于抽象思维中。[③] 而胡塞尔将形式数学纳入了形式本体论,并分析了形式数学概念的范畴构造。胡塞尔在《逻辑研究》和《形式的与先验的逻辑学》中刻画了形式本体论的体系。胡塞尔形式本体论体系具有三个阶层的主题,以及与之对应的形式逻辑的三个阶层的主题。具体如表 1 所示:

表 1 胡塞尔形式本体论与形式逻辑的体系

纯粹逻辑学体系	形式逻辑体系/意义范畴理论	形式本体论体系/对象范畴理论
第一阶层	原始逻辑范畴的界定(词法:有效逻辑形式的形成规则)	原始本体论范畴的界定(这一个;性质;关系;序列;集合等)
第二阶层	推论理论(句法:逻辑形式的变形规则)	事态理论;函数理论;集合论;以及关于高阶数学结构的形式数学的各个分支理论
第三阶层	公理系统	流形论(逻辑的对象域的结构)

事实上,形式本体论虽然是胡塞尔严格科学理性的目标,然而胡塞尔的形式本体论工作却没有完全展开,它们只是散落在胡塞尔各时期的逻辑与现象学研究中。总的看来,胡塞尔的研究一方面集中于对本体论和其他知识类型以及现象学研究的关系的外部性讨论,另一方面又停留在对形式本体论与形式逻辑学的体系性说明。而对形式本体论的诸范畴及其结构的研究则有待更充分的展开。魏拉德(Dallas Willard)认为胡塞尔形式本体论范畴中存

---

① Poli, R. (1993). Husserl's Conception of Formal Ontology. *History and Philosophy of Logic*, 14(1): 5.

② 亚里士多德:《形而上学》,1026a10—1026a33。

③ Freuler, L. (1991). "History of Ontology." Burkhardt, H. & Smith, B. eds. *Handbook of Metaphysics and Ontology*. Munich & Vienna: Philadelphia. 637.

在结构性差异,他指出相比于作为二阶本体论范畴的性质是种类(quality as species),因素(moment,即 trope)作为一阶的本体论范畴则是殊相(abstract particular)。[①] B. 史密斯(Barry Smith)说:"形式本体论诸范畴,如对象、事态、统一体(Einheit/Unit)、复数体(Vielheit/Plurality)等都不是一个任意概念。就像形式逻辑中的概念,形式本体论的这些概念以非任意的、受法则制约的方式可以构成复杂的结构。"[②]我们认为,部分与整体关系这个结构性范畴是其他范畴的法则框架,它规范着诸范畴的操作。例如胡塞尔举例,是-判断(Ist-Urteil,x 是 P)和具有-判断(Hat-Urteil,x 有 y)的不同就是因为这两个事态中部分的奠基结构不同。[③]

虽然所有任意的存在者可以被划分为基底对象、事态与复合事态——例如集合等简单的关系性事态、事态的运算关系以及具有更复杂的数学结构的事态,但是它们都具有或简单或复杂的部分与整体关系构成的奠基结构。因此,部分与整体关系作为形式本体论——诸范畴、各种范畴结构以及它们的统一体系的理论——的底层框架,可以通过部分的奠基结构来分析形式本体论范畴的构造。

二 范畴的奠基结构与现象学构造

(一)基底对象范畴

每一个范畴都对应着朝向对象的某种经验形态(Mode)。胡塞尔说:"对象范畴与明见性范畴是相互对应的。每个对象范畴的基本种类——作为贯穿于意向性综合中的意向性统一体,以及最终作为可能经验的统一体——包含着'经验'的一种基本种类,明见性的一种基本种类,以及在事物自身给予的完全充实中意向性的一种明见性样式。"[④]换言之,对象在意识中的显现总是能够被分配到某种经验形态中去,而这些经验形态都对应着某种对象范

① Willard, D. (2003). "The Theory of Wholes and Parts and Husserl's Explication of the Possibility of Knowledge in the Logical Investigations." Denis Fisette ed. *Husserl's Logical Investigations Reconsidered*. Kluwer Academic Publishers. pp. 168-169.

② Smith, B. (2000). "Logic and Formal Ontology," revised version. in *Manuscrito*, 23: 2. p. 295.

③ 胡塞尔:《经验与判断》,邓晓芒等译,北京:生活·读书·新知三联书店,1999 年,第 258 页。

④ 胡塞尔:《形式的与先验的逻辑学》,李幼蒸译,北京:中国人民大学出版社,2012 年,第 139 页。

畴。例如,一本书这个对象在意识中显像为几何形状、颜色、封面和内页等,这些显现分别被意识为"它是白色的长方体""它具有一个封面""它是封面和内页的组合"等。我们可以看出,这些显现是具有不同形态的经验:"它是白色的长方体"的形态是实体属性的复合结构;"它具有一个封面"的形态是两个实体之间的"具有"关系;"它是封面和内页的组合"的形态是类与关系的复合。这些经验形态有着不同的复杂程度,并从最基本的经验形态实体属性结构能够不断形成更为复杂的经验形态,而科学理论就是某个区域的复杂经验形态的系统化。

这些经验形态的逐层复杂化标明了经验类型的发生现象学构造。胡塞尔将朝向对象的意识经验分为三个基本类型:对象的识别(Identifizierung)、对象的内在视域中属性规定之解释(Explikation)、对象的外在视域中关系规定之共现(Mitgegebenheit),即识别、解释和共现是经验的三个基本类型。对象的识别是最原始的客体化的经验,相应的基底对象的构造发生在被动综合中。

胡塞尔认为客体化行为首先呈现为对对象的朴素把握,即对象已然被关注而从视域中凸显了出来,但此时的意识对象的内在区别和规定性还没有显现出来,而是作为可能这样或可能那样的存在(So-oder-so-seins)成了不确定之物 X,即意向相关项的极:变项 X。具体而言,原初各种感觉材料具有着特殊的质性(quale),因此感觉材料并不是相互离散的并列在那的单子,在被动的显现场域中质性各异的感觉材料是在时间意识中被构造为特殊的内容关联体,这种时间意识中感觉材料的构造不是抽象的形式统一体——由时间意识对杂多材料进行外在打包,而是根据感觉材料的自身结构(Relief)构成的具体统一体。[①] 据此胡塞尔指出感觉材料融合为"一个"感觉奠基于(in und vermöge)时间意识。[②] 在感觉材料的统一体中,不同的材料综合形成同质性和异质性的比较(Kontrast),原质料(Urhyle)根据相似和差异而被融合在一

---

① 在时间相位中的感觉材料在个体化过程中被构成同一性,以及有着不同凹凸形态(Relief)的感觉材料统一体的联结涉及的相关现象学深层谜题,请参考李云飞教授《胡塞尔发生现象学引论》第五章的研究。李云飞教授曾指出描述感觉材料凹凸形态是一项重要的工作。笔者认为这里感觉材料逐层综合的问题可分为个体化与范畴化,最初综合中感觉材料的微观描述涉及逻辑与本体论的起源。

② 胡塞尔:《被动综合分析:1918—1926 年讲座稿和研究稿》,李云飞译,北京:商务印书馆,2017 年,第 171 页。

起，某物由此作为材料融合从视域中被凸显(Abhebung)，并对我的意识形成刺激(Reiz)，触发(Affektion)我对它的关注、把握以及解释。[①] 这个被动综合过程构成了某物从视域中凸显的可能性条件。这时的意识对象只是某物 X，它还没有属性的规定。接下来，根据兴趣的趋向，动感对侧显的联结，意识主动地把握对象，在各种视角的交替、显现方式的连续统中，对象的内部细节和区分显现了出来，并被主动把握为变项 X 的属性。在朝向知识、认知的兴趣或意识的自然兴趣趋向中，对象的外在规定也能够呈现出来并被把握为变项 X 的关系规定；如此递进，意识逐渐形成关于对象的更复杂的认知(例如科学的认知)和更直观的充实。

胡塞尔认为，对象识别在经验发生中处于基础地位，对象规定性的解释是奠基于对象识别的，因此更为复杂的对象关系的显现也奠基于对象识别。胡塞尔的理由是：在意识对对象的把握中，对象规定性的解释可能会被阻碍和中断，但这并不构成对对象识别的任何影响。例如，我看到远处有一个人，我朝他走过去，他的身高、身材、发型逐渐向我显现，我的意识将这些显现作为该对象的属性，这些属性解释了这个对象是什么；但我走近却发现，它是一根枯木，远处看到的身高只是枯木的高度，身材只是这根枯木笔直的形状，发型只是这根枯木上残留的木屑与树皮，于是我的意识对对象的解释中断了；此外，也可能我在向它走进过程中，我的意识发现它不是一个人，但是我也不确定它是什么，于是我对对象的解释受到了阻碍。但在我的意识中，关于对象规定性的解释无论发生中断还是阻碍，我的视野里都凸显了某物 X，它不可能因为解释的中断和阻碍而从凸显退回到意识视域中去。[②] 换言之，对象识别独立于对象规定性的解释，因为即使在怀疑中、在关于它是什么的确定性模态缺场中仍旧有某物的凸显，它是被动综合的结果，不受主动综合的影响；反之对象规定性的解释不独立并依赖于对象识别，因为必须某物存在，随后的显现才能被解释为某物的属性，亦即属性总是某物的属性。正是在这个意义上，胡塞尔认为对象识别为对象规定性的解释奠基。

(二)事态范畴及其殊相：基底与属性的相合形式、蕴含形式与联系形式

在胡塞尔关于客体化经验的论述中，对象识别是客体化经验的起源，它

① 胡塞尔：《被动综合分析：1918—1926 年讲座稿和研究稿》，第 181 页。

② 胡塞尔：《经验与判断》，第 125 页。

构造于被动综合中,而"对象的内在视域中属性规定之解释"则是客体化经验的最初构造。关于对象的识别只是将对象作为变项 X:将对象设定为知识的目标,但对象识别中还没有关于对象的任何信息和知识,因此解释是对象知识形成的第一步。在被动综合中凸显的对象刺激我的意识进入它的内部,因此对象的部分和因素被关注,通过这样或那样的被给予方式,对象的部分呈现了出来,并且这些各种样式的呈现方式都具有相同的基本结构。我们从对象 X 的把握进到对象 X 的部分 α、β、γ 等等的把握,但这个把握并不是把握 X、把握 α、把握 β、把握 γ……的序列,而是将对象 X 的部分 α、β、γ 解释为对象 X 的规定:Xα、Xβ、Xγ……的序列,由此我们具有了关于对象 X 的最初知识。换言之,朴素的对象识别中变项 X 和它的部分在解释中具有了基底和属性的形式 Xα,这是对象知识的最基本形式,也是纯粹逻辑学(形式逻辑和形式本体论)的基本范畴:基底与属性的相合(Deckung),命题(意义范畴)或事态(对象范畴)。[①] 其他逻辑形式(另一面:意向相关项的意义形态)都是奠基于基底与属性的相合形式的迭代或组合。

虽然在客体化经验中判断奠基于表象,但在判断行为的内容事态(Sachverhalt)在形式本体论中具有优先性。B. 史密斯认为胡塞尔的柏拉图主义即体现在事态的、而非对象的不变性上。一方面,形式本体论是关于对象世界的形式本质的描述,而事态范畴是形式本质的基本单位;另一方面,形式逻辑学是对所有真定理的证明,而事态是真值的制造者(truth-making)。莱纳赫(Adolf Reinach)发展了这一观点,他认为对象可能存在或不存在,但所有事态作为一切判断对象的存在领域保证了真判断的不变性。[②] 事实上,表象的内容已经不再是对象识别中的基底对象 X 了,例如感知内容已经具有了意义结构,它作为实体与属性的统一体已经等价于事态了,因此具体的事态是判断的内容,但事态范畴则是广义的表象——客体化行为的内容。

因此,我们可以将事态范畴看作最初的知识性范畴,并以事态范畴为基础可以对其他范畴进行解释和分析。虽然胡塞尔没有专门针对诸范畴的分析,但在与事态范畴相对应经验形态——判断中,胡塞尔对诸范畴对应的经验形态做了发生现象学的分析。通过胡塞尔的现象学分析,我们可以相应地

---

① 胡塞尔:《经验与判断》,第 136 页。

② Smith, B. (1989). "Logic and the Sachverhalt." *The Monist*, 72 (1): 63.

分析诸范畴的结构。

首先,基底和属性的相合关系是在解释中凸显的整体和部分一种形式:S is p 或 Sp。在凸显对象 X 的刺激和吸引中,它的部分在我的意识中显现,对象 X 作为整体和它的部分被解释为基底 S 和属性 p 的相合结构。但是,属性 p 在进一步的解释中同样可以获得主题性的关注,被把握在手,那么 p 的部分 m 会进一步在我的意识中显现。此时,原始基底并没有被取消,因为解释项(Explikat)自身不能独立于原始基底而独立存在,它的主题化仍旧是一种非独立的存在,只不过原始基底沉入了背景。[①] 例如在上一个例子中,当我走近枯木(S),它的木材(p)上的纹理(m)向我显现,这样我就获得了枯木(S)与纹理(m)的间接奠基关系。由此形成了一种基底与属性的相合形式的迭代形式:S is p, p is m 或 Sp_m。这个多层次解释中显示的基底与规定的间接奠基是两个"基底与属性相合形式"Sp 和 p_m 的"联结",而这个联结的逻辑形式就是命题的蕴含联结,即 $S_{pm} \leftrightarrow ((S_p \cap p_m) \to S_m)$,它奠基于命题自身(亦即事态范畴对应的意义范畴形式)。

其次,胡塞尔认为解释中的规定或解释项作为对象整体内直接的非独立部分并非全部都是属性。例如,在一个对象整体之中,某个规定或说解释项并不是对对象整体的解释,而是对整体中的其他部分的解释。这种规定与属性规定的区别如图 1 所示:

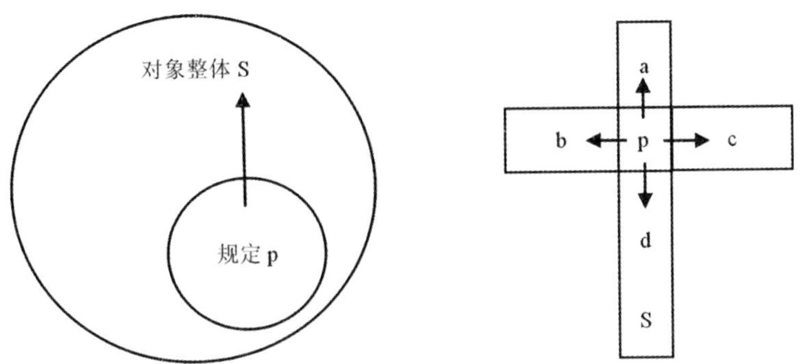

图 1 规定 p 依赖于对象整体 S 图 2 规定 p 依赖于对象整体 S 全部部分 abcd

如图所示,图 2 中 abcd 是十字架整体 S 的四个独立的矩形部分、同时也

① 胡塞尔:《经验与判断》,第 156 页。

是全部的部分,而 p 则是整体 S 的所有独立部分的重叠,即一个非独立部分。但是,图 1 和图 2 中的规定 p 虽然都是对象整体 S 的非独立部分,但它们对对象整体的依赖方式不同,图 1 中规定 p 直接依赖于整体 S,而图 2 中规定 p 依赖于整体 S 的所有部分。胡塞尔称图 1 的规定 p 为(S 的)属性、图 2 的规定 p 为(abcd 诸部分的)联系。因此,一个基底对象整体的内部规定可以被划分为三种:块片(Stücke)、联系(Verbindungen)、属性(Eigenschaften),其中块片是整体中的独立部分,联系和属性是整体中的非独立部分。

胡塞尔认为,与蕴含形式一样——在蕴含形式中,整体 S 的间接属性 m(属性 p 的属性)的呈现,前提要求我的意识首先把握了整体 S 和规定 p——联系形式的获得也要求我的意识首先把握了整体 S 的所有部分 abcd,进而才能把握 abcd 的重叠部分:联系 p。[①] 换言之,与蕴含形式一样,联系形式也必须奠基于事态的预先被给予。重叠部分 p 的凸显奠基于 $S_a \cap S_b \cap S_c \cap S_d$,重叠部分 p 刻画的逻辑形式就是多元谓词,它同样奠基于命题自身(亦即事态范畴对应的意义范畴形式)。因此,事态范畴中的间接谓词和多元谓词均奠基于实体与属性的相合。

(三)关系范畴及其殊相:集合、序列与数量

关系的显现,即关系项的共现(Mitgegebenheit)是胡塞尔分析客体化经验的基本类型中的最后一个类型。关系刻画的是基底对象在外部视域中与其他基底对象的相对规定,它因此涉及了复数的基底对象(两个或两个以上),并在关系的主题化中延伸出来集合形式、量化形式和比较形式(等价于序列形式,是基本的运算关系)等复杂对象范畴的构成。

关系首先涉及的是基底对象与它的场域(Umfeld)中其他对象的共现,而这种共现表现为我的意识能够在初始对象(Ausgangsgegenstand)和其场域中其他对象之间的前后相继贯通(Nacheinanderdurchlaufen)中将它们把握为一个集合性集结(kollektives Zusammennehmen),即我的意识在朝向其他对象同时将初始对象仍旧保持在手。胡塞尔也将这种集合性集结称为复数体(Vielheit),它是集合(Menge)的构造条件,即在客体化行为中集合范畴的形成之前我的意识已经被动接受了一系列的触发,对象的多数性或复数体(Vielhe-

① 胡塞尔:《经验与判断》,第 175 页。

it)就是在这一系列被动触发中显现的,它的形式是:ABC……[①]胡塞尔说:"只要我们实行一种单纯统握,我们便会越发只是拥有一个预先建构起来的'多数性'对象,并且只有在对主动形态的回手把握中,我们才能把多数性作为单一性而在对象上,即作为集合体来拥有。"[②]因此,只有当我的意识在复数体基础上,逐个关注它们并同时将它们保持在回手把握(Rückgreifen)中,集合形式才可能呈现:(A, B, C, ……)。但是保持在手与回手把握等主动行为仍不是集合范畴构成的充分条件,下段我们会说明事态范畴的作用。当然,如果我们反向地看集合范畴的构造,保持在手和回手把握都预设了初始对象和场域中其他对象之间需要存在一种直观统一性,而这种直观统一性由共现的意识与场域的内时间性保证。因为时间意识结构,所以直观得以超出当下意向而扩展到持存和预存的内容中,时间流中的ABC……由此保持了一种直观统一性。

进一步分析:仅仅有意识的内时间性统一性的功能(保持在手和回手把握等),关系仍不足以呈现,因为时间意识的综合只能形成对象的统一体,统一体中的诸对象未必具有集合关系,而集合中的对象则具有着某种共同性质和结构,因此奠基于直观统一性的"复数体"还不是"集合关系"。胡塞尔:"这就实现了对诸对象加以贯通的多数性的意识——但关于一个对象对另一个对象所可能拥有的某种关系,在这里并未得到任何把握。"[③]换言之,情况并不是这样的:离散的诸对象(复数体)在时间意识的形式中被统一在一起构成了一个新对象:集合。离散对象综合构成新的对象集合的过程,不是时间意识的空的、形式的综合,而是缘于感觉材料自身的实际的、质料的原联想综合(Urassoziation),随后的主动把握才有根据和动因,离散对象也才会显现为统一集合。具体而言,胡塞尔举例,我的意识当下关注这支钢笔,并观察到"它是摆在桌子上的",我的意识随后观察到"摆在旁边"的铅笔,从钢笔到铅笔的注意力转移,实际是根据"也摆在桌子上""摆在旁边"这些重叠的空间因素而得以可能的,时间意识的直观统一性奠基于钢笔与铅笔"并排摆放着"

---

① 复数体(Vielheit)对应的逻辑形式是复数形式(Plural),一阶逻辑与经典的量词概念无法形式化一些复数量化,其中涉及一些形而上学问题可以参考胡塞尔的现象学与部分整体理论修订经典逻辑对复数体与复数形式的分析。

② 胡塞尔:《经验与判断》,第287—288页。

③ 同上书,第181页。

这一位置因素而得以发生,保持在手和回手把握才可能;或者注意力转移也可以因为钢笔的广延因素,注意力转移根据铅笔(的广延)比钢笔(的广延)细,由此意识才能在把前一个对象保持在手中过渡到后一个对象、以及在把握后一个对象后回手把握前一个对象,并由此将对象间关系主题化,把握到对象的集合。换言之,多个对象(复数体)的综合中它们的关系(集合)主题化为新的对象,这一过程并不是我的意识借助自身的时间性功能而从一个对象转移到另一个对象并把它们综合起来,这一过程缘于感觉材料自身的质性,它们在因素上的同质性或异质性使得它们被原初联想综合,而主动行为的视域的延异才得以发生,我的意识由此才会在经验的事态结构的中介作用下从一个东西转移到另一个东西上,因此诸对象关系的共现奠基于对象及其规定性因素(事态)的存在。对象共现的过程的形式不是"对象——对象",它的形式是"对象——规定性因素——对象",由此对象关系的共现才能发生,诸对象间的关系才能被主题性把握为新的基底对象:集合。

胡塞尔认为共现或关系性把握中的新基底对象的范畴或形式就是集合。它作为新的基底可以根据集合元素的分离与结合而构成更高级的对象,由此构成集合的集合。但是因为作为对象范畴或本体论范畴的集合奠基于事态,最初级的集合是根据基底对象和属性因素而被构成的,那么最初级的集合的项必须奠基于基底对象,因此任何集合都必须可还原为其项不再是集合的初阶集合,否则它就是一个不合法的集合。胡塞尔指出:"每一个集合体都必须先天地被设想成可以归结为一些最后的集合项,因而可以归结为那些本身不再是集合体的项。"①值得注意的是,胡塞尔对集合范畴的现象学分析界定了集合的有效性边界,限制了集合范畴使用中不和规则所制造的错误或悖论。

此外,胡塞尔也论述了根据直观统一性的不同类型,关系呈现出不同的类型。例如,在知觉中,初始对象和关系对象呈现为现实的联结关系;但在想象中,初始对象和关系对象呈现为比较关系,它们不是因为现实上空间的临近而构成关系,而是因为某个因素(Moment)的重叠而构成关系;再者,这种比较关系甚至不要求场域中关系对象的在场,而只作为某种补充的、不定的对象。例如我看到一个高个子的人,无须另一个矮个子的人站在旁边,我就

① 胡塞尔:《经验与判断》,第 289 页。

能够(在内时间意识中扩展了的直观意义上)形成对高个子的人"高"这个关系规定性。当集合内元素的比较关系——无论比较项是实在的、想象的还是缺席的——失去了具体的比较标准而仅仅保留下比较结果时,这种比较关系就是一种纯粹的序列关系,它使得集合内的诸元素可以形成序列差异,而集合元素的序列差异是集合间的运算的条件之一。

在共现的经验(关系性观察)中,集合范畴的主题化使我们可以对复数体进行切割和划分,因此在我的意识中呈现的诸个体获得了一个限制性的概念:论域。通过集合、论域的范畴功能,我们进一步构造了基于事态的数量(Anzahl)范畴。如上所述,在共现中多数个对象基底是在规定性因素的中介作用下被集合在一起的,因此我能够意识到这样一种内容:(基底 a,基底 b,基底 c……)是 p。但随后我的注意力若集中在它们所共享的因素 p 上,那么就可能形成关于共相的一般判断,同时对共享因素的注意也会形成对基底 abc 等这些个体化的此处这个(individuellen Diesheiten)的"一视同仁(Gleichgültigwerden)",亦即去特征化。胡塞尔举例,我们在花园里赏花,看到花 abc 都是红色的,这时我们的兴趣集中在这朵花或那朵花所共享的红色上,个体花和共相红的关系成为主题,具体的花的其他非红特征被取消或忽视,我们便得到了一般性的客体化经验"在这个花园里的花中,有的花是红的"。其中"去特征化"本质是将这朵花、那朵花等一些特殊经验中的"这一个"变为一般经验中的"某一个 x"。[①]

这种内容形式是对事态形式 Px 中基底 x 的量化,即将事态构造为 $\exists x P_x(x \in \{a,b,c\})$ 。通过基底范畴的量化,我的意识便赋予了不确定的基底 X 以确定的内容,即意识获得了量化范畴。例如,我看到放置在桌子上的钢笔,随后我看到放置在旁边的铅笔、笔记本、书……,这时我能(关系性)观察到(钢笔和铅笔和笔记本和书……)的集合,而它们是以因素"放置在桌子上"过渡而联合起来的,那么在我将它们的关系(集合)主题化之后,我随后注意到它们共有的因素"放置在桌子上",那么我便会形成这样一种复杂事态:"在钢笔和铅笔和笔记本和书中,每个东西都是放置在桌子上的。"个体的量化使我们可以分析事态中的个体以及集合元素的复数概括,它与集合元素的序列范畴同时构成了分析集合运算关系的两个条件,即通过集合元素的序

① 胡塞尔:《经验与判断》,第 426 页。

列和数量我们便可以分析集合的差异,并对集合进行运算。

(四)其他可能的本体论范畴亦奠基于事态

在意识的范畴知识的形成过程中,如上所述意识把握到:对象在外在视域中的关系、集合范畴以及集合内基本的数学结构的概念,意识的这些范畴知识形态均基于"基底与属性的相合形式",即事态范畴。同理,我们能够想象奠基于复数对象和集合对象的更抽象的数学结构、对象的模态存在等也在现象学发生中奠基于事态范畴。尤其是对于形式数学,如果它们能在集合范畴及其理论中被表达,那么本节的还原工作和结论也能够使我们想象复杂的、抽象的高阶数学结构与事态范畴的联系。

三 最终基底的奠基结构:这一个、具体项与抽象项

在亚里士多德的本体论研究中,范畴划分是多维度的,他除了对范畴进行最大可能分类(分为十个最高属)之外,还有对范畴的其他维度划分,例如对范畴进行最小可能分类,分为实体与属性、普遍与特殊。[①] 与亚里士多德类似,胡塞尔除了将形式本体论范畴划分为事态、关系、集合体、数量、序列等之外,为了探讨这些形式本体论范畴之间的本质联结,胡塞尔进一步将它们区分为句法对象和最终基底两类。这种范畴划分对应在形式逻辑中是句法形式(命题及复杂命题)和句法材料(词项)的划分。胡塞尔称形式本体论范畴中的句法对象是指,凡是具有句法形式的范畴或奠基于这种范畴之中被导出的范畴都是句法对象,具体包括事态以及奠基于事态范畴中的其他形式本体论范畴:事态的蕴含形式、联合形式、关系、集合、数量等。它们是客体化经验的相关项。

除此之外,诸范畴中只剩下不可分的基底对象,如前文所述,相比于事态作为客体化经验构造的最初环节、基底对象乃是客体化经验的起源,胡塞尔又称之为最终基底。首先,胡塞尔认为最终基底不具有句法形式,例如任何不可分的基底对象都不具有命题形式或命题的衍生形式。与最终基底相对应的逻辑形式是各类词项,例如单称词项、属性谓词、关系谓词等,显然都不具有任何句法形式。其次,它们都不是客体化经验的相关项,它们是在被动

① 溥林:《范畴篇笺释》,上海:华东师范大学出版社,2014年,第171页。

综合中显现出来的,所以不具有判断的形式。再次,句法对象是相应的最终基底的句法派生项,例如属性派生了规定性事态、关系派生了关系性事态。胡塞尔说:“作为一般对象的形式区域(形式本体论)被区分为最终基底和句法对象。我们将称后者为对应基底的句法派生项。”①

进一步,最终基底范畴也是差异化的各种结构。胡塞尔进一步将最终基底划分为“此处这个”(Dies da)和基底本质(Substratwesen)。例如事态“这张纸是白色的”,这张纸是一个“此处这个”,而白色则是一个基底本质。它们的区别可以类比理解为单称词项与其他非单称词项的名词化之间的区别。因此可见,简单事态及复杂事态就是“此处这个”与基底本质之间不同复杂度的组合,例如“这张纸是白的”或“光华楼主楼与辅楼之间风速很大”“2 和 3 是素数”等等。

从亚里士多德的角度看,胡塞尔此处这个与基底本质的区分类似于范畴最小可能性的划分:实体与属性,亚里士多德排除了质料(hyle)作为此处这个(tode ti),因为此处这个已然在生成中具有了某种形式。② 站在胡塞尔的立场上看,此处这个与基底本质根本上都是质料(hyle),它们都是原初感觉材料的自身结构(Relief),因此此处这个与基底本质的区别不是实体和属性的区别。胡塞尔指出原初感觉材料的此处这个与基底本质的不同结构的区分,可以进一步被刻画为质料的独立部分和非独立部分,例如独立的本质、非独立的本质和独立的“此处这个”(此处这个没有非独立的存在)。

具体而言,胡塞尔区分了两种非独立性:一种是严格意义上的非独立性,在这个意义上具体项和抽象项作为本质都是非独立的因素;另一种是相关于此处这个而言区分的非独立性,在这个意义上胡塞尔称个体的本质为具体项(Konkretum),他相应地称一种其实质本质为一具体项的“此处这个”被称作一个个体项(Individuum),而抽象项则是依赖于具体项的。据此胡塞尔得到了个体的严格定义:“结果我们获得了关于个体、具体项和抽象项的形式范畴概念的重要规定。一种非独立的本质被称作一种抽象项,一种绝对独立的本质被称作具体项。一种其实质本质为一具体项的‘此处这个’,被称作一个个

① 胡塞尔:《纯粹现象学通论:纯粹现象学和现象学哲学的观念(Ⅰ)》,李幼蒸译,北京:中国人民大学出版社,2014 年,第 24 页。

② 亚里士多德:《形而上学》,1028b33-1029b9。

体。”①例如颜色是一个抽象项,“一张白纸”中的白色则是具体项,而具有这个白色的纸就是个体项。

换言之,胡塞尔根据部分与整体关系细化了亚里士多德的个体与属性的区分,同时用一个统一的部分与整体关系的逻辑不仅横向区分了此处这个与基底本质,而且纵向区分了此处这个与个体、具体项与抽象项,实现了形式本体论在方法论上的统一性。马约利诺(Claudio Majolino)考察了亚里士多德以及胡塞尔《关于时间意识的贝尔瑙手稿》对此处这个与个体的分析,他认为:首先此处这个与个体都不是谓词;其次个体可以被再识别,而此处这个则是可重复的;再次个体是实际存在的此在(Da-sein=existence)而非本质,但此处这个属于“本质的本质”——换言之,此处这个与基底本质作为基础的形式本体论范畴都是“本质的本质”,只不过胡塞尔对本质的本质这一范畴又有所划分,基底本质是个体的本质中谓词的部分,而此处这个是个体的本质中非谓词的部分(即本质中主词的部分)。② 简言之,马约利诺类似于海德格尔划分存在与存在者而将个体区别于此处这个范畴而排除在形式本体论的范畴之外,并将基底对象进一步划分为“这一个(tode ti)”“具体本质”与“抽象本质”。

综而言之,最终基底由此被分析为这一个、具体项和抽象项的奠基结构,由于事态是最终基底的派生,因而事态以及奠基于事态范畴的其他高阶的形式本体论范畴都根本上是不同结构的抽象项、具体项和“这一个”的复合。并且进一步,抽象项、具体项和“这一个”范畴根本上是独立或非独立的部分与整体的奠基统一体,因此形式本体论的诸范畴最根本上乃是具有独立或非独立的部分的奠基结构。

四 结论:范畴的框架与结构

本文通过对胡塞尔关于范畴构造的发生现象学分析,通过对范畴构造的

---

① 胡塞尔:《纯粹现象学通论:纯粹现象学和现象学哲学的观念(Ⅰ)》,第29页。

② Majolino, C. (2015). Individuum and region of being: On the unifying principle of Husserl's "head-less" ontology, Section I, chapter 1. In Andrea Staiti ed. Fact and essence. *Commentary on Husserl's "Ideas I"*. Berlin, Boston: De Gruyter. pp. 33-50.

划分、分层以及其中联结秩序的刻画,呈现胡塞尔《逻辑研究》中构想的“纯粹逻辑学”体系中形式本体论方面的第一个层次,并通过对复杂事态范畴的构造分析解释了胡塞尔形式本体论对形式数学的兼容,及其与形式逻辑的对应性关系。

我们发现,胡塞尔的构造分析中呈现出范畴形成中部分与整体的奠基结构,揭示了诸范畴的差异化分类中隐含的现象学构造的统一性,无论是时间意识与原联想中的综合还是客体化经验中的综合,范畴的现象学构造都显示为某种部分与整体关系的内在结构。我们认为,这种隐含在范畴的框架与结构中的部分与整体的奠基统一是胡塞尔提出作为“纯粹逻辑学”体系第三层次的“纯粹流形论”的根据。具体而言,若诸范畴乃是根据其内在结构而相互区分,而部分与整体关系刻画了范畴的内在结构和范畴体系的框架,那么范畴自身实际就是结构不同的各种部分与整体的奠基统一,建基于范畴的所有可能理论便可以通过一门普遍的部分与整体的理论来表达,而这即是胡塞尔所构想的作为所有可能理论的理论的“纯粹流形论”。

回顾历史,18 世纪末兴起的数学基础研究直接推动了形而上学的研究。哲学家们复兴了莱布尼茨“组合术”的理想,认为比数更基础的逻辑形式乃是整个数学的基础,他们开始反思数学的逻辑基础,进而提出了各自逻辑形式的理论作为新的形而上学来为人类知识奠基。莱布尼茨提出了区别于代数并被代数所隶属的组合术(ars combinatoria),鲍尔扎诺提出了以“具有(to have)”形式的逻辑演算,布尔提出了“真值的代数结构”的演算,康托尔提出了“集合的属于结构”为基础的集合论,弗雷格提出了“函数结构”为基础的谓词逻辑,而胡塞尔继承布伦塔诺学派的新亚里士多德主义本体论研究提出了以“部分的奠基结构”为基础的逻辑。

诚然,数学家们最后接受了集合论作为这样一门所有可能理论的理论。但根据胡塞尔对集合范畴的起源的现象学分析,可见部分与整体的奠基结构比集合结构更为原初和普遍,并且它构成了形式本体论范畴的体系框架与内在结构,并因此而更符合“纯粹流形论”的主题。

Foundations of Parts: An Analysis on the Categories in Husserl ' s Formal Ontology

Mao Jiaji

Abstract: In contrast to traditional ontology, Husserl formal ontology is a landmark in the history of ontology. It deals with the relation between category theory, mathematics and logic, builds the basic system of ontology, and it is the first to discusses the mereological logic of ontological category from formal and phenomenological aspects in detail. According to the correspondence between category and phenomenological evidence forward by Husserl, and in the light of his phenomenological analysis on types of evidence in experience, this paper will reconstitute the foundation gestalt of formal ontology category. In the analysis, it will reveal the structural differences of categories, it will explain the constructivity and universality of Part and its Gestalt. Furthermore, through the analysis of category, and its structure and framework, this paper explains the foundational level and the highest level of Husserl formal ontology.

Keywords: Part-Whole, Foundation, Category, Tode ti, Individual

书讯

《游心之路:〈庄子〉与现代西方哲学》

[德]汉斯-格奥尔格·梅勒
[美]德安博 著 郭鼎玮 译
北京:北京联合出版公司,2019 年 6 月

汉斯-格奥尔格·梅勒(Hans-Georg Moeller),德国汉学家,师从波恩学派陶德文(罗尔夫·特劳策特尔),研究领域为中国哲学和比较哲学,曾任教于加拿大克鲁克大学哲学系,后任爱尔兰国立大学哲学系教授,著有《马王堆汉墓帛书〈老子〉》《道德之愚》等书。德安博(Paul J. D' Ambrosio),美国汉学家,博士毕业于爱尔兰国立大学,师从汉斯-格奥尔格·梅勒,任华东师范大学哲学系副教授,2015 年入选上海市"晨光学者",曾与迈克尔·桑德尔合著《遭遇中国:迈克尔·桑德尔与中国哲学》。

梅勒对于《道德经》有诸多研究,此次与德安博合著《游心之路》,研究《庄子》这一道家文献,是其在中国哲学领域新的探索。在《游心之路》中,梅勒与德安博将庄子与康德、黑格尔、弗洛伊德等西方思想家作比较,阐明了《庄子》中的讽刺批判性、身心治疗、幽默的哲学意义,以及庄子对儒家主流价值观的批判。如陈鼓应先生在《序》中所言,《游心之路》一书"展现了跨文化哲学如何可以从哲学史、社会和人类精神等层面,开拓出具有价值的新视野"。梅勒与德安博非常重视庄子哲学对于日常生活的启示。该书指出:从个人层面看,如何理解真诚,如何扮演社会角色,如何寻求真我,庄子为我们开辟了一条反主流的游心之路;从社会层面看,在新媒体时代重读《庄子》,也有助我们辨明真相、寻求理性。(马卓文)

哲学门(总第四十一辑)
第二十一卷第一册
北京大学出版社,2020 年 6 月

科学体系如何拥有导论:论黑格尔的“学习者悖论”

冯嘉荟*

提 要:黑格尔哲学意图建构一门科学的体系:它不仅是某个哲学家的概念建构,也是真理本身。为了构思这样的哲学,人们需要一个理由或者论证,来说明黑格尔的确是对真理的揭示,而不仅仅停留于对真理的热爱。这就是《精神现象学》的目的:把日常读者引向真正的哲学立场。尽管如此,现象学工作不可避免地会遇到一个悖论:不接受所谓“哲学”立场的人事先不会相信它,而已经相信它的人也没有必要经历这样的过程。不论如何,黑格尔的现象学看起来都是徒劳无功的。本文意图结合《精神现象学》的文献史以及其导论和序言的核心哲学架构,进而说明这一学习者悖论如何表现于黑格尔哲学,以及黑格尔如何克服这个问题。

关键词:科学体系 《精神现象学》 学习者悖论

一 《精神现象学》作为导论:一个疑难

黑格尔哲学的成熟标志于1807《精神现象学》①的出版。它不仅仅从时

* 冯嘉荟,女,1992 年生,巴黎第一大学哲学在读博士。

① 本文对《精神现象学》的研究采用理论著作版德文底本,中文依据先刚译本。(见 Hegel, Georg Wilhelm Friedrich. *Phänomenologie des Geistes*[1807], Theorie-Werkausgabe, Werke 3, Frankfurt am Main: Suhrkamp, 1986;黑格尔:《精神现象学》,先刚译,“黑格尔著作集”第 3 卷,北京:人民出版社,2013 年)部分译文做了改动。引文将在括号中标注,简称 TWA 3。其他德文文献根据需要,也引述历史考证版,在脚注中予以表明。此外,本文引文的黑体为作者所加。

出于行文的需要,本文也会使用“现象学”来表示《精神现象学》(1807)的文本。本研究限制于这个文本,因而不考虑《哲学科学百科全书》中“精神现象学”的部分,以及当代哲学讨论语境中“现象学”的意义。

间序列来说,是黑格尔哲学第一个地标;也在逻辑顺序上,是其哲学体系的导论,因而构成科学体系的第一部分。[①] 耶拿时期的黑格尔始终在其哲学体系的构想中调整,而在最终出版的版本中,他将科学体系划分为逻辑学、自然哲学和精神哲学;这门科学需要一个导论,这正是《精神现象学》的工作。[②]

"导论"——从哲学意义说——履行证成(rechtfertigen)的功能。导论——从逻辑顺序上说——在体系之前,因而也构成体系的开端(Anfang)。导论一方面是否定性的:它指出自然的、非科学立场的缺陷;更重要的是,它是正面的证成:在科学体系展开之前,导论展开科学建立自身所必要的概念,使得外在于科学立场的人可以进入科学体系。导论需要满足两个要素:(1)它产生科学的概念,提供对科学立场的正面证成;(2)它扮演教化的角色,将自然的、非科学的意识提升为科学的立场。[③]

在《精神现象学》"导论"中黑格尔表示:"当科学崭露头角时(dass sie auftritt),它本身也是一个现象(Erscheinung)。科学的出现不等于科学已经得到真正的贯彻和传播……科学必须使自己摆脱假象(Schein),即那些不真实的知识,而要做到这一点,它只能去反对它们。"(TWA 3,71;中文版第 49 页)因此,《精神现象学》的任务就在于,揭示那些"显现着的知识"(erscheinendes Wissen)之非真理性,以证成"崭露头角的科学"(auftretende Wissenschaft)的真理。由于显现着的知识表现为自然意识的一系列形态构成的道路,现象学应当去呈现(darstellen)这条道路,以表明这一道路最终走向科学的立场。进程的目标——绝对知识,以及对自然意识的呈现,在现象学的导论工作中都是不可或缺的。这使得《精神现象学》可以满足导论所被规定的两个要素:首先,它产生了科学的概念,现象学的终点是"绝对知识",确定性和真理的分裂得到了统一;其次,它向自然意识证成了科学的真理,也就使得崭露头角的科学摆脱了假象,不再

---

① "科学"和"体系"在当代的语境下,意义与黑格尔完全不同;但在一篇对黑格尔的研究中,我们需要使用黑格尔使用的哲学概念,并且在黑格尔所理解的意义上理解它们。在黑格尔哲学的概念空间中,"科学"与"真理""哲学"等,共享同一个意义,并且它们必然地采取体系的形态。

② 参见黑格尔为《精神现象学》自拟的图书广告。(TWA 3, 593;中文版第 505 页)

③ 关于《精神现象学》的任务,参考维尔纳·马克思:《黑格尔的"精神现象学"》,谢永康译, 北京:人民出版社,2015 年,第五章"意识和精神"。

是科学的现象,而是科学自在自为的样子。①

看起来,《精神现象学》是自然意识和绝对知识的中介,它使得黑格尔的哲学构架不是特殊相对的,而是所有理性都能够认可的普遍的科学。然而,这一中介在两个方向上都存在疑问。首先,如果《精神现象学》要求证明"显现着的知识"的非真理,以说明"崭露头角的科学"的真理,那么,它似乎已经预设了关于什么是科学的立场,以此说明,何种意义上自然意识需要推进到更高的科学立场。如果的确如此,那么现象学预设了科学的内容,就不是对于科学概念的演绎,不是先于科学的导论。其次,现象学的任务在于呈现自然意识的内在缺陷、它关于知识和真理的不一致。但是,这一不一致有可能是外在的,是现象学家强加给自然意识的。如果自然意识的运动来自外在观点的推动,那么,即使自然意识能够运动到绝对知识,这一终点也不是意识自身的目的,自然意识并不会从自身观点出发接受绝对知识。在这个意义上,现象学无法向自然意识证明科学的立场就是普遍的真理。

因而我们可以这样提问:现象学是对科学概念的演绎,那么它自身是否已经是一门科学?如果的确是这样,那么反过来说,既然现象学已经是科学,那么它如何承担导论的任务?毕竟,现象学的角色在于为科学提供证成,如果它已经是科学,它如何向非科学的立场辩护科学自身呢?

这里所展开的"导论"与"科学体系"的关系,让我们回到了一个古老的

---

① 事实上,黑格尔对于导论构想了以下四种方式:

(1)怀疑主义。1802年黑格尔表示,怀疑主义可以被视作"哲学的第一个阶段","提供这样一个导论"。(In Sämtliche Werke XVI, Vollständige Ausgabe durch einen Verein der Freunde des Verewigten, S. 98. 转引自 Fulda, Hans Friedrich. *Das Problem einer Einleitung in Hegels Wissenschaft der Logik*, Frankfurt am Main: Klostermann, 1965, S. 51。)

(2)1807《精神现象学》,也被称为"意识经验的科学"。它描述了在知识和对象的不一致之动态过程中,意识从自然意识朝向科学体系的立场的教化历程。

(3)1817《哲学科学百科全书》§36节提出,完全的无前提性的要求,只能通过这样一个决心来满足,即"纯粹地去思想"。(Hegel, Georg Wilhelm Friedrich, Enzyklopädie der philosophischen Wissenschaften im Grundrisse[1807], Gesammelte Werke, Band 13, herausgegeben von der Nordrhein-westfälischeish Akademie der Wissenschaften, Hamburg: Meiner, 2000, S. 35. 同样的内容出现于1830《哲学科学百科全书》§78。)

(4)逻辑学的前概念。1830《哲学科学百科全书》"逻辑学"开始之前,黑格尔讨论了思想对于客观性的三种方式,以作为科学体系的准备。(以上文献梳理参见 Fulda, Hans Friedrich. *Das Problem einer Einleitung in Hegels Wissenschaft der Logik*, Frankfurt am Main: Klostermann, 1965, I. Hegels Einleitungskonzeption。)

本文希望说明,1807《精神现象学》在什么意义上最充分地满足了导论的两个要素。

争论:“学习者悖论”。[①] 在《美诺篇》中柏拉图借苏格拉底之口提出了这一疑难:“一个人不可能去寻求他所知道的东西,也不可能去寻求他所不知道的东西。他不能寻求他知道的东西,是因为他已经知道了,用不着再去寻求了;他也不能寻求他不知道的,是因为他也不知道他应该寻求什么。”[②]

不论是黑格尔的“导论”,还是柏拉图的“学习者悖论”,问题共同聚焦在这样疑难:“导论”的概念首先预设了,存在着掌握了知识的立场,以及尚未掌握知识的立场,也就是有知和无知的差异。如果没有这个知识的落差,导论就是不必要的。导论能够作为沟通有知和无知的桥梁,原因在于存在着有知和无知的区分。但是,如果有知和无知已经是不同的立场,对于这两者,导论也无法让无知以非外在的方式进入知识。“导论”概念的诡谲在于:它的目的是沟通无知和有知,而它首先预设了,无知不同于有知,两者是根本性不同的。学习不同于灌输,导论不能把外在的立场作为真知强加给学习者;但是只要人们有学习的需要,这已经意味着,知识是某种外在的东西。

这一疑难不会让我们简单地放弃《精神现象学》的工作。本文也不会涉及文献史的诸多讨论,以避免让问题变得更复杂。[③] 黑格尔的犹豫和立场的

---

① Ottmann 指出,《精神现象学》所涉及的导论和体系的关系,可以指向柏拉图的“学习者悖论”,也指向亚里士多德对论证的无穷回退的反驳。亚里士多德在《形而上学》中提出:“人们出于无知而不去区分什么需要证明,什么不需要证明。因为对一切给予证明,是不可能的,这会导致无穷。”(Meta. ,1006a)通过援引亚里士多德对无前提的拒绝,Ottmann 表明现象学作为导论,也不得不依赖于既定哲学前提,无法实现对极端怀疑主义的反驳,因而不能构成真正意义上的导论。(参见 Ottmann, Henning. *Das Scheitern einer Einleitung in Hegels Philosophie. Eine Analyse der Phäno-menologie des Geistes*, München: Pustet, 1973。)

与 Ottmann 的解读不同,本文希望(以非主题化的方式)联系黑格尔作为导论的现象学与柏拉图的“回忆”学说。

② 《柏拉图对话集》,王太庆译,北京:商务印书馆,2004 年,第 170—171 页。

③ 简要地说,《精神现象学》在黑格尔的体系中经历了这样的变化:

(1)1817 年之前,黑格尔将《精神现象学》设想为其科学体系的导论。在《精神现象学》中,它被界定为“科学的前科学”(Voraus der Wissenschaft)。在《逻辑学》黑格尔表示:“它[科学的概念]唯一能够做出的证成,就是通过意识而制造出这个概念,因为意识特有的形态全都已经消融在这个作为真理的概念之内。”“精神现象学不是别的,恰恰机会这个概念[纯粹科学]的演绎。”(TWA 5,42;中文版第 26 页)

(2)在 1817 年后,“精神现象学”成为了《百科全书》“主观精神”的一个环节,在科学体系之内占有一个位置。这似乎意味着,《精神现象学》有意义的部分已经被吸纳到体系中,不再有独立的哲学意义。

(3)1831 年,黑格尔去世之前,他希望对 1807《精神现象学》做一个新的修订,这又暗示了,黑格尔并未放弃现象学的工作。

变化,或许恰恰说明了,《精神现象学》作为科学体系的导论,其意义的复杂。现象学并非由于随后科学体系的出现而被搁置和代替,毋宁说,它构成了别具一格的哲学开端,[①]是黑格尔整个哲学构想都在努力的理念。

二 呈现、道路与意识的自我检验

为了让"导论"与"体系"关系的问题得到更清晰的表述,我们需要展开《精神现象学》的基本结构:"呈现"(Darstellung)与"显现着的科学"(erscheindes Wissen)。黑格尔说:

> 因为我们的**呈现活动**仅仅以这种正在**显现着的知识**为对象,所以它看上去并不是那个自由的、在一个独特的形态中自己推动着自己的科学,毋宁说从当前的立场出发,它可以被看作是**自然意识**走向真正的知识的一条**道路**。(TWA 3,72;中文版第50页)

现象学作为一种呈现,其对象是显现着的知识,而显现着的知识其实是自然意识,后者的运动展开为一系列意识的形态。在这里,呈现者是现象学家,而被呈现者是显现着的知识,也就是自然意识(即非科学的知识)。

在呈现/被呈现的基本框架下,我们可以把关于"导论"的疑难表述为两个方面:

(1)现象学作为呈现者,它的开端是否是现象学本身意图证成的科学?

(2)自然意识作为被呈现者,它的运动是否像现象学所描述的那样,必然进展到绝对知识?还是说,自然意识有它独立的、不同于呈现者的运动?

第一个问题涉及"呈现"的开端,我们将在下文具体展开。这里我们所关心的是第二个问题,即呈现者和被呈现者是什么关系?我们可以看到,现象学如果能够完成它作为导论的任务,就需要统一这两个方面,也就是统一现象学作为显现着的知识的"呈现",与自然意识的"道路"。具体来说,这里需

---

① 比如在宗教哲学中,黑格尔提出,现象学和百科全书是两种进入绝对的方式。这无疑暗示了"两种开端"的想法,赋予《精神现象学》和《哲学科学百科全书》同等的,同时也是竞争性的哲学价值。Vgl., Hegel, Georg Wilhelm Friedrich. *Vorlesungen über die Philosophie der Religion. Erster Teil: Begriff der Religion.* Hrsg. v. G. Lasson. Leipzig: Meiner, 1925, S. 184.

本文不试图提出某种"双重开端"的想法,而仅仅希望说明,现象学仍保留了它实质性的哲学意义。

要说明:每一个形态的自然意识都具有内在的缺陷,因而不得不自身否定而推进到新的意识的形态。意识运动的动力是内在的。其次,自然意识运动总是伴随着新的形态的出现;新的阶段不应该是强加的或者偶然发现的,它须得是意识运动的必然产物。第一个要求在于动力的内在性,第二个要求是新形态的必然性。两个要求都指向了,对于自然意识的道路的呈现,并没有强加任何外在的要素。

黑格尔对第一个要求有清醒的认识,他表示:

> 进程的呈现……作为对于认识活动的实在性的一种研究和检验,看起来没有某个前提作为基础是不可能展开的,而这个前提就是尺度……但是在这个地方,科学刚刚崭露头角,它既不能证明它自己就是本质或自在体,也不能证明别的什么东西是本质或自在体。然而如果没有这样一个本质或自在体,检验看起来就是不能进行的。(TWA 3,75-76;中文版第 53 页)

检验不能是从科学的立场对自然意识的检验。因为如果是这样,那么现象学的"证成"工作就没有意义。[①] 但是与此同时,检验总是需要预先的尺度,某种预设或者前提,使得人们判断一个意识的形态是否是真理。检验是必要的,同时外在的检验又不可能,因此,检验必须是意识的自我检验,"意识自己与自己进行比较"(TWA 3,77;中文 54 页)通过这一比较,意识揭示出它自身的缺陷,而不得不放弃它本来声称的真理主张。

那么,意识的自我检验如何可能?意识如何从自身检验中产生出自身否定的动力?这里我们需要考虑意识的二重结构。在《精神现象学》"导论"中,黑格尔详细展开了意识的规定。根据黑格尔的表述,意识包含了两个规定性:一个是关联的环节,对象与意识互相关联,对象为着意识而存在,意识为着对象而存在。意识的这一方面被称为知识。第二个是区分的环节,即知识关联物包含超出了这个关联的方面,这一方面被称为真理。前者是为他存在(für es),后者是自在存在(an sich)。

为他存在(知识)和自在存在(真理)是意识的两个基本规定:前者表明,

---

① 黑格尔明确提出了这一疑难:"假若本质或尺度就在我们自身内,那么那些本应与尺度进行比较并通过比较而得到决断的东西,似乎就没有必要去承认这个尺度。"(TWA 3,76;中文版第 54 页)

有某种东西对意识来说是相关的;后者意味着,有某种东西对意识来说是自在的。意识的两个环节使得检验成为可能:"对意识而言,自在体是一个环节,而知识或对象为着意识的存在又是另一环节。检验就是立足于这个现成的区别。"(TWA 3,78;中文版第55页)自在体是意识检验的尺度。虽然"自在存在"表示的是区分的环节,但它仍然是意识自身的规定,是"意识在其自身内认作是自在体或真相的东西"(TWA 3,77;中文版第54页)。尺度是意识自身提供的。由是我们满足了第一个要求,即动力的内在性。

让我们转向第二个要求:在意识的运动中,新的形态的出现为何是意识自身的必然结果?这里的讨论在于排除这一种情况,即"我们之所以在后一个对象那里经验到前一个概念的不真实,不过是碰巧发现了后面这个对象"(TWA 3,79;中文版第56页),也就是去说明第二个形态和第一个形态的必然关联:新的对象的出现不是偶然发现的,而是由现有的意识形态中必然产生的。

对这一问题的回答需要考虑检验活动的结构。意识的检验是自我检验,也就是意识对它的自在存在和为他存在做出比较。检验活动区分出意识的不同层次:一方面是作为检验者的意识,另一方面是作为被检验者的两个环节——意识的自在存在和意识的为他存在。检验的意识发现了自在存在和为他存在的不一致,因而不得不调整它的知识,即它所把握的对象的为他存在。意识的知识发生改变,同时对象,其自在存在的环节也发生改变。这一改变推进到新的关联环节中。因此,检验作为意识运动的动力,其内在性也保证了新的形态出现的必然性。

在此有几个问题值得关注:其一,检验的意识发现意识的知识和真理不一致,因而调整其知识,这个调整是否来自意识自身?其二,检验活动要求区分检验者和被检验者,作为主动检验的意识,是否内在于被检验者,即自然意识的形态?

这几个问题的提出不可避免,他们都涉及现象学是否能内在于自然意识的"道路"做出"呈现"。首先说明第一个问题。我们需要看到,意识的自在存在和为他存在,不是两个孤立的环节。黑格尔说:"意识一方面是对象意识,另一方面是关于自我的意识;[①]意识一方面以真相为对象,另一方面以它的这种知识为对象。"(TWA 3,78;中文版第55页)根据这一描述,意识的为他存在并非与自在存

① 这里我们不采取中文译本对"seiner Selbst"的"自我意识"的翻译,因为黑格尔这里阐述的不是作为德国唯心论主题的"自我意识",而是一个特定的形态,即意识对其对象意识的意识。

在对立,而恰恰是对自在存在的规定。为他存在是自在存在的为他存在。从自在存在到为他存在经历了意识的颠倒(Umkehrung),是“意识在自身中的反思”。意识这个颠倒不仅仅在于,意识认识到它原先所认为的在意识关联之外的自在的对象,实际在意识关联之内,是为了意识而存在;与此同时,这个为他存在的自在存在,同时构成了新的真理、新的意识形态的本质。这个新的自在存在是对前一个自在存在的否定,同时也是前一个自在存在的自我否定。

因此,黑格尔一方面提出,“意识现在有两个对象,一个是起初的自在体,另一个是这个自在体之为着意识的存在”;另一方面表示,“这个新的对象包含着前一个对象的否定,它是一种通过前一个对象而制造出来的经验”。(TWA 3,79;中文版第 56 页)第二个对象(为他存在)是意识自身反思的产物,它不是被发现的某个自在体,只能对之作纯粹的领会把握;毋宁说,这个新的自在体来自意识的反思活动,是意识将为他存在重新把握为自在存在,因而产生的新的对象。

具体来说,这个检验活动分为两步:第一步,意识将自在存在把握为为他存在,在意识的关联之外的对象(真理,本质),其实是在关联之中的。意识颠倒自身,回到它对于对象意识的意识,这是自在存在的为他存在的规定性。第二步,自在存在的为他存在,作为意识自我反思的结果,构成意识新的对象。自我意识的自身规定重新进入差别的环节。这一阶段中,意识的自在存在是上一阶段为他存在的环节。这一过程可以简要地表示为图 1:①

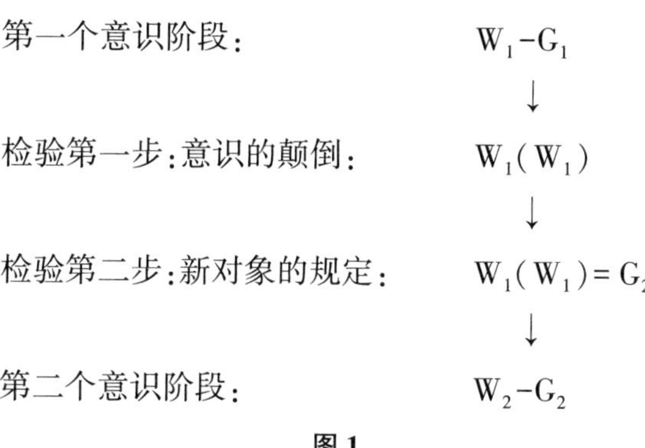

图 1

① W 和 G 分别是 Wissen(知识)和 Gegenstand(对象)的简称。W_1-G_1 表达对象意识,即意识的区分的环节。$W_1(W_1)$表达对对象意识的意识,即关联的环节,意识将对它而言自在的东西把握为为了他而存在的。这个分析框架参考了 Claesges, Ulrich. 1981. *Darstellung des erscheinenden Wissens: systematische Einleitung in Hegels Phänomenologie des Geistes*. Bouvier, S. 188。

因此黑格尔表示:

> 由于最初显现为对象的东西在意识看来转变成了一种关于对象的知识,而自在体又转变成了一个新的对象,亦即转变为一个为着意识而存在的自在体,所以在这里出现了一个新的意识形态,它的本质不同于之前的意识形态的本质。正是这个状况引导着意识的整个形态序列按着一种必然性而前进。(TWA 3,80;中文版第 56 页)

可以看到,无论是检验的内在性,还是新对象的必然性,都与意识的自我反思直接相关。意识自身反思,从其自在存在的规定到自在存在的为意识存在,也就是从区分的环节回归联系的环节。然而,进一步的问题出现了:意识为何自我反思?其自在存在和为他存在的区分是自己做出的吗?意识的颠倒是意识自己展开的吗?

如果我们认为,意识的颠倒,作为检验活动的动力,来自于意识自身;也就是说,如果承认,意识的一系列形态都是从意识的自我区分、自我检验和自我发展中得出的,那么就可以完成统一"呈现"和自然意识的"道路"的任务。然而问题的复杂性恰恰在于,黑格尔在意识的自我检验的叙述同时,也引入了另外一个视角,作为现象学家的"我们"。

黑格尔表示:

> 按照前一种观点,新的对象显然是通过意识自身的一种颠倒而形成的。对事情这样一种考察**乃是我们的额外做法**,使得意识经验的序列提升为一个符合科学的进程,尽管这个序列并没有被我们所观察的那个意识认识到。(TWA 3,79;中文版第 56 页)
>
> 对我们而言,只有这种必然性自身,或者说新的对象的产生过程(它在**意识对此一无所知**的情况下呈现在意识面前),才是仿佛在意识的幕后暗自运作的。(TWA 3,80;中文版第 56—57 页)

这两个文本明确了,不论是意识的颠倒,还是新对象的产生,都不是意识自身的把握和产物;毋宁说,这是"我们"现象学家作为呈现者的作为。因此,不论是检验的第一步还是第二步,都离不开"我们"的参与。意识的"自在存在"和"为他存在",都需要基于"为我们"而得到说明。由此我也回答了上文遗留的问题:检验活动区分了检验者和被检验者,这里主动的检验者是"我们",

作为观察者和参与者的现象学家。

由是,《精神现象学》呈现出一个悖论,一方面它要求对自然意识的呈现仅仅是"纯粹的旁观";而另一方面,意识自我检验的每一步,都离不开"我们"作为呈现者的参与。现象学的导论任务要求,它所描述的意识一系列形态的演进是自然意识的自身运动,使得科学的立场内在地得到证成;但是在反思哲学框架中得到刻画的,意识的"自在存在"和"为他存在"的动态,仍然无法离开"对于我们"的观点而得到支撑。

问题依然存在,现象学作为对显现着的知识的呈现,与它所描述的自然意识的运动,在什么意义上是统一的？意识的自我检验和自身反思结构无法解决这一疑难,因为对于意识(für es)的每一步都依赖于对于我们(für uns)。

三　对于意识和对于我们

上文的讨论归结于一个关键的区分:对于意识和对于我们。正因为这个区分,自然意识朝向科学的道路在自然意识自身看来,只是一条怀疑之路。"上述道路对它来说仅仅具有一种否定的意义,而概念的实现对它而言只不过意味着它自身的损失。"(TWA 3,72;中文版第50页)自然意识似乎包含了内在的动态,这一动态独立于现象学的呈现。

但是与这个区分相对应的,是黑格尔对意识运动的内在性的要求。"由于意识自己检验自己,所以我们余下来能够做的就是进行纯粹的旁观。"(TWA 3,77;中文版第54—55页)也就是说,不应该存在自然意识的道路与现象学的呈现的本质区别。现象学所呈现出来的恰恰就是自然意识自身的道路;现象学家仅仅是一个无所作为的旁观者。

现象学的"我们"呈现出一个悖论:一方面它是一个建构者,意识运动的每一步都来自它的参与;另一方面它是个旁观者,并不干涉意识的进程。前者意味着"对于意识"独立于"对于我们",而后者强调"对于意识"和"对于我们"是同一个立场。我们如何理解这个既区分又联系的关系？

第一个回答诉诸黑格尔的"教化"概念。自然意识的道路,被黑格尔描述为"意识本身转变为科学的一个具体展开的教化史"(TWA 3,73;中文版第51页)。现象学的任务在于,教化未掌握科学的个体,使得它在哲学的辛劳中接受普遍性的规定,提升到科学的立场。黑格尔区分了特殊个体和普遍精神。教化的目标在于,使得特殊个体能够继承普遍精神已经获得的财富,认识到它本来认为是外在的立场,其实是内在的。在教化的过程中,"对于意识"逐渐把握"对于我们"的规定,直到在现象学的终点,两个立场最终成为一个立场。

的确,个体朝向普遍性的教化,与自然意识朝向绝对知识的演进,其目标是一致的;只不过前者在于扬弃特殊性与普遍性,而后者在于扬弃意识的知识和真理的对立。但是"教化"的引入,与其说是解决,不如说重复了这里的问题。个体的教化,就其自身并无法避免前文所说的"学习者悖论"。我们所关心的是,黑格尔如何一方面立足于"我们"和"意识"的区分,也就是"教师"和"学习者",有限的个体和普遍的知识的区分;同时在另一方面,能够向意识证明"我们"的立场就是意识真正的立场。前者在区分为了意识和为了我们,而后者则要求两者的统一。个体向普遍精神的教化过程,仅仅是这个疑难的一种表现。我们只有解决了现象学的我们与意识自身的关系,才能说明个体教化的可能性,而不是相反。

第二个回答依托《精神现象学》所展开的,实体和主体的关系。黑格尔不仅仅把教化表述为"个体从其未经教化的立场出发走向知识",同时也从普遍精神的方面提出,"教化无非意味着**实体给予自己以自我意识**,使实体发生转变和自身反映"(TWA 3,33;中文版第19页)。在这里,黑格尔不仅描述了从个体(主体)到普遍精神(实体)的转变,也表达了一个相反的过程:从实体到主体的转化。从主体出发,教化的过程是个体不断将外在的规定性内在化的过程;而从实体的角度来看,教化意味着实体给予自身规定,使之不仅仅是实体,也是自身反映的主体。

在实体和主体关系中,精神现象学所描述的意识的进程,也是"实体给予自己以自我意识"。在这个意义上,前文所依据的"显现着的知识的呈现"的表述是有所缺陷的。因为"呈现"区分了呈现者和被呈现者,也就是现象学作为呈现和检验者,与自然意识作为运动着的被呈现者。而在实体—主体的概念架构中,对自然意识的呈现,来自于实体的自我规定。根据这一理解,我们也能够回答上文留存的第一个问题:"呈现"的开端就是实体,或者说特殊个体需要到达的普遍精神。实体不满足于直接的自身同一,它需要自身区分、差异化以获得规定;而这一自身规定的过程,即自我区分而成为具有自我意识的主体化。在主体—实体关系的理解框架中,"对于意识"和"对于我们",是同一个实体的不同阶段,前者是实体自我规定的产物,是实体作为主体而运动的环节。

然而,将个体到普遍精神的转变,理解为实体主体化的自身规定,仍然是不足够的。因为黑格尔依然区分了"对于意识"(或对于个体)以及"对于我们"(或对于普遍精神、对于实体)。只有对于我们来说,教化的过程是实体的自身规定,是一个逐渐获得规定性的发展的进程。而对于个体而言,它仍然是外在的,不得不展现为怀疑和绝望的道路。事实上,只有从"我们"的立场出发,可以把握"我们"和"意识"的统一;但从意识来看,差别依然存在。我们便又一次陷入了"学习者悖论":我们需要向意识论证"对于意识"和"对于我们"的统一,但是这一统一只有基于"对于我们"才是成立的。

"精神"概念提供了第三个回答,虽然这个回答不一定让问题更加简单。[①] 在"精神"章黑格尔提出:

> 迄今的全部意识形态都是这个本质的一些抽象表现……精神自身分化,精神区分出自己的各个环节,并在每一个个别的环节那里稍事逗

① 很难说"精神"的引入究竟是提供了对诸多哲学线索的回答,还是更深的哲学疑难。至少从文献史和接受史角度说,"精神"与《精神现象学》的整体工作,以及黑格尔哲学的效果史之间的关系,保持暧昧的关系。

首先是文献史的问题,一些学者从《精神现象学》的复杂结构出发,表明现象学的哲学架构可以脱离精神概念得到重新规划。具体来说,《精神现象学》看起来内部断裂为两部分:第一部分是意识,自我意识和理性(前五章);第二部分是精神,宗教和绝对知识(后三章)。理性部分似乎已经完成了现象学的任务——扬弃知识和真理的对立,而精神章之后涉及的实在的历史,似乎与该书一开始的任务并不相关。这一划分的一个文献依据是,在黑格尔纽伦堡讲课稿中,现象学部分到理性就结束了。这暗示了,有可能黑格尔一开始的设想,就仅仅是从意识到理性部分。具体的文献讨论,参见 Haering 对《精神现象学》的发生史的详尽研究(Haering, Theodor. *Die Entstehungsgeschichte der Phnomenologie des Geistes*. 1934)以及 Poeggler 对他的相关反驳(Zur Deutung der Phänomenologie des Geistes, in Pöggeler, Otto. *Hegels Idee einer Phänomenologie des Geistes*, Freibourg: K. Alber, 1973)。

第二个问题是接受上的。学界对黑格尔精神概念及其逻辑学的接受,远远不如它有关意识理论、政治哲学甚至历史哲学的思考,即使后者脱离了前者难以得到哲学基础的说明,许多人也不太愿意从精神这个过于宏大且带有过多传统形而上学或神学意味的概念出发来理解黑格尔哲学。这一倾向尤见于北美强调黑格尔社会理论的学者,比如 Allen Wood, Frederic Neuhouser。

> 留。这种把各个环节孤立出来的做法以精神本身为前提,依赖于精神的持存,换言之,这种做法之所以成立,完全依赖于一个本身即实存的精神。(TWA 3,325;中文版第270页)

根据黑格尔的描述,意识的一系列形态——感性确定性、知觉、知性等等,都是唯一的精神的抽象化。精神提供了意识的各个阶段持存的根据。精神与其抽象表现的关系,与实体及其主体化规定的关系,在结构上是一致的。但"精神"的引入强调了,这里涉及的不仅仅是认识的过程——"对于意识"和"对于我们",更重要的是一个存在论的描述:有限的意识是无限精神的抽象化。如果说认识层面的"对于意识"和"对于我们"总有所差别,那么在存在论层面,个别意识与普遍精神,恰恰是统一的;或者说,它们统一在精神的自我分化—自身回归的辩证关系中。在这个意义上,《精神现象学》的主题不是"意识",而是"精神"。[①] 意识的道路是精神自身外在化的产物:精神展开其他者,以进一步在差异化环节中回到自身。现象学不仅仅是意识的经验,更是科学的自我经验:科学恰恰是通过这个他者,经历意识的立场而成为现实的科学。通过自我规定为意识,并经历自我检验,科学的立场摆脱其假象,不是特殊的断言、直观式的把握或者原理式的演绎,而是作为现实和具体知识,作为的自我否定和自我发展的过程性整体而存在。

> 一切都已经自在地完成了……只有那种既不是纯粹本原也没有沦为实存的东西,亦即那个已经被回忆起的自在体,才必须转而具有自为存在的形式。(TWA 3,34;中文版第19页)

黑格尔在"序言"中的这句话提示了整个现象学最核心也令人迷惑的特征:精神已经经历了全部的形态,意识的运动,只不过是精神的从头"回忆"。

> 当精神返回到自身之内,于是沉在它的自我意识的黑夜中……仿佛它从过去那些 精神的经验里面没有学习到任何东西。……但是回忆——亦即精神的深入内核过程——已经把那些经验保存下来,回忆就是内核,就是那个实际上具有了更高形式的实体。因此,如果精神看起

① 黑格尔在1807年的第一版,将他的著作命名为"意识经验的科学",而在随后的版本中,改名为"精神现象学"。具体的文献史,参见 Zur Deutung der Phänomenologie des Geistes, in Pöggeler, Otto. *Hegels Idee einer Phänomenologie des Geistes*, Freibourg: K. Alber, 1973。

来仅仅是从自身出发,从头重新开始它的教化过程,那么它也是在一个更高的层面上开始这一切的。(TWA 3,590-591;中文版第502—503页)

“回忆”概念表明,《精神现象学》作为导论,不能被简单描述为沟通从非科学的意识到科学立场的桥梁。科学和自然意识不是截然区分的两极,而是同一个精神已经到达了其终点,重新回溯它已经走过的各个阶段。意识需要已经是科学的意识,才能走上《精神现象学》所描述的教化的道路。在此意义上,现象学不是黑格尔对其他哲学家说话,而是黑格尔对自己说话(更准确地说,是绝对对自己的认识)。[①] 只有在这个意义上,意识的环节的运动才具有黑格尔所说的必然性,意识展开的道路不是充满了偶然性和随意性,相反,意识已经走过了这一条教化之路,意识已经潜在地掌握了科学的立场。意识在走一条它已经走过的道路,它所经历的怀疑、绝望,都仅仅在帮助它回忆那些已经自在存在的东西。

在这样一个精神自身思考自身的活动中,个体的、有限的意识是必要的,因为有限性和差异化环节让精神得到丰富化和现实化;另一方面,有限的意识也是无关紧要的,它并不贡献什么新的东西,“一切都已经自在地完成了”。

四 余 论

精神的自身回忆,是对于“对于意识”和“对于我们”的差别,也即是统一“自然意识的道路”与“显现着的知识的呈现”的难题,最为充分的回应。在这里,黑格尔回到了柏拉图:面对“学习者悖论”,我们需要理解“回忆”概念,理解为何认识在于把握已经现存但是被遗忘的知识。回忆不是现代语境中逐渐收缩为主体的记忆官能,而是真正的知识内在的结构。

如果说,意识的自身反思的结构始终依赖于更高阶的意识,也就是普遍精神的外化—返回自身的运动;如果一个先验哲学—认识论的序列必须依赖于有限—无限的存在论的辩证关系;如果意识的自身进展其实是回到它的开端,是去深入内核,回到已经存在但尚未揭示的内容,那么,《精神现象学》与

① 在这个意义上,“黑格尔”不指代一个具体时空中的哲学家,而是“精神”的表达者。

其说意在个体的教化,不如说仅仅是哲学家的自我教化。在"回忆"的结构中,个体意识是无关紧要的,它仅仅是无限精神的一个过渡性的阶段。一切个体所自以为的个别性和自为存在,都在精神的外化和返回自身的存在论叙事中,被相对化了。

我们不是又一次遇到了开篇的问题吗?学习者(有限的意识)怎样能够实现向知识(无限的精神)的提升呢?既然真正的知识是回忆,是从遗忘到回忆的循环;那么,如何进入这个循环则是比在循环之中理解自身更大的疑难。

How Can a System of Science Have an Introduction: On Hegel's "Learner's Paradox"

Feng Jiahui

Abstract: Hegelian philosophy is constructed as a scientific system, which is not only a particular form of philosophy, but truth itself. To this end, one needs a justification, at least a presentation that explains how Hegel attains to reveal the truth, rather than simply love the truth. This is what *Phenomenology of the Spirit* aims at, a pedagogical project that guides amateurs to the authentic philosophical position. Nevertheless, this phenomenological enterprise seems inevitably encounter a paradox: those who do not accept the so-called "philosophical" position beforehand would not believe it, and those who already believe it do not need to go through such a process. Whatever it may be, Hegel's phenomenology is either vain or useless. To what extent does this learner's paradox manifest in Hegelian philosophy? How does Hegel manage to resolve this paradox?

Key words: System of science, *Phenomenology of Spirit*, Learner's paradox

书讯

《成神:早期中国的宇宙论、祭祀与自我神化》

[美]普鸣　著　张常煊、李健芸　译　李震　校

北京:生活·读书·新知三联书店,2020 年 1 月

普鸣(Michael Puett),1986—1994 年就读于芝加哥大学,师从马歇尔·萨林斯,获人类学博士学位。现任哈佛大学东亚语言与文化学院教授、宗教研究委员会主席、费正清中国研究中心执行委员会委员,瑞典皇家科学院成员。主要研究方向为中国历史,尤其是早期中国的道德、礼仪与政治,兼备历史学、人类学、宗教学与哲学等多学科视角,注重将中国文明置于世界文明的比较视野中讨论。

《成神:早期中国的宇宙论、祭祀与自我神化》一书的写作目的,在于反思并消除西方学界对于中国文化"天人合一"特点的固有习见。通过分析商周卜辞铭文、战国诸子文献及秦汉史论中呈现的凡人与天神的复杂关系,普鸣重构了"天人合一"背后蕴含的"关联性宇宙论"在中国兴起的历史过程与政治背景。在他看来,"人"与"神"的界限、人能否"成神"等问题在早期中国经历了一场长期的论辩,"关联性宇宙论"并非是一开始就存在于中国的基础性预设,而是在与祭祀占卜活动的对抗中逐渐成了主流。本书分为八章,从商代晚期、西周早期、春秋战国一直到秦汉时期,以历史发展安排叙述架构;而在关于中国某一历史时期人神观念的阐述中,加入对于相似的宏观历史处境下东西方之间差异的辨析。在《成神》一书中,普鸣将历史分析与比较性视角相结合,既关注中国文明本身的发展,又突显了中西文化的差异,呈现出更详细、更丰富的讨论。(马卓文)

哲学门(总第四十一辑)
第二十一卷第一册
北京大学出版社,2020年6月

再论理智主义与具身化的概念能力

——以麦克道尔与德雷福斯的争论为例

田继江*

提　要:本文通过厘清麦克道尔与德雷福斯的争论,来阐明理智主义的威胁并提供一种具身化的应对思路。麦克道尔认为经验内容是概念性的,而德雷福斯则基于具身化的活动中所直接展现的环境内容,批评麦克道尔的理论过度理智化了经验内容。本文论证,这种理智主义体现为主体被封闭于其理性活动中。而这种封闭性是由概念能力必须反思性地表达具身化内容,进而始终体现为一个额外的行动所造成的。要拒斥理智主义,具身化内容的概念性与概念能力的具身性都需要得到说明。前者要求内容的概念性不必依赖于概念的使用;而后者则指向概念能力的分布式实现。

关键词:理智主义　概念性　封闭性　具身化

一　概念论与具身化的活动

麦克道尔(John McDowell)在其著名的《心灵与世界》一书中,基于对所予的神话的批评提出了概念论的主张。所予的提出是出于辩护知识的需要。我们认为,经验知识是由关于世界的命题组成的,而这些命题能够构成知识需要得到一定的辩护。承担这种辩护角色的主要是我们的经验内容,因而,

* 田继江,男,1989年生,北京大学哲学系博士生。

经验内容就应当能够参与到理性活动中，那么，其就应当具有一定的理性结构。但同时，由于经验内容的获得具有被动性的特征，这使得我们可能会将经验内容视作是世界直接施加于我们的感官的影响，而这些强制影响并不具有理性的结构。这时，我们就面对一个矛盾的说法，经验内容不具有理性结构但需要参与理性活动。如果将这一想法中的"经验内容"称为所予，我们就得到了所予的神话。[①]

可以看到，所予带来的问题是，主体的理性活动被封闭在了所予这一无理性的"经验内容"中。如果经验内容原来需要承担的是辩护知识的功能，那么，其同样也需要承担知识与世界之间的合理性的联系。依据于这种联系，理性主体能够直接把握到世界的内容，但由于所予无法参与理性活动，理性主体的活动范围就无法超出所予的范围，进而无法通过经验直接与世界发生理性关联。

同样，如果理性主体的经验内容无法合理性地或得到辩护地与世界发生关联，那么，我们也无法说理性主体所进行的行动是关于世界的。因为，即使行动通过所予可以与世界发生因果上的关联，但是这种关联并不实现行动主体的意图内容。毕竟，基于所予的设定，理性主体是无法以被辩护的方式知道世界中到底有什么样的东西，这些东西又与所予有什么关联，那么其意图也就不可能是针对世界中的事物。因此，所予隔断了理性主体与世界的关联。

面对这些问题，概念论(conceptualism)宣称，我们必须将经验内容视作是概念性的，或者说，当认知主体在获得经验内容时，其概念能力已经参与到其感性的运作中。这一看法就否定了经验内容仅仅是世界施加于我们感官的影响的命题。既然经验内容在被获得时，就是具有概念结构的，其当然可以承担辩护知识的功能。[②] 而如果我们可以以被辩护的方式经验到世界，我们当然也可以针对世界中的事物做出合理性的行动。我们将概念论概括为两个命题，以方便讨论。

1. 经验内容是概念性的。

2. 概念性的经验内容是由主体始终运作的概念能力所确保的。

---

① 参见 John McDowell, *Mind and World*, Cambridge, MA: Harvard University Press, 1996, pp. 5-7。

② 参见 McDowell, *Mind and World* 中第一讲的论述。

但德雷福斯(Hubert Dreyfus)却认为,尽管我们需要面对所予神话的问题,但是,我们不必因此过度扩展理性的边界,或者说将概念能力渗透到经验内容中。[①] 他的理论是,知觉与行动的确不能是不具有任何结构的内容,但也不必是具有理性结构的内容。知觉与行动都是具身化的活动,而具身化的活动是依据可供性(affordance)[②]所展开的。这里的具身化指的是主体作为一个身体,在其所处的环境中展开具体的知觉与行动活动。而在主体一侧构成经验内容的也仅仅是这一身体的各种能力,而非概念能力或反思能力。当这样的身体与环境互动时,环境会直接给予身体以可供性,即一些引导身体进行实践活动的内容。这样的内容往往不表达为事物自身的某些性质,而是与实践身体相关的关系性质。一张打开的椅子给了身体以"坐上去"的可供性;而如果这个椅子表面落满了灰尘,这样的可供性就不会呈现了。

德雷福斯从现象学家,比如梅洛-庞蒂(Maurice Merleau-Ponty)和海德格尔(Martin Heidegger)那里借用了许多这样的例子。[③] 比如,足球运动员在场上奔跑时,意识到的仅仅是球场中的界线、其他运动员、甚至球迷的山呼海啸所造成的"力"。这些"力"则直接牵引了运动员做出这样或那样的行动。在进行这些行动时,运动员不可能针对其获得的"力"做出任何反思活动,甚至无法将这些"力"明确意识为某些具体的命题,比如,"我再跑 5 米就要到边界了"。因此,我们应当将运动员视作是一个沉浸于(absorbed)其环境的活动身体,而其相应的活动则可以被称为沉浸的应对(absorbed coping)。

基于这些现象学描述,德雷福斯认为,经验的内容一方面不是由概念来进行组织的。相反,其组织方式是具身化的活动,或者说是身体技能与环境的共同作用。另一方面,这些内容也不是被意识以反思性的方式所把握或明确的。那么,麦克道尔的概念论方案就错误地将具身化内容理解为概念性内容。

更糟糕的是,当麦克道尔引入概念和概念能力来说明经验内容时,原本

---

① 实际上,麦克道尔宣称,既然世界本身是由事实构成的,那么,世界本身就是概念性的。因而其论题远远超出了知觉和行动的内容范围而涉及了本体论。参见 McDowell, *Mind and World*, p. 27-28。

② 参见 Hubert Dreyfus, "The Myth of the Pervasiveness of the Mental", in Mind, Reason, and Being-in-the-World: The McDowell-Dreyfus debate, eds. Joseph Schear, London & New York: Routledge, 2013, pp. 15-40, p. 17。可供性是由吉布森(J. J. Gibson)所提出的,参见 J. J. Gibson, The Ecological Approach to Visual Perception. Boston: Houghton Mifflin, 1979。

③ 比如参见 Dreyfus, "The Myth of the Pervasiveness of the Mental", p. 17, p. 20 等。

的经验内容结构会被概念结构所打破,进而无法被以其原本的方式所把握。[①]也就是说,概念的介入也意味着反思性的主体或意识的介入,这种介入导致了原本的身体—环境关系被反思性主体—概念性内容的关系所取代。由于具身化内容不同于概念性内容,那么,反思性主体就无法把握到原本的具身化内容,进而,只能以反思的方式来把握世界。由此,概念拉开了反思性主体与世界的距离,导致原本以直接的方式被把握的内容的消失。[②]

这些说明构成了德雷福斯对于概念论批评的核心。我们可以将这种理智主义的指责概括为两个关键命题,以展开进一步的讨论:

A. 具身化内容是非反思性的,但概念对其的介入是反思性的。[③]

B. 保持概念能力始终运作的主体无法直接获得环境的内容。[④]

可以看到,命题 A 试图指出上文对概念论概括的命题 1 的问题,即经验内容并不都是概念性的。而命题 B 则试图指出命题 2 的问题,即一旦主体在其经验中始终保持概念能力的运作,那么主体反而无法直接与环境发生理性关联。

基于这些说明,我们将重构麦克道尔与德雷福斯的争论,并指出理智主义所指向的真正困难,进而提出新的具身化策略。[⑤]

---

① 德雷福斯给出了一个具体的经验案例,即诺布劳赫(Chuck Knoblauch)在过分考虑到其投球动作时,会导致其动作变形而无法发挥出正常水平的例子。这类例子似乎能说明,概念的参与会改变原本的活动展开方式。参见 Hubert Dreyfus, "The Return of the Myth of the Mental", *Inquiry*, Vol. 50, No. 4, 2007, pp. 352-365, p. 354。

② 这一说明是针对环境所展开的。德雷福斯同样对于社会规范在人类活动中的作用做出了类似的说明。其大致想法是,如同环境,社会规范也直接对参与其中的具身化主体施加了各种"力"。这些力展现出的是"做这个很好"或"禁止这么做"的牵引效果。比如,看到小朋友掉进井里了,人们可能下意识赶紧去抓一下。这样的社会规范同样无需反思性主体以概念性的方式进行理解。参见 Dreyfus, "The Myth of the Pervasiveness of the Mental", pp. 23-27。

③ 我们在此以"非反思性"作为具身化活动内容的特征。但我们也可以以其他说明,比如意识或注意的投向来描述其特征。但是,我们不能在先以"非概念性"来说明这些活动,因为,我们需要论证的目标是具身化活动的内容具有非概念性,区别于概念介入的内容。

④ 希沃特(Charles Siewert)也有类似的命题概括,参见 Charles Siewert, "Intellectualism, Experience and Motor Understanding", in *Mind, Reason, and Being-in-the-World: The McDowell-Dreyfus Debate*, eds. Joseph Schear, London & New York: Routledge, pp. 194-226, p. 195。

⑤ 对于麦克道尔与德雷福斯的争论,学界已经有许多文献进行过总结和综述。比如,参见郁锋:《麦克道尔和德雷福斯论涉身性技能行动》,《哲学分析》2019 年第 3 期。在此,感谢匿名评审对于参考文献丰富度的建议。不过,可以看到,本文所进行的讨论是将理智主义作为双方共同面对的一个威胁,并试图说明这种威胁何以能够被应对而展开的。实际上,二者所进行的讨论不必限于本文所说的理智主义的问题,甚至,关于理智主义的问题也不必仅仅体现为本文所论(转下页)

二　理智主义与封闭的主体

依据于上文的陈述,德雷福斯的批评是否成立实际上取决于命题A的真假。命题A包含了两个子命题。一个是关于具身化内容的非反思性,另一个是概念介入的反思性。那么,对于环境给予的直接内容,由其非反思性,运用概念的主体至多只能以反思的方式对其进行把握。因此,命题B只是说明了命题A涉及主体的情形。更进一步地,由于具身化内容的非反思性是出于现象学的描述,我们可以假定其为真。那么,我们只需要考察概念介入是否是反思性的。

首先,使用概念本身未必是反思性的。比如,在我们日常的谈话中,我们使用了许多概念,但这些概念并不需要是针对谈话者特定的过往经验的反思性表述。同时,既然德雷福斯也认为,遵守社会规范往往以具身化的方式展开,而许多言谈仅仅是遵守社会规范的一种体现,比如,寒暄、打招呼等等。那么,反思性并不是概念自身的特征。[①]

那么,这种反思性就需要体现在概念对于某种特殊内容的"介入"上。这样的情形并不特殊。当我们反思过往的生活时,我们当然需要用一些概念来表达这些经验,进而形成反思,这一结构似乎被德雷福斯同样用于具身化内容中。对于具身化的非反思性内容来说,概念的介入构成了对于原本内容的另一种呈现,甚至是对原本内容的另一种组织。在这个意义上,概念的介入实际指向了理性主体的一个行动[②]。显然这一行动主要依赖于概念能力的运作,因而,一方面,这种概念介入的行动是反思性的,另一方面,其当然也是理智性的(intellectual)。

相对于能直接获得环境内容的具身化活动来说,这种理智性的行动显然是

(接上页)证的形式。但同时,本文也不试图由此就完整说明一个与其他具身化理论,比如梅洛-庞蒂或当代认知科学哲学中的具身化理论所竞争的理论。我们会在后文中逐渐明确这一目标,并说明本文提供的进路与其他具身化理论的关系。

① 在为德雷福斯做辩护时,卡曼(Taylor Carman)就利用言谈中微妙的行动细节来说明,我们的行动是非概念的。参见 Taylor Carman, "Conceptualism and the Scholastic Fallacy", in *Mind, Reason, and Being-in-the-World: The McDowell-Dreyfus Debate*, eds. Schear J., London & New York: Routledge, pp. 165-177, pp. 173-174。

② 这种行动当然可以仅仅是一个心灵行动(mental act)。

额外的。而如果我们接受德雷福斯的说法,即经验活动首先是具身化的,那么,任何对于经验内容的理性把握,即使是可能的,也总是依赖于一个进一步的理智性的再组织行动。那么,理性主体似乎就被这样的理性行动包裹起来了。

如果上述分析是合理的,那么,这一理性主体与经验内容的关系就是由两个步骤所构成,前者获得直接的经验内容,而后者对其进行理性加工。这一结构显然对应了上文提到的所予神话的结构。尽管德雷福斯宣称具身化的经验内容可以回应所予的神话,其内容结构可以由身体的实践技能得到说明,但是,所予神话的问题,即我们的知识如何得到经验内容的辩护的问题,依然被保留下来。也就是说,如果德雷福斯希望通过反思性和非反思性的对比来说明经验内容是非概念的内容,而其本身也不能由理性或概念能力直接使用[①],那么,这些内容本身就无法辩护我们的经验知识。因而,**理性**主体依然是被封闭在其理性活动中,而无法与环境或世界发生理性关联。

但这还不是理智主义的全部问题。因为,所予造成的封闭可以由取消所予来实现,而理智主义所造成的封闭是被其自身**必须**做出的行动所限制。也就是说,作为一个理性主体,其必须使用其理性能力来与世界打交道。但是,一旦其运用了这样的理性能力,或者说概念能力,其行动就否定了其自身与环境的直接内容的关联。当然,这不是否定理性主体能够依据概念内容而做出自我规定,但是,这样的内容就不会与经验活动有任何关联,而是一种抽象的构建。[②]

基于上述分析,我们将德雷福斯所批评的理智主义的真正问题定位为理性主体的封闭性问题。而造成这一问题的关键是,理性主体必须依据概念能力的运作来把握经验内容。而这一运作本身是一个不同于经验活动的行动,进而构成了命题 A 所说的反思性。

然而,麦克道尔并不持有这样的对于理性主体的看法。如果我们依据这里的分析来对比命题 1 与命题 A,我们会发现,存在一个逻辑可能性被德雷福斯所忽略。命题 1 要求经验内容是概念性的,或者说,概念能力的运作**渗透**到经验的获得中;而命题 A 只是说,当概念能力针对非反思性的内容进行

---

① 实际上,德雷福斯会说,在其所谓沉浸的应对中,根本没有任何我们通常理解的心灵中的内容出现。参见 Dreyfus, “The Myth of the Pervasiveness of the Mental”, p. 29。而在讨论社会规范时,德雷福斯也直接宣称,对社会规范的遵守活动实际上是不可思的(unthinkable)。参见 Ibid, p. 27。

② 这一批评可以在梅洛-庞蒂对于反思性分析的批评中找到。参见 Maurice Merleau-Ponty, *Phenomenology of Perception*, trans. Donald Landes, London: Routledge & Kegan Paul, 2002, pp. 34-35。

重新组织时,其只能得到反思性的内容。那么,这一逻辑可能性就在于,概念能力的非反思性运用可以构成经验内容的获得。这就意味着,当概念能力参与经验的获得时,概念能力没有做出那个额外的理智性的行动。用麦克道尔的话说,概念能力在参与经验内容的构成时,其运作是被动的,不存在概念能力的行动与获得的经验内容的分离。① 进而,通过展示概念能力被动运作的模式,麦克道尔似乎能够将具身性的活动都归于这样的概念性活动中,从而避免理智主义的困难。

吊诡的是,由于德雷福斯所做出的概念能力和具身化能力的区分,他必须既宣称存在非反思性的具身化内容,也宣称存在反思性的概念内容。尽管通过这样的二分,德雷福斯可以辩解说,他至少没有过度理智化具身化的内容,但是,其同样保留了理智主义的问题,即理性主体被封闭在了概念能力的主动行动之中。

不仅仅是需要宣称内容的二元论与理智主义的封闭性,德雷福斯还需要将人二分为理智与无理智的两个主体。也就是说,尽管德雷福斯指责麦克道尔保持了某种笛卡尔式的主体与世界的二分,并且也试图用梅洛-庞蒂和海德格尔的现象学来克服这种二分,但这种二分实际上以作为身体的主体和作为理智的主体保留了下来。

然而,这样的能力二分问题并非真正被麦克道尔的方案所克服了。如果现象学家对于具身化能力的说明的确在事实上描写了我们的某些活动特征,我们似乎必须宣称,存在一些有内容的活动是无须概念能力的介入的。② 进

① 参见 McDowell, *Mind and World*, p. 12。但笔者在阅读中,没有找到麦克道尔对于概念能力的被动运作的具体**实现机制**的刻画。但他也援引康德进而给出了相关的现象学的说明,即概念能力参与直观(intuition)的获得并使其形成了直观的统一性。这样的直观统一性可以由对应的判断去表达(express)其内容。参见 John McDowell, "Avoiding the myth of the given", in John McDowell: Experience, Norm and Nature, eds. J. Lindgaard, Oxford: Blackwell, 2008, pp. 1-14, pp. 6-8。本文将在下文说明,这样的现象学刻画实际上掩盖了所谓直观的统一性的来源。

② 我们同时可以援引一些认知科学中的实验结果来说明具身化能力的独特性,尽管这些结果未必能作为哲学命题的直接证据。比如,基于 Milner-Goodale Hypothesis,认知科学家和哲学家提出,大脑存在两个视觉通路为不同的行动提供信息,即腹侧和背侧通路。其中,背侧通路使得视觉信息直接指导行动,而无需对视觉内容做出"是什么"或概念性的分辨。参见,Mark Rowlands, *Body Language: Representation in Action*, Cambridge, MA: MIT Press, 2006, pp. 104-106。那么,我们的一些知觉和行动是无需概念介入的。所以,至少看起来,人类的一些高度复杂的活动无需概念能力的介入似乎是合理的看法。

而,麦克道尔的方案并非回应了这些独特的活动何以能被概念能力所涵盖,而是通过否认这些活动的独特性,从而避免对于具身性能力做出额外的说明。

如果上述对理智主义困难的分析是合理的,那么,德雷福斯通过其方案建立了理智主义的问题,而麦克道尔则没有真正回应这一问题。

三　概念性与概念能力

基于上述讨论,为了实现反理智主义,我们似乎需要同时宣称这两个命题:

甲:各种有内容的活动并不彼此封闭,因而这些内容都是概念性的。

乙:存在不同于概念能力的具身能力,其能独立产生内容。

可以看到,命题甲对应命题1,即经验内容的概念性;而命题乙对应命题B,即概念能力的始终运作会阻碍具身内容的获得。

而基于概念能力与概念性的关联,一旦宣称命题甲,我们似乎必须宣称概念能力的普遍运作,进而否定命题乙;反过来,基于具身性与概念性的区别,宣称命题乙就意味着宣称某种特殊性质的内容,进而否定命题甲。这两个选项和后果分别被麦克道尔与德雷福斯所持有。然而,概念能力与概念性的关联、具身性与概念性的区分并不是显然的。本文接下来将通过这两个要点来说明一种反理智主义的具身进路。

让我们首先回到具身化内容的组织方式。我们在上文介绍过,具身化的活动指向的是具有特定能力的身体,通过与环境的互动,直接获得环境中的可供性。当然,在这样的沉浸的应对中,可供性并不需要以别的中介来表达,比如由概念将其表达为命题。相反,可供性往往直接表达为身体做出的反应或行动。

还是以椅子为例。当我们看到椅子时,其提供给了我们“坐上来”的可供性。在实践的情形下,我们往往不会通过分析椅子这一概念,然后得出其功能是供人坐下休息,进而,我们再坐上去。这样的演绎结构当然也可以说明我们的椅子的可供性,但是同样可以表达“坐上来”的方式就是直接坐上去这一行动。换言之,对于同一个内容“坐上来”,我们可以采取不同的表达方式。

那么,上述说明就给出了可供性的两个特征。第一,可供性的确可以由概念工具进行表达。而只要我们**可以**使用概念来表达可供性,可供性自身就是概念**性**的。这一基于模态性质而进行的语言转译实际上也被麦克道尔本人所持有。[①] 但第二,可供性的获得不涉及概念能力。这一特征一方面是得到了现象学和认知科学的支持;另一方面,在不通过概念而实现其内容的情况下,宣称可供性涉及了概念能力也不具有明确的说服力。而结合这两个特征,我们则可以得出,可供性是概念性的但不涉及概念能力的运作。进而,我们可以得出,存在一些概念性的内容不由概念能力的运作而实现。

如果这一推论是成立的,那么,当我们宣称命题甲时,我们不必因此否定命题乙,或者说,我们不必宣称概念论所需要的概念能力的总是运作。所以,通过分离概念性和概念能力的运作,我们可以避免一个导向理智主义的推理。

当然,以上论证似乎稍显单薄。比如,我们可能会遇到这样的质疑。仅仅由可被概念表达而转译成为的概念性是否仅仅是一个语词上的改变,而不涉及内容的性质变化?

对于这一问题,我们可以提供两个相关的辩护。首先,也是最简单的,这种可由概念表达的特征是麦克道尔所明确的观点。尤其是在其利用指示词来说明经验内容的概念性的论述中,我们可以看到,对于一些已有概念无法说明的内容,我们至少可以用指示词对其进行定位。进而,除非可供性甚至无法被指到,我们就可以宣称其概念性。[②]

其次,要真正说明可供性的概念性,我们当然需要说明可供性所构成的关联何以能够扮演概念性内容的角色。尤其是,类似可供性的具身性内容似乎缺乏概念内容的普遍性特征。但是,这一说明涉及过多的内容,限于篇幅,本文无法在此呈现。不过可以在此指出的是,基于麦克道尔自身所持有的温和的人类中心主义立场,他不会将概念视作是具有绝对普遍性的事物,而是视之为依赖于人类的实践而具有其使用的有效性。[③] 这种基于跨主体性和历

---

① 尽管麦克道尔所讨论的是直观的统一性可以被其对应的判断所表达(expressible),但这一说法应用于可供性应当是直接的。参见 McDowell, "Avoiding the myth of the given", p. 6。

② 参见 McDowell, *Mind and World*, pp. 56-57。

③ 参见上书, pp. 39-40。

史性的概念性与可供性所能够构成的内容应当是相容的。[①]

四　概念能力与具身化能力

即使上述论证是能够被接受的,即概念性与概念能力的运作不必绑定,还存在另一条通向理智主义的道路,即具身化能力与概念能力的彻底区分。本文在此尝试说明具身化能力何以能够构成概念能力。

不过,尽管本文一直依据麦克道尔与德雷福斯的争论语境来使用"概念能力"和"具身化能力"这两个词组,这二者所指的能力之间的区别仅仅是使用概念与否。而根据上一个要点的说明,内容具有概念性不意味着其由概念能力所实现,那么,即使具身化能力的运作没有涉及概念,其依然可能体现出概念性。后者提示这样一个想法,将概念能力束缚在使用概念的能力,尤其是利用概念做判断的能力上,可能不必要地缩小了概念能力的外延。进而,我们可以做一个初步的假设,即概念能力也许就是所谓具身化能力。

我们从一些例子开始,来说明这一想法,比如,开车的行动。在开车时,驾驶员需要注意到行驶方向上的各种情况,以对车辆的速度和方向做出调整。但是,在不熟悉的路段,驾驶员也会通过一些概念来进行实践推理,进而指导自己的行动,比如"这个岔路口应该左转"。但当其熟悉路段时,其视觉内容中的"岔路"可以直接由其"左转"的行动所表达。这种情形与上文一直使用的椅子与"坐下"的可供性例子没有实质的区别。那么,驾驶行动的内容就既可以通过语言也可以通过行动来表达。如果前者涉及了典型的概念能力,否定后者同样涉及某种"概念"能力似乎是不必要的。

但这一比较还不足以支持上述想法。我们可以进一步追问,驾驶行动涉及哪些能力?粗糙地说,其涉及了视觉与肢体操作与协调的能力。但对于这些所谓具身能力,其同样能直接构成概念能力,比如,聋哑人利用手语进行交

① 尽管本文没有在此给出具体的理论,不过,参考梅洛-庞蒂对于意义的历史性的说明应该能够支持本文的立场。参见 Maurice Merleau-Ponty, *Institution and Passivity: Course Notes from the Collège de France*, trans. Lawlor L. and Massey H., Evanston: Northwestern University Press, 2010。同样,在当代认知科学哲学的具身化进路中,生成主义(enactivism)同样将感知运动系统视作是实践知识,进而概念性的。参见 Alva Noë, "On Overintellectualizing the Intellect", in *Mind, Reason, and Being-in-the-World: The McDowell-Dreyfus Debate*, London & New York: Routledge, 2013, pp. 178-193。

流。这时,应该没有理由否定视觉与肢体的特定关联,或者更一般的感知运动系统的特定运用的确就是概念能力。

当然,坚持概念能力作为特殊能力的人依然可以质疑,在手语的情形中,是概念渗透到了视觉与肢体的关联中,即视觉内容本身是概念内容,而其手语的表达,也是依据于特定符号规则所形成的。

但这一质疑有两种理解的方式。其一,我们可以将概念视作是某种特殊的事物,比如心灵中的事物,进而,符号性的动作自身和其在视觉中的呈现都依赖于中介的概念而获得其内容。但根据上文对于理智主义的说明,设定这种与视觉和行动分离的概念才会导致理智主义的问题。因而,这种质疑方式本身无法被我们接受。①

其二,是将概念视作是肢体运动的特定的形式。基于语言的系统性,这些形式甚至会构成一个系统,进而,仅仅依赖于具身化的能力,或者说知觉—肢体的关联,是无法实现概念能力的特殊性的。

然而,这一质疑预设了具身能力仅仅是单纯的身体功能,如接受光线的视觉,或者发生运动的肢体。而这一预设恰好是本文这一要点所反对的。在区分具身能力与概念能力时,上述语境中仅有是否使用概念这一标准。而此时进一步将具身能力限定为身体诸多系统的简单功能的做法是乞题的。相反,如果我们至少能够以可供性为基础来讨论具身能力,那么,这些能力就已经展示出了特定的系统性关联,如上文提到的椅子与“坐下”、岔路与“左转”等等。进而,如果我们通过符号性的行动系统来理解概念内容的实现,这本身就支持了具身化理论而非其反驳。②

---

① 对于麦克道尔这样的概念论者来说,这样的理解方式同样不可接受。因为,这样的想法同样是将视觉内容设定为与概念内容所分离的所予。

② 如同上文提到的概念的普遍性,概念性的活动也具有规范性。但是,由于具身化活动所依据的可供性是身体与环境的适应性关联,这使得可供性具有某种知觉上的直接性,进而拒斥规范性的渗透。不过,类似于上文所进行的其他讨论,基于规范性的质疑要能够成立,仅当规范性被理解为破坏可供性的直接性的中介物。但这一点同样是不必要的。比如,如果我们将规范性理解为对于规则的遵守,那么,被遵守的规则不必是外在于行动的,也不必经由其他解释性的行动而被落实于行动中。相关的讨论可以参见 Saul Kripke, *Wittgenstein on Rules and Private Language*, Cambridge, MA: Harvard University Press, 1984,以及麦克道尔对此讨论做出的说明,John McDowell, "Wittgenstein on Following a Rule", in *Mind, Value and Reality*, Cambridge, MA: Harvard University Press, 1998, pp. 221-262。而从具身化认知的角度的讨论,可以参见 Mark (转下页)

如果上述分析尚可被接受,那么,我们就需要放宽对于概念能力的理解。概念能力不应当被限定于使用特定符号的能力,而是分布式地(distributive)实现于各种能力的关联之中。这里的“分布”首先基于上文区分的概念性的内容与其实现能力之间的区分。以可供性与其概念表达为例,这二者在内容上可能遵循的是同样的一些理性原则,如上文所说的驾驶行动中的实践推理与目的论结构。然而,这一内容上的关联不必体现在其能力的运作中,即我们不必总是在有目的的驾驶行动中同时触发实践推理的能力。进而,依据活动特征而要求的能力,比如语言活动要求的语言能力,不必是实质的对于具身能力同一性的限制。因此,依据日常语言或特定任务被我们确定的“能力”可能由多组具身能力所实现;而某些具身能力间的关联也未必总是能构成日常符号活动所分辨的“能力”。在这个意义上,概念能力是分布式地实现在具身能力的网络中的。①

因此,不同于将概念能力理解为一种中央控制式的、具有自身统一性的能力,具身化的进路可以将具有概念性的内容或活动特征刻画为不同的身体能力间的网状式关联,而不是依赖于某个固定的中介。而如果这一要点是成立的,那么,概念能力就是由具身化能力所实现的,而不存在彼此排斥的关系。这一要点就弥补了概念论者将概念能力局限于使用概念或者进行言说的能力所可能导致的具身能力与概念能力的二分问题,进而避免了理智主义

(接上页)Rowlands, *Body Language: Representation in Action*, Cambridge, MA: MIT Press, 2006, pp. 51-66。

当然,当谈论到符号性的行动时,可供性本身也需要扩展为社会可供性(social affordance),而这也涉及社会认知等维度,这方面的经验研究还处于前沿研究阶段。但从哲学上来说,只要概念性活动所具有的规范性能够由行动的系统性特征来刻画,那么,上述要点在原则上就能够被接受。

① 一个典型的分布式理论可以参见 Susan Hurley, “Three Mistakes of Consciousness”, in *Consciousness in Action*, Cambridge, MA: Harvard University Press, 1998, pp. 27-54, p. 45。不过,其讨论是基于内容和载具的区分而展开,进而,她将知觉/行动与功能上的输入/输出分为了两个层次,然后通过类似的分布式的理论来说明身体的功能系统与环境如何共同构成知觉和行动。而本文与这一进路的区别就在于,本文明确对于能力或者 Hurley 所谓身体功能的研究是无法完全独立于内容层面的活动,或者说知觉/行动等活动。尽管基于分布式的考虑,依据各种符号活动所定位的能力与具身能力之间不必有任何直接的对应,但这并不意味着具身能力就完全是依据因果律而运作的功能系统。将具身能力视作是功能系统的做法可能依然会面对一个中央控制系统的问题,而不是赋予具身能力某种自组织、自关联以适应更复杂和多元的符号活动的可能。这一想法同样适用于对于 Alva Noë 与 Shaun Gallagher 等 Hurley 的后继者以单一的感知运动系统或身体环境的所谓线上(on-line)互动而统一说明各种类型的活动的进路。当然,对于这些话题,我们将寻找其他机会来对其进行更细致的说明。

的另一条道路。①

本文重构了麦克道尔与德雷福斯的争论,并将其争论的核心,即理智主义的困难,定位在理性主体的封闭性上。这一封闭性实质上是由知觉等活动的内容的概念性与其所涉及的具身能力和运作方式的不匹配所造成的。

本文因此提出,解决封闭性问题的办法是一方面允许概念性作为各种活动内容的形式属性;另一方面,我们需要将看似独立的概念能力分布式地置于各种具身能力的关联之中,以避免概念作为组织各种内容中介的问题。

Rethinking Intellectualism and Embodied Conceptual Capacities

—Taking the Dreyfus-McDowell Debate as a Clue

Tian Jijiang

Abstract: By explicating the famous Dreyfus-McDowell debate, this paper clarifies the real threat of intellectualism and argues for an embodiment approach to meet this challenge. While McDowell holds that content of experience is conceptual, Dreyfus, based on the experience directly given in the embodied activities, criticizes that such conceptualism might overintellectualize content of experience. Such intellectualism means that the perceptual subject is enclosed within its rational activities, and this paper argues that the cause of the enclosure is the necessity of reflectively expressing the embodied content by conceptual capacities, which is always realized as an action extra to the perception itself. Thus, in order to refuse intellectualism, the so-called conceptuality of the embodied content and

① 当然,通过上述说明也可以看到,本文对具身化能力的分布式的说明依赖于两个重要的预设。其一是依赖于符号系统我们能够对于人类使用概念的现象做出说明;其二,这样的符号系统能够由人类的行动系统中发展出来。这两个命题的具体所指都需要在更进一步的经验研究中进行考察。基于符号学的发展,前一个命题的内容已经得到十分丰富的扩展。相关说明可以参见赵毅衡:《符号学:原理与推演》,南京:南京大学出版社,2016 年。而后一个命题则可以在学习和发展理论中得到说明,参见 Michael Domjan, *Principles of Learning and Behavior*, 7th edition, Boston: Cengage Learning, 2014。

the embodiment of conceptual capacities must both be argued. The former requires that the conceptuality of content could be realized not merely by using concepts; and the latter leads to the distributive realization of conceptual capacities in the embodied subject.

Key Words: Intellectualism, Conceptuality, Enclosure, Embodiment

书讯

《大明:明代中国的视觉文化与物质文化》

[英]柯律格　著　黄小峰　译

北京:生活 · 读书 · 新知三联书店,2019 年 8 月

本书源于作者柯律格(Craig Clunas)2004 年在牛津大学所做的八次“斯莱德美术讲座”。柯律格现任英国牛津大学艺术史系讲座教授,著作等身,在英语中国美术史界独树一帜,并且随着近年诸著作的译介广为中国读者所知。作者的目标是震撼西方的听众,让人们抛掉心中可能有的对明代中国的成见,尤其是那种认为明代中国在本性上静止不动而且尘封闭塞的看法。在本书中,柯律格讨论的核心问题是图画在明代人的社会生活中占有的地位和对明代人生活的影响。通过精心整理和搜集的明代书画、瓷器、家具、服饰、印刷品等图像信息,作者试图重新构建明代视觉文化和物质文化的图景,让这些明代人曾经观看、曾经触摸、曾经使用的物品重现明代人的视觉体验,并由此展现出一个真实可感的明代,一个可以与我们现在的视觉体验进行对话的明代。与巫鸿、高居翰等学者将书画等图像还原到社会环境的研究方法不同,柯律格更倾向对物的关注,这直接导致他更自觉地跨越主流中国艺术史方法和领域的限制,而做出新的思索。从某种程度上说,柯律格更为关注的是以视觉文化形式展现的明代社会全景和大众文化群像,并因此能够以开放的姿态面对明代社会生活的丰富性可能,从而为我们重新思考和观察明代社会历史提供了独特的视角。(蔡天翊)

哲学门(总第四十一辑)
第二十一卷第一册
北京大学出版社,2020年6月

未来偶然陈述与细红线理论

傅志伟*

提　要:未来是开放的,而过去是封闭的,这似乎已经成为人们高度认可的直觉。有关过去的陈述只要与事实相符,就可以被判断为真;但关于未来的陈述则有所不同,人们似乎无法立即对它的真值给出判断。因此,人们是否能够有意义地主张,一个未来偶然陈述的真或假,也能够以一种相似于过去的方式取决于未来事实呢?那被称之为"开放未来"的难题,指的正是如何把真值归之于未来偶然陈述。本篇论文就是在这个主题下展开论述。通过分析细红线理论,我将最终得出这一结论,即关于未来事件的陈述,同关于过去事件或现在事件的陈述一样,都仅具有为真、为假两个真值,也就是非真即假。

关键词:未来偶然陈述　细红线理论　非决定论　确定真值　反事实求值难题

一　引言

未来是"开放的"(open),而过去是"封闭的"(closed),这似乎是人们高度认可的直觉。不过,这里的"开放"与"封闭"究竟是什么意思?可能在何种意义上为真?应当如何为这一常识性的直觉给出论证?这是本文力图澄清和论证的主题。

---

*　傅志伟,男,1990年生,厦门大学马克思主义学院助理教授。

首先,在将发生于未来的事件与已发生于过去及现在的事件之间,显然存在一种不对称性,这种不对称性可以表述为:

不对称性原则(AS1):已发生于过去及正发生于现在的事件都已是事实,而将发生于未来的事件尚未成为事实。

一般认为,陈述过去事件或现在事件的命题,依据其是否与事实相符,相应地,其真值也是确定的。例如,"香港已回归中国""窗外正在下雨"等命题确定地为真,当且仅当它们所陈述的是事实,或者说,是事实上已经发生或正在发生的事件;"德国赢得了二战""我正在散步"等命题确定地为假,当且仅当它们所陈述的并非事实,或者说,并非事实上已经发生或正在发生的事件。而由于将发生于未来的事件尚未成为事实,我们似乎也就无法依据既有的事实,为关于未来事件的陈述赋予确定的真值。由此:

不对称性原则(AS2):关于过去或现在的陈述具有确定的真值,而关于未来的陈述不具有确定的真值。

不过,关于(AS2)至少存有两点疑问:第一,关于过去或现在事件的命题要么符合事实,要么不符合事实,就此而言,关于过去或现在事件的陈述非真即假,并不存在第三种可能性。可是,如果我们在多值逻辑的框架下来理解命题的真值,把"可能为真"也列为真值,那么,关于未来事件的陈述则似乎可以赋有"可能为真"的真值。例如,"我将在未来的 t_x 时刻画出一个三角形"可能为真,"我将在未来的 t_x 时刻画出一个内角和不等于180度的三角形"则(至少在欧氏几何的意义上)不可能为真;而就现在而言,前一个命题之可能为真,后一命题之不可能为真,同样是确定的。

第二,(AS2)似乎并没有对"时间性命题(temporal proposition)"与"非时间性命题(atemporal proposition)"加以区分。如果我们把真值可能随时间改变的命题定义为时间性命题,把真值不随时间改变的命题定义为非时间性命题,那么,"香港已回归中国""德国赢得了二战""窗外正在下雨"之类的命题属于时间性命题,而"三角形内角和为180度""人人皆有死"等命题则属于非时间性命题①。一个非时间性命题如果为真,则永恒地、必然地为真。那么,像"将在未来某一时刻画出的一个三角形的内角和为180度""我将在未来的某一天死去"这样的命题又应当如何赋予真值呢?——这里,实际上存

① 把"三角形内角和为180度""人人皆有死"等命题归属于非时间性命题,并不意味着承诺这些命题确定为真。例如,在非欧几何中,三角形内角和可以不是180度,从而"三角形内角和为180度"这一命题在非欧几何中可能为假。不过,这一命题的真值依然不随时间改变。

在对此类命题的两种不同的理解方式：如果把这样的命题理解为开语句(open sentences)，例如，将前一个命题理解为：在未来随意时刻，如果有一个三角形被画出，则此三角形的内角和为180度；或者，将后一个命题理解为：我终将在未来的某一天死去，那么，这类命题的真值完全可以在传统二值逻辑的框架下得到确定。不过，把这类命题理解为开语句，也就意味着不为其中出现的“某一时刻”“某一天”等表述赋予特定的时间值，从而也就意味着，在这样的理解之下，这类命题在严格的意义上并非是对未来事件的陈述；因为任何事件总是在特定时刻发生的。反之，如果把这类命题理解为闭语句(closed sentences)，那么，上述命题中提及的**那个**三角形将在未来的**哪一**时刻画出，“我”将在未来的**哪一**天死去，依照一般的理解[①]，则可以是偶然的。换言之，“一个三角形将在未来的t_x时刻被画出”“我将未来的t_y时刻死去”，作为对未来**事件**的陈述，依照一般的理解，既可能为真，也可能为假。

相应地，我们把(AS2)修正为：

不对称性原则(AS3)：可以应用二值逻辑为关于过去事件或现在事件的陈述赋予真值(这些陈述非真即假)；但不能应用二值逻辑为关于未来事件的陈述赋予确定的真值[②]。

也许，可以从一个特定的角度对(AS3)提出质疑，而主张：二值逻辑既可以应用于关于过去事件或现在事件的陈述，也可以应用于关于未来事件的陈述，也即：

事件陈述的二值原则(the principle of bivalence)：无论关于过去事件或现在事件的陈述，还是关于未来事件的陈述，仅具有为真、为假两个真值，也即，都是非真即假的[③]。

---

① 这里所说的“一般理解”排除了决定论、命定论式的理解。

② 亚里士多德在他的《解释篇》第九章中明确论证过这一点，相关论述可参考：Aristotle, *Aristotle's Categories and De Interpretatione*, Translated with Notes by J. L. Ackrill, Oxford University Press, 1963, pp. 50-53。其后，波兰逻辑学家Jan Lukasiewicz在此基础之上又直接引入一个第三真值，而这个第三真值具有一个重要特征，那便是不确定性(undetermined)，并且只能被用于关于未来的偶然命题，相关论述可参考：S. McCall. (Eds.), *Polish Logic*, *1920-1939*, Oxford: Clarendon Press, 1967, p. 64。

③ 例如von Wright、Lewis、Prawitz以及Besson and Hattiangadi等哲学家就是坚持这一立场。G. H. Von Wright, “Time, truth, and necessity”, in *Intention and Intentionality*, ed. by C. Diamond & J. Teichman, Ithaca: Cornell University Press, 1979, pp. 237-250; D. K. Lewis, Counterfactual Dependence and Time's Arrow, Plus ‘postscripts’, in *Philosophical Papers*, 2. 1987, pp. 32-66; D. Prawitz, “Logical Determinism and the Principle of Bivalence” in *Philosophy Probings*: *Essays on von Wright's Later Work*, ed. by F. Stoutland, Birkerød: Automatic Press, 2009, pp. 11-35; C. Besson and A. Hattiangadi, “The Open Future, Bivalence and Assertion”, *Philosophical Studies*, 167 (2014), pp. 251-271.

而据我所知,绝大多数论者似乎都认为,二值原则预设了形而上学上的决定论主张(杜梅特似乎是唯一的例外[①]):

决定论(determinism):任意时刻的随后情形如何,都由这一时刻的情形唯一地决定。

依照这些论者的理解,如果认定关于一切事件(包括未来事件)的陈述都是非真即假的,就必定要预设:在形而上学的意义上,一切事件的发生与否,都是被唯一地决定的,从而不存在可能发生或可能不发生的"开放性"。但是,本文认为,二值原则虽然可以与决定论兼容,但也同样可以与非决定论的主张兼容。

非决定论(indeterminism):任意时刻的随后情形如何,并不都由这一时刻的情形唯一地决定。

根据非决定论,我们可以有意义地谈论"关于未来的偶然陈述"和"未来的开放性",也就是说:

未来开放性原则(OF1):在形而上学的意义上,存在一些关于未来事件的偶然陈述,就当前而言,这些陈述可能为真,也可能为假。

进一步而言,在绝大多数论者看来,就命题的真值确定这一点而言,形而上学意义上的未来开放性原则也等同于这样的表述:

未来事件陈述的真值不确定性原则:在二值逻辑的框架下,存在一些关于未来事件的陈述,这些陈述的真值在当前无法得到确定。

然而,在我看来,绝大多数论者之所以认定二值原则预设了决定论,并由此认定二值原则与(AS3)相矛盾,就在于他们错误地把非决定论及未来开放性原则等同为并替换为了未来事件陈述的真值不确定性原则。但本文所主张的是:第一,未来事件陈述的真值不确定性原则为假。第二,事件陈述的二值原则为真。第三,关于未来的开放性,不仅上述的(OF1)为真,而且在更强意义上的(OF)为真(关于 OF 的表述见下)。

因此,本文的核心论点可以表述为:

非决定论:任意时刻的随后情形如何,并不都由这一时刻的情形唯一地决定。

---

① M. Dummett, "Bringing About the Past", *The Philosophical Review*, Vol. 73, No. 3, 1964, pp. 338-359.

未来开放性原则(OF):在形而上学的意义上,一切关于未来事件的陈述都是偶然陈述,就当前而言,这些陈述可能为真,也可能为假。

未来事件陈述的真值确定性原则:在二值逻辑的框架下,未来事件陈述的真值在当前已经得到确定。

事件陈述的二值原则:无论关于过去事件或现在事件的陈述,还是关于未来事件的陈述,仅具有为真、为假两个真值,也即,都是非真即假的。

当然,我愿意承认,要同时坚持以上四个论题,初看上去,几乎是一项不可能完成的任务。但在下文当中,我仍将对这些论点逐一论证,并将在这些论证的基础上,最终为未来的“开放”与过去的“封闭”之间的不对称性给出自己的表述。

为此,我将讨论一个新的时间理论,即细红线理论。关于这一理论,简而言之,就是在分枝时间模型当中,增加一个特殊实体,使它作为未来偶然陈述的使真者(truth-maker)。这种做法既能在保持未来的开放性的同时,也能让人们在当前获得有关未来命题的确定真值,并且不会因此而陷入决定论的立场之中。但是,这个理论本身也并不是没有任何反对意见,它也面临着反事实求值难题的指控。倘若这个指控成立,它将被视为无效理论而需放弃。因而,我必须解决这个难题,以此来证明这一部分所引入的理论是有效的。

二 理论渊源与内在诉求

让我们设想这样的情景。假设一个人说:明天将有海战。对于这个句子,我们应该如何判断它的真值呢?一般来说,我们很可能会认为,这个命题既不为真,也不为假。毕竟明天可能有见证它为真的海战发生,也可能因没有海战发生而导致它为假,好像没有什么东西可以打破这种对称性。

这样看来,如果要准确地刻画出未来的状况,用来表示时间的模型,就不应该是通常所认为的单一直线。因为它是在没有分叉的情况下,向两端无限地延展。这种刻画时间的模式,在表现未来这个时间维度时,只能给人带来如下印象:

第一,未来是不开放的。因为未来的事件与过去及现在的事件一样,都被确定在单一时间轴的特定位置上,因而也就无法帮助人们刻画出未来的开放性。

第二,未来已经被决定好了。表现时间的单一直线,只能展示出一种情况。要么是明天发生海战,要么是明天不发生海战,两者之间取其一。

因而,"海战"这个事例给我们带来的不确定性直觉,似乎在提示人们,用于刻画时间的模型不应该是单线型的。就未来这个方向来说,它应该以分叉形式出现。人们为此提供出的时间模型,通常被称之为分枝时间理论。从形状上来看,它同树的结构相类似。构成"树干"部分的是所有过去事件;而那些"树的分枝",则代表着未来事件得以实现的所有可能途径;在"树干"和"最低分枝"之间的时间节点,则表示人们当前所处的时刻,即现在,相应的现在事件就处在这一位置。在每一给定时刻的未来当中,不相容时刻的所有分枝都能被找到。因此,在时间上能够相容的时刻,就只能处在树干之上,或者是属于同一个分枝。整个树形结构组成一个集合,这个集合表现了**在一个时刻**(从直观上来看,也就是现在这个时刻)之上,它是如何拥有多种可供选择的未来,而过去又是如何被确定的。①

可是,对于"明天将有海战"这个命题,我们确实又有强烈的倾向,认为这个判断拥有确定的真值。毕竟一旦明天发生了(或者没有发生)海战,而我们却否定这个判断在过去了的现在时刻被判断为真(或假),就会显得非常奇怪。这样看来,单纯用分枝结构来刻画未来,并不能完全体现在时间中发生的实际情况。毕竟,当我们假定某一时刻之后的未来存在 n 个分枝时,也就意味着,未来实际发生的情形必定存在于这 n 个分枝之中的一个分枝上。假如未来实际发生的情形发生在 n+1 的分枝上,那就应当相应地说,未来至少存在 n+1 个不同的分枝,而这与"未来存在 n 个分枝"这一初始假定相矛盾。因此,在这 n 个分枝当中,必定存在一个具有特殊地位的分枝,未来发生的事

① 在这里,我们刻画的是一种关于**我们世界中**时间的拓扑结构的理论,也就是人们通常所说的分枝时间理论。这个理论告诉我们,时间的各个时刻是如何根据它们的时间序列被相互关联起来。使用一个比喻说法,分枝时间理论表明**我们世界的**时间序列就像一棵树的形状。对于每一个时刻,都有一根关于过去时刻的唯一树干,以及许多可供选择的未来分枝。**我们的历史**就是一个极大的时刻链,它沿着这根树干的过去方向,以及同未来当中的某一分枝相连的方向,无限地朝两端连续延伸。相关论述也可参见:H. Reichenbach, *The Direction of Time*, Dover: University of California Press, 1956; S. McCall, "Objective Time Flow", *Philosophy of Science*, 43 (1976), pp. 337-362; S. McCall, "A Dynamic Model of Temporal Becoming", *Analysis*, 44(4), 1984, pp. 172-176; P. Horwich, *Asymmetries in Time*, Cambridge: MIT Press, 1987.

件事实上将落在这个分枝之上。为了将它同其他分枝区分开来,现代哲学家通常将其标红,并把它称为细红线。由此形成了时间模型的另一个理论,即细红线理论。

这个理论通常被用来表达这一观点,即紧随一个非决定论的时刻,有许多线由此延展,其中一条代表着历史的真正发展方向,它既红且细。① 很明显,细红线在分枝时间模型当中,所表示的应该就是未来所是的那种情况,而其他分枝则代表未来可能所是的情况。由它们所构成的集合,则共同构成了可供选择的未来。这样一来,在现在这一时刻,未来仍然保持着开放性,而在未来的时间当中,将成为什么情况又是确定的。因而,用它来说明人们的这一直觉最合适不过,即尚未到来的未来是开放的,但是仍能有意义地主张,关于未来的事件,在现在也能够有或真或假的真值。

三 非决定论与确定真值

尽管如此,细红线理论也还是遭到人们的批评;某些哲学家就认为,主张一个特殊分枝的存在,会与非决定论立场相冲突。托马森在 1970 年和 1984 年的两篇文章②当中,就已经从非决定论的观点分析了这一点,好像这个矛盾的存在是由非决定论观点本身所暗含的。麦克法兰也通过一个比喻,表明他对托马森观点的支持。在他看来,假定这样的细红线,还同时主张其他分枝的存在,其方式就如同是通过吃掉蛋糕来拥有它一样。但是被吃掉的东西,就不能被视为还存在。因此,主张细红线的存在,就等同于放弃了客观的非决定论。③

面对这些反驳意见,我明确地表示反对。为了(从理论上)详细说明反对理由,我将对分枝时间理论与细红线理论进行对比,以期能够证明,后者既能保持前者的理论优点,又能克服它的理论弱点。

---

① N. Belnap and M. Green, "Indeterminism and the Thin Red Line", *Philosophical Perspectives*, 8 (1994), p. 366.

② R. H. Thomason, "Indeterminist Time and Truth Value Gaps", *Theoria* 36 (1970), pp. 264-281; R. H. Thomason, "Combinations of Tense and Modality", in *Handbook of Philosophical Logic*, vol. II, ed. by D. Gabbayh and F. Guenthner, Dordrecht: D. Reidel, 1984, pp. 135-165.

③ J. MacFarlane, "Future Contingents and Relative Truth", *The Philosophical Quarterly*, Vol. 53, No. 212, 2003: p. 325.

(一)相同点:未来的开放性保持

根据此前的论述,人们可以很容易得知,分枝时间理论与细红线理论都是用来刻画时间的拓扑结构;所不同的地方就在于,细红线理论增加了一个特殊实体,即细红线,用来表示具体的未来之所是。因而,对于当前所要求值的将来时态句子,为细红线所标识的分枝囊括了所有的使真者。但这是否就意味着,它不能像分枝时间理论那样来保持未来的开放性呢?答案是否定的。因为:

第一,细红线的存在并不意味着在它之上的时刻与其他分枝上的时刻有着不同的本体论地位,因为每一分枝上的所有时刻都以同样方式存在;

第二,在同现在的时间关系问题上,细红线相较于其他分枝而言,也没有存在不同之处。

由此可见,其他分枝与细红线分枝一样,都是现实的(actual)[①]。

对于这个结论,我可以从这一假设开始予以证明。假如至少存在一个现实事件(从直觉上来看,所有的当前事件,包括当前瞬间,就能够满足这一假设),那与这个现实事件处于同一世界的任一事件,也相应是现实的。以此类推,对于过去的事件(时刻)、现在的事件(时刻)以及在分枝上的事件(时刻)而言,由于它们都与细红线上的所有事件(时刻)处在同一世界之中,因此,当细红线上的事件(时刻)是现实的,那在任何其他分枝上的事件和时刻也应该都是现实的。[②] 这就向人们表明,把分枝时间中的某一分枝用红色标示,以此赋予它某种优先性,并不会因此就取消其他分枝的存在。细红线理论同分枝时间理论一样,在呈现未来的开放性上保有同样的有效性。非决定论立场也不会像托马森和麦克法兰所论证的那样,将因某个特殊分枝的存在而遭致

---

① 就这一观点而言,我赞同 Borghini and Torrengo 的立场,而反对 Belnap and Green 的主张。参见:A. Borghini and G. Torrengo, "The Metaphysics of the Thin Red Line", in *Around the Tree. Semantic and Metaphysical Issues Cocerning Branching and the Open Future*, ed. by F. Correia and A. Iacona, Synthese Library 361, Springer-Verlag Berlin Heidelberg, 2013, p. 114; N. Belnap and M. Green, "Indeterminism and the Thin Red Line", *Philosophical Perspectives*, 8 (1994), p. 381。

② 在这里,我们之所以采取这么强的形而上学立场来论证未来的开放性,那是因为在我看来,分枝时间与细红线理论本身承诺了一种永恒论的本体论(an eternalist ontology)。根据这个立场,过去的事件(时刻)、现在的事件(时刻)以及未来的事件(时刻)都是同样实在的。类似的观点及论证可以参考:A. Borghini and G. Torrengo, "The Metaphysics of the Thin Red Line", in *Around the Tree. Semantic and Metaphysical Issues Cocerning Branching and the Open Future*, ed. by F. Correia and A. Iacona, Synthese Library 361, Springer-Verlag Berlin Heidelberg, 2013, p. 109, p. 114, fn. 23。

瓦解。

(二)不同点:两种结构中的真值情况

但是,不得不承认,在分枝时间理论与细红线理论之间存在着某些差别,否则人们也就没有必要借助一根红线来将它们区别开来;进而在理论的选择上,保留了细红线理论,而抛弃了分枝时间理论。为了更加清楚地说明这样做的理由,我先就瞬间(instant)和时刻(moment)这两个概念进行区分,以为后面的论证打下基础。①

在之前的注释当中,我已经提到,分枝时间理论(当然也包括细红线理论)是关于(我们世界中的)时间的拓扑结构。因而在这个理论的框架之下,我们就可以把时刻解释为一个具体的实体。从空间的角度来看,时刻这个实体就是由发生在它之中的各种瞬时事件(instantaneous events)所组成,而所有这些瞬时事件就构成了这个时刻的宇宙情况。这样看来,比时刻"更小"的事件,可以是构成时刻的部分。因此我们可以说,一个时刻 t 是一个在空间上完整的瞬时事件的集合,它的部分有且只能是相互间同时发生的事件,没有事件可以是两个不同时刻的部分。把这些说明对应到分枝时间的结构当中(包括细红线理论),我们就有必要在"事件之间的真同时性"(Genuine simultaneity between events)与"事件之间的跨同时性"(Cross-simultaneity between events)之间做出区分。② 我们从"事件之间的真同时性"这个说法就可看出,真同时性是事件之间的时间关系。借用时间度量这个概念来解释,那么两个事件(或者 n 个事件)要想是同时的,它们之间的时间度量为零,因而这种关系就只能适用于同分枝的事件之间。与之相反,时刻与时刻之间是否是跨同

① 如下文献也做出同样的概念区分:Peter Øhrstrøm, "In defence of the Thin Red Line: A case for Ockhamism", *Models of Time*, *Humana. mente* 8 (2009), p. 29; A. Borghini and G. Torrengo, "The Metaphysics of the Thin Red Line", in *Around the Tree. Semantic and Metaphysical Issues Cocerning Branching and the Open Future*, ed. by F. Correia and A. Iacona, Synthese Library 361, Springer-Verlag Berlin Heidelberg, 2013, pp. 107-108; Peter Øhrstrøm and Per Hasle, "Future Contingents", in Edward N. Zalta (ed.), *The Stanford Encyclopedia of Philosophy* (*Tue Dec* 8, 2015), pp. 34-43, 〈https://plato. stanford. edu/entries/future-contingents/〉。访问时间 2021 年 1 月 1 日。

② 这对概念的区分来自 Borghini and Torrengo,他们的相应论述可以参见:A. Borghini and G. Torrengo, "The Metaphysics of the Thin Red Line", in *Around the Tree. Semantic and Metaphysical Issues Cocerning Branching and the Open Future*, ed. by F. Correia and A. Iacona, Synthese Library 361, Springer-Verlag Berlin Heidelberg, 2013, p. 107。此外,还需给予说明的是,这对概念所在的这段论述,也是极大地参考了这篇论文的相应论述。

时的,这就取决于它们是否与另一个时刻具有相同的时间距离。因而我们可以给出跨同时性的表述:一个时刻与另一个时刻是跨同时的,当且仅当它们同现在这个时刻处在相同的时间距离。由于分枝时间中的分叉只相对于未来这个维度,因而适用跨同时性这种关系的不同时刻,就只能是未来的时刻。这种跨同时性的时间关系,就允许我们把瞬间这个概念定义为跨同时时刻的最大集合。由于在过去和现在当中,并不存在分枝,因而过去的时刻和现在这个时刻也就直接是瞬间了。而已经分叉了的未来时刻就只能是“局部—瞬间”,因为它们只是瞬间的组成部分。因此,当我说“事件 e 将发生于未来的某个瞬间 i”时,尽管我用的是瞬间,但它也可以被理解为是时刻。只是由于未来分叉了,本来只有的唯一时刻也相应地裂变为无数个时刻,但其本质还是那个时刻。[①] 但为了之后论证方便,我们还是做出区分,用瞬间来统称这些裂变之后的所有时刻。这样一来,瞬间与时刻这对概念的关系,就可以用图 1 表示出来:假定从现在这个时间点 N 出发,有两个未来的时间分枝 B 和 B’(其中 B’是细红线所在的分枝),那么在同一瞬间 i,就有处在 B 上的时刻 m,以及处在 B’上的时刻 m’。由此可见,我们可以把瞬间 i 理解为由 m 和 m’共同构成的集合。

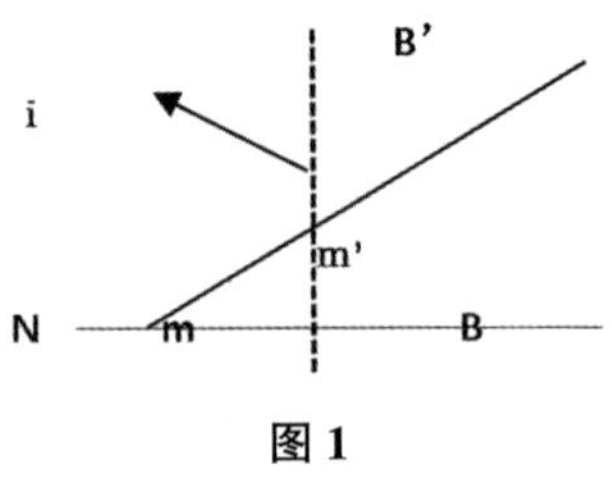

图 1

在明晰这两个概念之后,我进入到有关(未来)命题的探讨中。在这里,我遵循的是古典真值观,认为每一个命题要么为真,要么为假;那种既不为真也不为假的情况,就其本身而言就不是一个真值。从而,在关于未来的偶然陈述之中,我将不再进一步考虑所谓的三值乃至多值的情况。[②] 这样,我就可

① 在这里,我们也完全可以做这样的理解,即“瞬间 i”不过是扮演了一般陈述句中对未来时间 t 的指涉性功能。

② 这种真值观是由 Jan Lukasiewicz 明确提出,并进行了详细论证。可参见:S. McCall (ed.), *Polish Logic*, 1920-1939, Oxford: Clarendon Press, 1967, p. 64。

以就一个世界进行探讨,来分析命题在分枝时间和细红线理论的拓扑结构当中,能否获得确定的真值。

分枝时间理论:

(1)"事件 e 将发生于未来的某个瞬间 i"这一个命题为真,当且仅当,在当前时刻之后的任意未来分枝 x 上,都存在一个时刻 m(m∈i),且 e 发生在 x 上的时刻 m,也即,事件 e 发生于瞬间 i 是必然的;

(2)"事件 e 将发生于未来的某个瞬间 i"这一个命题为假,当且仅当,在当前时刻之后的任意未来分枝 x 上,都不存在一个时刻 m(m∈i),且 e 发生在 x 上的时刻 m,也即,事件 e 不发生于瞬间 i 是必然的;

(3)"事件 e 将发生于未来的某个瞬间 i"这一个命题的真值是不确定的,当且仅当,在当前时刻之后的某些未来分枝 x 上,存在一个时刻 m(m∈i),且 e 发生在 x 上的时刻 m,也即,事件 e 将发生于瞬间 i 上是偶然的;

因此,我们在分枝时间理论中讨论关于未来偶然事件的命题,就只能承认这些命题的真值是不确定的。

细红线理论:"事件 e 将发生于未来的某个瞬间 i"这一个命题为真,当且仅当,事件 e 发生在构成 i 的细红线的时刻上;否则这个命题为假。[①]

根据以上分析,很容易看出,在细红线理论当中,关于未来事件的命题总是具有确定的真值,要么为真,要么为假,无论被谈及的事件是必然事件还是偶然事件。可是,在分枝时间理论当中,关于未来事件的命题要想获得确定的真值,就只能在预先假定一切未来事件均为必然事件的前提下才有可能。由此可见,人们只有在细红线理论的框架下,才能够在保持真正意义上的未来开放性的同时,又能够在传统二值逻辑的意义上,来讨论未来事件的确定真值。

四 反事实求值难题

综合以上所说,通过论证存在着许多客观的可供选择的未来,我们坚持

① 此前,我已经表明:"对于当前所要求值的将来时态句子,为细红线所标识的分枝囊括了所有的使真者。"因而假如事件 e 不发生在构成 i 的细红线的时刻上,那就意味着它在未来实际不发生,进而也就不能获得它的使真者,因此为假。至于其他情况下的陈述语义,我在此不做进一步地考察。

了非决定论立场;通过论证主张细红线理论的合理有效性,我们获得了有关未来事件的命题的确定真值。因而,在对未来偶然陈述进行求值时,我们不需要被迫主张它的真值既不为真也不为假。由此看来,这个理论在解决此前提出的问题上,似乎完全合理有效,这确实是本文所要达到的论证目的。但是,仅凭以上论证所说,也许还不足以令人完全信服,至少还存在着一个反驳没有被解决,那就是反事实求值(counterfactual evaluation)难题。

这个难题是由贝尔纳普和格林首次提出,并被贝尔纳普进一步发展。在他们看来,对于那些不在细红线上的时刻,当人们说出一个相较于它们的将来时态句子,这个理论就无法给出相应的说明,甚至因此而失效。[①] 为了说明这个问题,让我像贝尔纳普和格林那样,也考虑下面这种情况。[②]

让我们假定,在时刻点 t_1,人们抛掷一枚硬币,正面朝上将是(will)实际发生的情况;而背面朝上虽然本可能(could)发生,但实际并没有发生(见图 2);

让我们进一步假定,紧接在 t_1 之后,人们在时刻点 t_2 再次抛掷硬币。这时,背面朝上将是(will)实际发生的情况;而正面朝上本可能(could)发生,但实际并没有发生(见图 3)。

图 2　　图 3

按照以上说明,分别考察发生在时刻点 t_1 和 t_2 的硬币抛掷情况,似乎并没有产生任何矛盾。但是,当把这两个时刻点 t_1 和 t_2,按照各自发生的时间位置,相应地置入根据细红线理论构建的分枝结构当中,我们将会发现,站在时刻点 t_1 来看 t_2 的发生情况,似乎就会有矛盾产生。为了更加清楚地点明矛盾所在,让我们使用图 4 来予以呈现,其中箭头所示方向为细红线所在分枝,代表硬币抛掷之后,将要发生的实际情况,而没有标示箭头的分枝,则代

① N. Belnap and M. Green, "Indeterminism and the Thin Red Line", *Philosophical Perspectives*, 8 (1994), pp. 365-388; N. Belnap and M. Perloff and M. Xu, *Facing the Future. Agents and Choices in Our Indeterminist World*, Oxford: Oxford University Press, 2001.

② N. Belnap and M. Green, "Indeterminism and the Thin Red Line", *Philosophical Perspectives*, 8 (1994), p. 379.

表硬币本可能发生,但实际并没有发生的情况①:

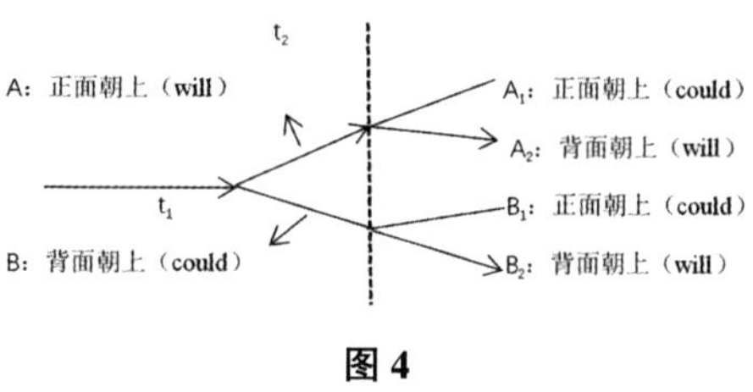

图 4

首先,按照细红线理论:细红线之所以是"细"的,就在于它只有一条,并且不可能有隔断、分叉的情形出现。由此,图 4 所示的"A_2:背面朝上"与"B_2:背面朝上"似乎不可能都为细红线所标示。因为假若如此,就违背了"细红线只有一条"的原则。但另一方面,按照细红线理论:细红线由且仅由实际发生的事件构成。那么根据图 3 所示的情况来看,由于我们假定在 t_2时间点上"背面朝上"是实际将要发生的情况,因此对应到图 4,A_2 与 B_2 作为"实际将要发生的情况",似乎就不存在实质性的差别,都应处在未来的细红线上。而这又是与细红线理论所声称的"细红线只有一条"自相矛盾的。因此,在反事实求值问题上,细红线理论陷入困境,面临着失效的可能。人们要想继续主张这一理论,就必须有效地回应这个难题。因而,在接下来的论述当中,我的任务就是来解决这个难题。

五 难题的解决

仔细分析上一节所说的那个难题,我们将会发现,贝尔纳普和格林在论

① 有人认为,这与前面的论述(即相同点:未来的开放性保持)产生了矛盾,因为我们之前承诺了所有分枝时间上的事实都同等实在,而在这里讨论反事实求值时,又把细红线所在的分枝与"事实所在的分枝"等同起来(其他分枝则是"反事实所在的分枝"),这就好像出现了分别。但事实并非如此。我们在此提醒读者,这只是一种假定的情况。顺便说明一下,尽管我们好像都是从"现在"这个视角来看,但在做出"事实所在的分枝"和"反事实所在的分枝"的区分时,我们实际已经看到了事件发生所在的那个未来时间点的情况。但这种情况一般是不可能发生在现实当中,我们是出于解决反事实求值难题的需要,被迫给自己开了"天眼"(当然,如果是从形而上学的视角来看,这种做法也是合法的),由此知道了哪个是"事实所在的分枝",哪个是"反事实所在的分枝"。我们从前一节的分析也可看出,分枝时间与细红线理论之间的区别,真正在于后者能够允许我们在现在这个时刻断定未来偶然陈述是否为真,而不在于实在的构成要素是否存在差异。

证过程当中,实际混用了两个概念,即瞬间与时刻。根据我们之前所给出的概念界定,在图 4 当中,由虚线所示的 t_2 这个时间点,准确来说应该指的是瞬间,而它与分枝相交所得到的那两个交点,指的则是时刻。为了之后的叙述方便,让我们把 t_2 与 A 相交的时刻点记为 t_{2a},而与 B 相交的记为 t_{2b}。

现在,让我们来考察图 3。根据此前所做的描述,当我们谈论 t_2 时,是将它视为紧接在 t_1 之后的时刻,因而是在假设 t_1 已经过去了的情况下来说的。这时,图 3 当中的 A 就应该是由事实所构成的分枝,也即细红线所在的分枝;因此,按照这个规定,当人们要把图 3 当中的 A 置入到图 4 当中,它所在的位置就应该是“A:正面朝上”所标示的那个分枝。至于人们在图 3 当中,为什么不考虑“B:背面朝上”这种情况,理由很简单,因为在 t_1 这个时刻点所发生的事情已经成为历史,因而,“B:背面朝上”作为“本可能发生,但实际并没有发生”的事件,它所在的那个分枝也就应该相应地脱落掉。这样看来,在图 3 当中的 t_2,在图 4 当中指的就是 t_2 同 A 的交点,即 t_{2a};而它所示的两个分枝,所对应的就是“A_1:正面朝上”和“A_2:背面朝上”。因此,图 4 当中的“B_2:背面朝上”是不会出现在图 3 的考虑范围之内。

人们也许要问,既然在图 3 当中不考虑“B_2:背面朝上”这种情况,那图 4 所示图形又是从何而来的呢?仔细观察图 4 这个图形,我们就会发现,这个图形是从 t_1 这个时刻开始画起。由于此时面向的是未来,那就应该存在“A:正面朝上”和“B:背面朝上”这两个分枝;因而在 t_2 这个时间点来继续画图时,考虑到每个时刻相应地也有两个分枝,这时所得到的图形就是图 4 所示的那样。但是,我们不得不指出,在画 t_2 这个时间点相应的图形部分时,此时忽略了对图 3 的 A 部分进行考虑。按照实际情况来看,当我们在考虑图 3 时,它的 A 部分只能是由事实构成,因而图 3 的分枝在图 4 当中,所能对应的只能是“A_1:正面朝上”和“A_2:背面朝上”。因此,按照以上正确的对应关系,我们实际应该得到的图形就是(记为图 4-1):

这时,当我们把它与图 4 进行对比,就会发现,这两个图形的明显区别就在于“B_2:背面朝上”这个分枝,它由此前的“B_2:背面朝上(will)”转变为“B_2:背面朝上(could)”。虽然就“B_2:背面朝上”这一点而言,它好像将是(will)实际发生的情况,但从它的实际情况来看,由于它是紧随在反事实的那个历史——B:背面朝上(could)——之后,因而由这个分枝延伸出的两个分

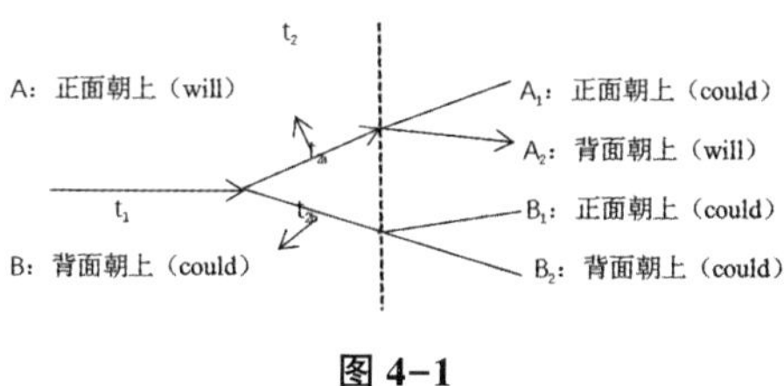

图 4-1

枝，"B_1：正面朝上"和"B_2：背面朝上"，就应该都是反事实的。这样一来，贝尔纳普和格林所说的反事实求值难题实际是不存在的，因而也就不会给细红线理论造成任何的冲击，主张这一理论仍然有效。

综观以上分析，我们所做的一切事情，就是努力把所有的分枝解释为代表着未来的存在可能性，同时指明其中一支分枝表示真正的未来存在，它由细红线所标示。按照这种解释，细红线理论关于未来的主张，并没有要求相较于所有的分枝都为真，因而指责它将导致决定论的立场是不能成立的。至于它所面临的反事实求值难题，我也已经进行了处理；从处理的结果来看，这个难题的存在只是由于它没有严格区分瞬间和时刻这两个概念。由此可见，细红线理论并不会因为有一个特殊分枝的存在，从而就消解了它对未来开放性的刻画；相反，借助这个特殊分枝，它有效地论证了有关未来的偶然陈述能在当前有确定的真值。

Future Contingents and the Thin Red Line

Fu Zhiwei

Abstract: The future is open and the past is closed, which seems to have become a highly recognized intuition. If the past statement is consistent with the fact, it can be judged as true; with which the future statement is different because people seem to be unable to immediately evaluate them. Therefore, is it possible for people to make a meaningful claim that the truth of future contingents can depend on future facts in a way similar to the past? How people attribute the truth to future contingents, which is viewed as the open future problem. This paper will discuss this theme, and I will draw a conclusion by analyzing the Thin Red Line, namely the future statement will only have two truth-values of truth and falsehood as the past statement or the present statement.

Key words: Future contingents, The thin red line, Indeterminism, Determinate truth, Counterfactual evaluation problem

书讯

《周易时论合编》

［明］方孔炤　方以智　撰　郑万耕　点校

北京：中华书局，2019 年 6 月

本书是明代《周易》象数之学的集大成之作。《周易时论合编》主要由两部分组成，其一是《图象几表》，共 8 卷，主要是 100 余幅各类易图，并作有解说；其二是对《周易》经传的疏解，共 15 卷，主要由三个方面的内容组成：一是选录汉唐以来各家的易注，但以方以智曾祖父、祖父、外祖父及其老师的易说为主；二是方以智的父亲方孔炤《周易时论》的解易文字；三是方以智所作的按语和解说。此次整理，以《续修四库全书》本所收李世恰刻本为底本，以顺治十七年刻本为主要参校本。此外，书末附有三篇附录，为《明史·方孔炤传》《清史稿·方以智传》及《四库全书总目提要》。

方孔炤，字潜夫，号仁植，安徽桐城人，明末学者，方以智之父。万历丙辰进士，官至右佥都御史，巡抚湖广。深研易学，著有《周易时论》。方以智，字密之，安徽桐城人，明清之际著名思想家和哲学家，崇祯庚辰进士，授翰林院检讨。著有《物理小识》《通雅》《东西均》《药地炮庄》《易余》等。该书是桐城方氏家族世代精研易学的集大成者，所用文献资料多为方氏家族未刊稿，未见于他书，是重要的思想文献和史料。此书的点校整理，既可加深对《周易》经传本身的认识，又可全方位了解方氏家族研易盛况。（蔡天翊）

哲学门(总第四十一辑)
第二十一卷第一册
北京大学出版社,2020 年 6 月

古印度与古希腊的辩证思维

姚卫群*

提　要:古印度和古希腊哲人提出的辩证思维在人类思想发展史上具有重要意义。这种思维的产生是古代人类认识能力有很大提高的表现,是人类认识事物从表面现象深入到事物本质,从孤立静止观察事物到全面综合分析事物的思想飞跃。两地的这些辩证思维有很多相同处,也有不同点,但它们都为人类文明程度的提高做出了重要贡献。这种思维极大地推动了人类文化的进步。整个世界后世科学的哲学思想的形成和发展,是在继承、改造、丰富这些辩证思维的基础之上实现的。

关键词:古印度　古希腊　辩证思维　东西方哲学比较　文明古国

辩证思维是哲学中的重要内容,是人类文明发展到一定程度后必然要产生的一种思想形态。古印度和古希腊作为世界文明古国都在其哲学形成的早期就萌发了此种思想。它的提出是人类认识能力有极大进步的重要标志。本文拟对两大古国中这类思想的早期形态进行梳理,并加以对比分析。

一　古印度的辩证思维

古代印度哲学的最初形态见之于吠陀文献,而大量哲学思想的出现则始于奥义书。无论是早期吠陀文献还是奥义书,都由一大批年代跨度很长的文献组成,其中较早的形态是口头创作的。早期的奥义书在公元前 800

*　姚卫群,1954 年生,北京大学哲学系暨外国哲学研究所教授。

年左右形成,而后期的奥义书是在佛教之后出现。现在人们看到的书面文献为后人整理而成。古印度的辩证思维的一些萌芽在某些吠陀哲理诗中有一些表露,但明显形成是在奥义书中,相对成形则是在后来的一些宗教哲学流派中。

所谓辩证的思维主要指在观察或认识事物时,将其看作是普遍联系和不断变化的,并且将世界的发展变化看成是事物自身所固有的各种矛盾发展变化的结果。辩证的思维有多种表现形式,如认识到事物的对立统一、否定之否定等。其中一种重要的表现就是意识到事物经常处在矛盾变化的形态中,并在认识中杜绝总是使用非此即彼的思维方式,并在不断破除认识者自身的不正确观念的过程中来体悟事物的本质。

在吠陀的一些哲理诗中,我们可以看到诗人们有意无意地使用一些对立的概念来表达事物的状态。如一首被称为"无有歌"(《梨俱吠陀》10,129)[①]的吠陀赞歌中说:"那时,既没有'无',也没有'有。'""既没有死,也没有不死。""智者以智慧在心中探索,'有'的联系在'无'中被发现。""这造作是从哪里出现的?或是他造的,或不是。他是这世界在最高天上的监视者,仅他知道,或他也不知道。"[②]

在这首赞歌中我们看到,吠陀诗人在表述时使用了多组对立的概念,如无与有、死与不死、是与不是、知与不知,用这一系列的对立概念组来表达思想。这说明当时的吠陀诗人已自觉不自觉地意识到了事物的状态往往是在一些矛盾的形态中存在,在观察事物时将一些矛盾的概念联系起来思考,开始摆脱非此即彼的惯常思维方式。这大致可以说是古代印度人较早展露的辩证思维方式的雏形。

奥义书哲人提出了丰富的哲学思想,在不少奥义书中,辩证思维都有表现。一些奥义书在这方面有重要叙述:

《广林奥义书》3,8,8 中说:"(不灭者梵是:)不粗,不细,不短,不长,不(似火)红,不(似水)湿,非影,非暗,非风,非空,无黏着,无味,无嗅,无眼,无耳,无语,无意(心),无光,无气,无口,无量,无内、无外。他无所食,并不为它

① "无有歌"这一名称在原文中没有,是后人根据其内容所加的。

② A. A. Macdonell, *A Vedic Reader*, Oxford University Press, 1981, pp. 207-211.

物所食。”①

《广林奥义书》4,5,15 中说:“那阿特曼(应被描述)为‘不是这个,不是这个’。(阿特曼)不被领悟,因为不能被领悟,不被毁灭,因为不能被毁灭。”②

从这种表述中可以看出,奥义书哲人认为最高实体是不能用一种一般的肯定方式来正面表达的,而需要通过一系列的否定方式来让人们去体悟它究竟是什么。一些奥义书对此说得更为明显,如《由谁奥义书》2,3 中说:“那些(说他们)理解了(梵或阿特曼)的(人)并没有理解(它);那些(说他们)没有理解(梵或阿特曼)的(人)却理解了(它)。”③奥义书哲人的这种把握最高实体的方法,实际就是一种否定形态的思维方法。这种方法向人们展示,最高真理或事物的真实面目只能通过否定事物的具体属性的绝对正确性来把握。这种思维方法中明显包含一些辩证思维的因素,因为它看到了事物中存在矛盾,强调通过否定达到肯定。但这种思维方式与辩证思维的方式还是有一定差别的,它多少夸大了言语或概念的局限性,否定了范畴或名相在说明事物实质方面的正面或积极的作用,因而也只能说其中有某些辩证思维的意识。

除了这种否定形态的思维方式外,奥义书中还有其他一些有辩证思维因素的内容。如《伊莎奥义书》5 中说:“他(最高我或大我)既动又不动;他既远又近;他既在所有这一切之内,又在所有这一切之外。”④这段叙述中虽然看起来是一些矛盾的表述,但却也是有辩证思维的意识,因为作者虽然看到了事物的矛盾特性,但并没有否定概念的积极作用。他在概念的对立中展示了事物的实际性质,与上述通过不断否定的方式来展示事物还是有所不同。

还有一些奥义书看到了事物并非孤立和不变的特性。如《迦塔奥义书》2,1,10 中说:“任何在这里的东西,就在那里;在那里的东西,又在这里。”⑤这种表述显示出此奥义书的作者意识到事物不是孤立静止或一成不变的。这里也有辩证思维的成分。

奥义书的一些作者对于事物中存在着本质和现象的区分,也有清楚的意

① S. Radhakrishnan, *The Principal Upanisads*, London: George Allen & Unwin, 1953, p. 232.

② Ibid., p. 286.

③ Ibid., p. 585.

④ Ibid., p. 571.

⑤ Ibid., p. 634.

识,强调要抓住事物的根本或本质,如《广林奥义书》4,7,8-9 中在描述梵和一般事物的关系时说:"这就如同当击鼓时,人不能抓住外散的声音,但通过抓住鼓和鼓手就可抓住声音一样。这也如同当吹海螺时,人不能抓住外散的声音,但通过抓住海螺或吹海螺者就可以抓住声音一样。"①作者在这里要表明的是,梵与小我(事物)的关系就是本质与现象的关系,只有透过事物的现象看到事物的本质才能把握事物的根本。

奥义书中辩证思维的表现虽然还有种种缺陷,与各种不可知论和相对主义等观念混合在一起,但在当时的历史条件下应当说是难能可贵的了。这些思想成分对印度后来形成的宗教派别的思维发展有重要的影响。

佛教是公元前 6 世纪左右形成的印度宗教派别,但其中有丰富的哲学思想。在早期佛教时期,这一宗教中就提出了一些明显有辩证思维特色的观念。如较多记述原始佛教思想的阿含类经中就有这方面的论述。《杂阿含经》卷十中说:"色无常,受、想、行、识无常。一切行无常。"②此处说的色、受、想、行、识在佛教中称为"五蕴",是指人的身体及其作用。说它们无常即是认为人的身体等不是常存永在的,而是不断变化的。"行"在佛教中有很多意思,此处可以理解为迁流变化的事物,这也被认为是非永恒的。佛教这种思想明显是强调事物具有运动变化特性的观念。这种观念在佛教中影响很大,一直贯穿此教两千多年的发展过程。

佛教在产生时还提出了事物相互联系的思想,这就是"缘起"的观念。如《杂阿含经》卷十二中说:"此有故彼有,此起故彼起。"③《中阿含经》卷二十一中说:"我本为汝说因缘起及因缘起所生法,若有此则有彼,若无此则无彼,若生此则生彼,若灭此则灭彼。"④这里就提出了事物不是孤立存在的问题,认为事物是在因缘关系中存在,在因缘关系中发展。基于这种思想,原始佛教提出了十二因缘的理论,认为人生现象是一个因缘关系的发展链条。在这个因缘链条中,存在着十二个基本的发展环节:无明、行、识、名色、六处、触、受、爱、取、有、生、老死。佛教认为,认识了这十二因缘的缘起法,就能摆脱痛苦,摆脱烦恼,达到佛教追求的理想境界。《中阿含经》卷二十一中说:"教此因

---

① S. Radhakrishnan, *The Principal Upanisads*, p. 284.

② 高楠顺次郎等编:《大正藏》第 2 册,东京:大正一切经刊行会,1930 年,第 66 页。

③ 同上书,第 84 页。

④ 《大正藏》第 1 册,第 562 页。

缘起及因缘起所生法者,彼便得安隐,得力得乐,身心不烦热,终身行梵行。"[①]佛教在后来的发展中也一直坚持这种事物相互联系和不断发展变化的观点。

佛教中的辩证思维还体现在其提出的"中道"观念上。释迦牟尼在创立佛教之初就提出了一种不落两边的观念,反对执着于极端的思想。他最初教导弟子要反对极端化的享乐思想,同时也要反对极端化的苦行思想,主张一种离苦离乐的"苦乐中道"理论[②]。这种不落两边的主张后来不断发展,如教导信众要反对极端化地讲"有"的思想,也要反对极端化地讲"无"的思想,即"有无中道";反对绝对化地说"断灭"和绝对化地说"恒常",即"断常中道"。这种思想在后来的大乘佛教中又得到更大范围的推广。

印度哲学中有一个很特殊的派别:顺世论。此派反对各种宗教观念。顺世论的理论中也有辩证思维的内容。如此派在论述意识或精神产生于物质元素时就曾表露过这方面的思想。《摄一切悉檀》第7品在记述顺世论思想时说:"在无精神性的元素的变化中所发现的意识之产生就如同红颜色从槟榔子和石灰的结合中产生一样。"[③]《摄一切见论》在转述顺世论思想时说:"在此派中,地等四元素是本原,仅仅当这些(元素)构成身体时,意识才从它们中产生。这就如同使人醉的力量是从某些(制酒)配料的混合中发展出来的一样。"[④]顺世论的这种理论展露出了此派的某种辩证思维,即意识到事物的量变导致质变的思想。个别的物质没有意识,但当很多物质结合时,物质的集合体就产生了质变——形成了具有意识的人。这也就是说,构成人的许多物质成分单独存在时,这些物质成分是没有意识的,而当众多物质成分聚合时,这些物质体就发生了质变,产生了原来分开的物质成分中所不具有的意识,构成不同于一般物质的人。

耆那教也是印度主要的宗教派别。此教也很关注哲学问题。其教义中

① 《大正藏》第1册,第563页。

② 《中阿含经》卷五十六中记述了释迦牟尼最初提出的中道思想:"五比丘!当知有二边行,诸为道者所不当学,一曰着欲乐下贱业,凡人所行;二曰自烦自苦,非贤圣求法,无义相应。五比丘,舍此二边,有取中道,成明成智,成就于定,而得自在,趣智趣觉,趣于涅槃。"《大正藏》第1册,第777—778页。

③ S. Radhakrishnan and C. A. Moore, *A Source Book in Indian Philosophy*, Princeton :Princeton University Press, 1957, p. 235.

④ Ibid., p. 229.

有一种"非一端论"的思想,认为事物是不断发展变化的,主张在对事物进行分析时,在任何判断前都要加上"或许""可能"等词,认为这样才能保证避免观点的不客观或出现错误。此教认为,对事物的判断可有七种形式:存在、不存在、存在又不存在、不可描述、存在并不可描述、不存在并不可描述、存在又不存在并不可描述。耆那教认为,由于事物是变化的,由于事物在地点、时间、特性等存在形式上具有多样性,因而在上述每一判断形式前都应加上"或许"一词①。耆那教的这种理论尽管有着相对主义和怀疑主义的性质,但也在一定程度上表露出它多少有些发展变化的观念,反对了事物静止不变的形而上学观念。

数论派也是古印度引人瞩目的一个派别。此派哲学中的辩证思维主要表现在其关于事物的内部结构和形态变化的理论上。数论派认为,物质实体自性及其转变物都是由三种成分构成的。它称这三种成分为"三德","萨埵"(sattva,意译为"喜",它具有喜的本质和照明作用);"罗阇"(rajas,意译为"忧",它具有忧的本质和冲动作用);"多磨"(tamas,意译为"暗",它具有迷暗的本质和抑制作用)。这三德处在相互对立又相互依存的状态中。事物的不同形态的产生就是由内部的三德的矛盾状态决定的,即有时这种德起支配地位,有时另一种德起支配地位。② 数论派认为,在世界的各种物体中,有不同构成的三德,事物的发展或变化就是这三德的对立与相互作用推动的。数论派的这种用三德矛盾的对立与相互依存来解释事物的变化与差别的思想,是古印度哲学中辩证思维很突出的一种理论。

吠檀多派是古印度哲学中的主流派,它直接继承和发展了奥义书中的主要理论,在思维方法上也沿用了奥义书中的思想。这主要就是体现在此派对于通过否定达到肯定的遮诠的思维方式上。吠檀多派的根本经典是《梵经》。此经虽为此派创立者跋达罗衍那所作,但经文的核心部分还是源于奥义书中的梵我同一理论,论证梵的基本方法也是借鉴奥义书哲人的主要手法,即所谓"遮诠法",强调要通过否定的方式来肯定梵的最高本体地位。《梵经》3,2,22 中说:"(圣典)当然否定那(臆)造的限定,并在这(否定)之后,表明

① S. Radhakrishnan and C. A. Moore, *A Source Book in Indian Philosophy*, pp. 263-264.

② 参考《数论颂》11—13 颂及《金七十论》卷上中的相应注释。《大正藏》第 54 册,第 1247—1248 页。

更重大的(意义)。”[①]古印度影响最大的哲学家商羯罗在解释这句经文时说:“对某些不真实的东西的否定是以某种真实事物为基础的。……只有在(否定后)有某些肯定的实在留下,那(否定)才是可能的。”[②]这种论述表明,吠檀多派哲学家在描述最高实体时,通常不用一般的名相概念正面进行表述,而是采用一种不断否定这一最高的实体具体属性的手法来引导人们进行体悟,用这种否定的手法来肯定最高实体的至上地位。这种通过否定来进行肯定的手法是古印度正统派哲学中最经常使用的手法,其辩证思维的色彩也是极为鲜明的。

二 古希腊的辩证思维

古希腊哲学是人类哲学思想产生的重要起点。其中的辩证思维又是哲学思想中的核心成分。

在这方面较早提出重要思想的是赫拉克利特。他是爱菲斯人,鼎盛年代在公元前504—前501年。其著作失传,仅仅留有残篇[③]。赫拉克利特认为世界的本原是火,并且认为这火是“一团永恒的活火”[④]。所谓“活火”也就是处于不断运动变化中的火。这里不仅提出了事物的物质本原思想,也提出了事物是变化运动的思想。

赫拉克利特最著名的关于事物是变化和运动的论述为:“一切皆流,万物常新。”他在其著作残篇中说:“我们不能两次踏进同一条河。”“我们踏进又踏不进同一条河,我们存在又不存在。”“太阳每天都是新的,永远不断地更新。”[⑤]这些论述在公元前几百年时提出是具有极大哲学意义的,他强调了事物是不断变化运动的,将其作为事物的存在规律展示出来,在哲学史上具有重要意义。

---

① Swami Gambhirananda tr., *Brahmasūtrabhāṣya of Śaṅkarācārya*, Calcutta: Advaita Ashrama, 1977, p. 624.

② Ibid., pp. 624-625.

③ 北京大学哲学系外国哲学史教研室编译:《西方哲学原著选读》上卷,北京:商务印书馆,1981年,第20—21页。

④ 《西方哲学原著选读》上卷,第21页。

⑤ 同上书,第23页。

赫拉克利特还发现了事物中存在的矛盾现象,并且指出了事物中的对立统一。他在其著作残篇中说:“相反的东西结合在一起。不同的音调造成最美的和谐,一切都是通过斗争而产生的。”“结合物是既完整又不完整,既协调又不协调的,既和谐又不和谐的,从一切产生出一,从一产生出一切。”“疾病使健康成为愉快,坏事使好事成为愉快,饿使饱成为愉快,疲劳使安息成为愉快。”“如果没有不义,人们也就不知道正义的名字。”“他们不了解如何相反者相成:对立的统一,如弓和竖琴。”“上坡路和下坡路是同一条路。”①这些论述明显认识到事物处在矛盾之中,而事物的对立中存在统一。这种对事物规律的认识是辩证思维的精髓所在。

古希腊哲人中关于事物运动变化的认识者还有阿那克西美尼等。辛普里丘在《(亚里士多德)物理学注》24,26 中记述说:“米利都人阿那克西美尼是阿那克西曼德的同伴,也和阿那克西曼德一样主张自然界的基质是唯一的,无限的。……他主张这基质是气。这气通过浓缩和稀释形成各种实体:它很稀的时候,就形成火;浓的时候,就形成风,然后形成云,再浓,就形成水,土和石头;别的东西都是由这些东西产生的。他主张这些变化是永恒的运动所造成的。”②这是将世间事物描述为永恒运动变化的思想,也是希腊较早的辩证思维方面的表述。

古希腊的原子论者也有关于事物运动的观念,如原子论者留基波“假定无数个永远运动的元素,即原子。而且他认为原子的形状无限多,没有理由说明它们为什么应该是这一类而不是那一类的,因为他看到事物中有不断的生成变化”。他还认为“原子是在虚空中运动”③。原子论者德谟克利特认为:“原子在大小和数量上都是无限的,它们在宇宙中处于涡旋运动之中。”“一切都遵照必然性而产生;涡旋运动既然是一切事物形成的原因,也就是他所说的必然性。”④这些哲人在论及原子时一般都谈到运动,看到了二者的密切关系。德谟克利特认为一切都遵照必然性而产生,并把必然性与涡旋运动联系在一起。这也在一定程度上意识到了运动是物体必然具有的属性,有其合理之处。

---

① 《西方哲学原著选读》上卷,第 23—24 页。

② 同上书,第 17 页。

③ 同上书,第 47 页。

④ 同上。

古希腊伟大的哲学家亚里士多德的理论中也有辩证思维方面的论述。他把事物或自然现象看作运动和变化的。亚里士多德在其《物理学》III. 1, 200b-201a 中说:“我们已经把自然定义为‘运动和变化的本原’,这是我们研究的题目。因此我们必须弄明白‘运动’的意义;因为不认识运动的意义就不会认识自然的意义。”“运动属于连续性的东西那一类;在这一类里,我们首先碰到的是‘无限’——就是因为这个缘故,‘无限’常常被用在连续性的东西的定义里(‘无限可分的就是连续性的’)。除此以外,地点、虚空、时间也被认为是运动的必要条件。”“并没有什么在事物之外的运动。变化的东西,总是在实体方面变化,或者在量、质或位置方面变化的。我们说过,不可能找到一个东西为这些范畴所共有,却既不是‘这个’,也不是量,也不是质,也不是任何其他范畴。因此运动和变化都不能指上述这些东西以外的任何东西的运动和变化,因为它们以外别无他物。”①亚里士多德在这里不仅强调了运动的客观存在,还将其与自然现象,与事物的本体,乃至与地点、虚空、时间紧密地联系起来,而且认为此种运动是连续的、无限的。这种带有辩证思维因素的理论,相较前人具有更为广泛的使用范围和更为深刻的表述。

伊壁鸠鲁也是古希腊论及原子及其运动问题的哲人。他认为:“原子永远不断在运动,有的直线下落,有的离开正路,还有的由于冲撞而向后退。冲撞后有的彼此远远分开,有的一再向后退,一直退到它们碰机会与其他原子卡在一起才停止,还有的为卡在它们周围的原子所包围……这些运动都没有开端,因为原子与虚空是永恒的。”“当没有东西与它们相撞时,小的原子也不会比大的原子更快,它们的整个行程是等速的;由于打击而产生的向上或向一旁的运动,也不会更快,由于原子本身的重量而产生的向下运动也不会更快。因为只要这两种运动有一种在进行,就有像思想一样快的行程,一直到有一样东西从外面阻止了它,或者由于原子本身的重量对打击它的那东西的力量发生反作用而阻止了它。”“物体常常有偶性,偶性并不是恒常地伴随着物体;这些偶性,我们不要设想它们根本不存在,也不要设想它们具有整个物体的本性,也不要把它们设想成可以列入不可见的东西,或者设想成无形体的东西。……我们不要由于偶性没有它所依附的那个整体的本性,也没有

① 《西方哲学原著选读》上卷,第 137—139 页。

那些恒常伴随物的本性，便把这个清楚的事实逐出存在的领域之外。”[①]伊壁鸠鲁在这里提出的思想对于人们认识事物的运动特性是有价值的。他确认原子是不断运动的，而且探讨了这运动形成的特点或规律，指出原子的运动没有开端，因为原子和虚空是永恒的。伊壁鸠鲁还提出了物体运动所具有的偶然性，指出了偶然性的客观存在。这样他实际就涉及了事物的必然性和偶然性问题。原子的运动是永恒的，这确认了事物运动的必然性，而原子在运动中有的直线下落，有的离开正路，遇到冲撞等而改变运动路径。这揭示了运动的必然性交织着运动的偶然性现象。这种描述确有接近事物运动的实际状况的成分，所提出的事物运动变化的表述有着合理的思想。

伊壁鸠鲁有一个著名的弟子卢克莱修(前99—前55)。伊壁鸠鲁的许多思想是通过卢克莱修流传下来的。卢克莱修是一位诗人。他的重要著作是《物性论》。这一著作是一部诗文，其中以韵文展现了不少伊壁鸠鲁的思想。[②] 或者说，这一著作实际上表现出了伊壁鸠鲁和卢克莱修两人的哲学观念。

在《物性论》中，卢克莱修阐述了有辩证思维的观点。他说：“必定有一种虚空，一种空无一物而且不可触的空间。因为，要不然，东西就不能运动……有多少东西我们亲眼看见在运动，如果没有虚空，它们就会被夺去这不停的运动。”[③]卢克莱修在这里侧重讲虚空，但也论及了事物的不停运动，并且强调了虚空与运动的密不可分的关系。

卢克莱修与伊壁鸠鲁理论中的一个重点是原子论，在描述原子时，他也论及了运动问题。在《物性论》中，卢克莱修认为原子是不断运动的。他说：“所有物的原初胚胎必定是或者由于它们自己的重量，或者由于外面另外一个胚胎的撞击而运动。因为，当它们在不断的运动中常常相遇而冲撞的时候就会发生这样的事：它们突然彼此跃开，各自退后。……原初物质的许多运动也正秘密地不可见地隐藏在下面、在背后。因为在这里你将看见许多微粒为不可见的撞击迫使而改变它小小的路线。……所有它们这些变换着的运动乃是古老的，从最初的原子来的；因为正是这些物的原初种子最先自己运动，接着那些由原子的小型结合所构成并且最接近原初原子首当其冲的物

① 《西方哲学原著选读》上卷，第161—170页。

② 参见罗素：《西方哲学史》上卷，何兆武、李约瑟译，北京：商务印书馆，1986年，第314页。

③ 《西方哲学原著选读》上卷，第200页。

体,就由那些原子的不可见的撞击的推动而骚动起来。"[1]卢克莱修在这里强调原子最先自己运动,或由自己的重量或由他物撞击而运动,在说运动的恒常性时也论及了运动的必然性与偶然性。

卢克莱修实际上非常重视偶然性,认为世界是由原子的偶然运动形成的。他在《物性论》中说:"原初胚种既不是由计谋而建立自己,不是由于什么心灵的聪明作为而各个落在自己适当的地位上;它们也不是订立契约规定各自应如何运动;而是,因为有极多的胚种以许多不同的方式在宇宙中移动。它们到处被驱迫着,自远古以来就遭受接续的冲撞打击,这样,在试过了所有的各种运动和结合之后,它们终于达到了那些伟大的排列方式,由这些方式这个事物的世界就被建立起来。"[2]这里说的是世界之所以形成为某种状态并不是由某种必然的因素驱动的,而是由原子的一些带有偶然性的冲撞等因素形成的。

在论及原子运动的偶然性问题时,卢克莱修提出了原子的"偏斜"说。他在《物性论》中说:"原子,当它们自己的重量把它们向下拉,垂直地通过虚空的时候,在极不确定的时刻和极不确定的地点,会从它们的轨道稍稍偏斜——可以称为,譬如说,不外略略改变方向。因为若非它们惯于这样稍微偏斜,它们就会各自向下落,像雨点一样,经过无底的虚空;那时候在最初的原素之间就永远不能有冲突也不会有撞击;而这样自然就永远不会把什么东西创造出来。"[3]卢克莱修在这里赋予原子偏斜运动极大的意义。它涉及物质世界的形成和事物的发展变化。这种对原子运动的解释对于古代人类探索和认识世界具有极大的启发性。其中对于必然与偶然、物质与运动等关系的解说,也明显具有辩证思维的因素。

三 比较分析

古印度和古希腊哲学中都很早就展示出了辩证思维。这种思维的形成体现了人类思想达到一个新的发展阶段。人们不再是简单直观地反映眼前

---

① 《西方哲学原著选读》上卷,第 201—204 页。

② 同上书,第 200—201 页。

③ 同上书,第 205—206 页。

的事物,不再总是孤立静止地看待问题,而是将事物视作相互联系的,看成是不断发展变化的,能够透过现象探求本质,通过偶然发现必然,看到事物矛盾中的统一。

两地古代的辩证思维有很多相同处,也有一些不同点。

相同处主要表现在:

第一,两地哲人都看到了事物的不断变化,看到了运动变化是事物的本质属性,都关注物质实体与运动的关联问题,强调没有与事物无关的运动,如古希腊哲人提出了“一切皆流,万物常新”的思想,古印度哲人则提出了“一切行无常”的思想。

第二,两地哲人都看到了事物的对立和统一,看到了事物的内在矛盾。如古希腊哲人提出“相反的东西结合在一起”,“相反者相成:对立的统一”;古印度哲人看到事物的根本“既动又不动;既远又近;既在所有这一切之内,又在所有这一切之外”。

第三,两地哲人都看到了事物的相互关联。如古希腊哲人提出“从一切产生出一,从一产生出一切”。古印度哲人提出“‘有’的联系在‘无’中被发现”,还提出“此有故彼有,此起故彼起”。

不同处主要表现在:

第一,古印度哲人倡导采用否定形态的思维方式来展示事物的本来面目,强调通过否定达到肯定,主张使用遮诠的方法来认识事物,认为不断否定事物具体属性的绝对真理性可以把握事物的实相,强调通过不断去除谬误来体悟真理。古希腊哲人强调事物的相反相成,侧重认识事物的这种本性,但在通过不断摆脱谬误以认识真理方面没有上升到认识论的高度。二者在这方面的关注程度或侧重点有差别。

第二,古印度哲人倡导中道的思维方法,强调不走极端,突出矛盾事物中的统一方面。如奥义书和佛教的许多思想家在论述时,都有意识地避免采用“一端”或“一面”的说法,而是采取“不二”或“取中”的态度。古希腊哲人看到了事物的对立和统一,但并不特别强调不落两边,并未特别强调防止行事中的片面性。

第三,古印度哲人强调透过现象发现事物的本质。如奥义书哲人强调应通过作为梵的外在表现的事物认识梵这一根本,就如同击鼓时抓住鼓和鼓手就可抓住声音一样;也如同当吹海螺时抓住海螺或吹海螺者就可以抓住声音一样。古希腊哲人尽管明确现象和本质两个层面,但把前者作为一种认知途径由前者达到后者,相对来说不是很突出。

第四,古印度哲人中有关于事物的量变引起质变的观念。如顺世论者认为地等四大元素单独分别存在时无意识,而当这些元素聚在一起构成人身体时,意识就从它们中产生(即发生质变)。古希腊的哲人中没有这方面明显的论述。

第五,古希腊哲人关注了事物产生的必然性与偶然性问题,重视探讨必然性与偶然性在事物发展中所起的不同作用,但不太注重分析人在事物产生结果中所起的作用。古印度哲人对行为与其必然的结果较为重视,强调事物发生中的必然性,即古印度哲人关注事物的因果报应,强调一定的行为必定与某种结果相应,认为事物的结果与个人的选择有很大关联,但对偶然性作用的关注不如古希腊哲人关注得多。

古印度和古希腊哲人提出的辩证思维在人类思想发展史上具有前瞻性的意义。这种思维的产生是古代人类认识能力进入到一个新阶段的表现,是人类认识事物从表面现象深入到事物本质,从孤立静止观察事物到全面综合分析事物的思想飞跃。尽管这种思维在当时还是初步的,有种种缺陷和不足,但却为人类文明程度的提高做出了重要的贡献。这种思维极大地推动了人类文化的进步。整个世界后世科学和哲学思想的形成和发展,是在继承、改造、丰富这些辩证思维基础之上实现的。

The Dialectical Thinking of Ancient India and Ancient Greece

Yao Weiqun

Abstract: The dialectical thinking proposed by ancient Indian and ancient Greek philosophers is of great significance in the development history of human thought. Such kind of thinkings are the manifestation of ancient human cognitive ability which has been greatly improved. They are also the leap of human understanding from the surface to the essence of things, from the observation of things in isolation to the comprehensive analysis of things. The dialectical thinking of the two places have many similarities and also differences. But they have made important contributions to the improvement of human civilization. Such thinking have greatly promoted the progress of human culture. The formation and development of the philosophy of science in the world is based on the inheritance, transformation and enrichment of these dialectical thinkings.

Keywords: Ancient India, Ancient Greece, Dialectical thinking, Philosophical comparison between east and west, Country with ancient civilization

哲学门(总第四十一辑)
第二十一卷第一册
北京大学出版社,2020 年 6 月

灵肉一元论在当代基督教哲学的新发展*

徐 弢 李 瑛*

提 要:部分当代基督教哲学家之所以不再把灵魂实体说视作必要的理论前提,不仅起因于现代哲学对灵肉二元论的批判或现代科学对思维与脑活动之关联的探索,而且反映了当代基督教对物质世界的价值和基督徒现世责任的日益关切。但为了避免由此引发的神学争论,他们极少从绝对一元论立场把灵魂完全等同于物质身体的功能或属性,而是在改造发展早期基督教物质灵魂观的基础上,选择了非还原的物理主义、有条件的一元论等几种更能同《圣经》相关论述相兼容的解释。

关键词:灵魂 肉身 基督教哲学 一元论 二元论

作为"两希文化"(希伯来文化和古希腊罗马文化)的继承与结合,基督教的灵魂观从一开始便呈现出双重特征。一方面,《圣经》中有不少关于灵魂不朽和死后生活的描述,并常把克服肉身的情欲当作净化灵魂和顺服圣灵的手段,因为按耶稣和使徒教导,人应在精神和灵性上皈依上帝并爱上帝胜过其他一切,但受"原罪"玷污的人性却往往首先屈从于肉身情欲的满足。另一方面,《圣经》中亦有不少强调肉身的"洁净""成圣"乃至将其称为"圣灵的殿"的经文,而且"道成肉身"的耶稣所要拯救并非只是不朽的灵魂,还同时包含"复活"的肉身。这些经文为基督教哲学预设了两个必须兼顾的信仰前提:既不能完全否定灵魂的优越和灵魂不朽的可能,又需要一定程度上承认

* 本文为国家社科基金项目"三元人论在基督教思想史上的流变及影响考论"(18BZJ026)成果。

* 徐弢,1970 年生,武汉大学哲学学院教授;李瑛,1978 年生,武汉大学哲学学院博士生。

肉身的价值及其与灵魂的统一。在两大前提的张力下,历代基督教哲学的灵魂观及其对肉身的态度一直介于德国学者白舍客(Karl Peschke)所说的两种极端之间:一端是"唯灵论—二元论的敌视",另一端则是"唯物论的偶像崇拜"。[①]由于在基督教哲学史上,灵魂的本质及其同肉身的关系始终是一个无法回避而又充满争议的神哲学问题,所以我们在分析灵肉一元论在当代基督教哲学中的发展演变之前,需要首先回顾传统的物质灵魂观在基督教哲学史上的思想源流及其引发的争论。

一　物质灵魂观在基督教哲学中的思想源流及引发的争论

《旧约》时代的犹太人尚未真正形成精神与物质二分的思维方式,而是更注重肉身的价值及其与灵魂的统一。在出自古代犹太教的《旧约》(希伯来圣经)中,用于表述灵魂的词汇(nephesh, neshema, ruach, jechidah, chayyah等)往往可以同时表述物质性的气、血、风或身体器官,而极少特指某些希腊罗马哲学著作中那种能脱离肉身存在的灵魂实体。即便是经过"希腊化"洗礼后的公元前1世纪,除"法利赛人"(Pharisees)等少数犹太教分支之外,在多数犹太人的心目中,灵魂仍更接近于一种"精微的、具有活力或生命的物质"[②]。因此,当代《旧约》学者大卫·克莱斯(David Clines)指出,人具有的"神的形象"在《旧约》中首先指的是人的身体,其次才是统辖身体的灵魂。[③]后来的基督教虽对"神的形象"提出了不同于古代犹太教的解释,但作为一个从犹太教中脱胎而出的新宗教,它的道成肉身和肉身复活等教义也不同程度上反映了古代希伯来的物质灵魂观和灵肉统一思想的影响。

基督教诞生初期,源自希腊罗马哲学的非物质灵魂观和灵魂实体说得到不少护教士青睐,但也有少数护教士仍像《旧约》时代的犹太人一样,更倾向把灵魂理解为物质性的东西而非独立存在的实体。如2世纪希腊护教士塔提安(Tatian)提出,上帝创世之初首先通过"逻各斯的能力"(dynamis logike)创造出质料,并将其作为创造其他一切受造物的基础。在此意义上,"他(逻

---

① 白舍客:《基督宗教伦理学》第一卷,静也、常宏等译,上海:上海三联书店,2002年,第275页。

② 参阅傅有德:《灵与肉:一个宗教哲学的比较研究》,《哲学研究》2000年6期,第75页。

③ David Clines, "The Image of God in Man", *Tyndale Bulletin*, 19(1968), p. 86.

各斯)成就了世界的太初,但他是分有(participation)而在,非分割(abscission)而在;因为那分割下来的是从原物中割裂而出的,而那分有而来的是选择了原物的功用,却并未从那获取中使原物有所缺乏"[①]。同时代的拉丁护教士德尔图良(Tertullian)虽承认灵魂在肉身死后的继续存在,但坚持把灵魂定义为类似身体的有形之物。在他看来,割裂灵魂与肉身的灵魂实体说是源自异教哲学家的观点,并且不符合《圣经》关于肉身的价值及其与灵魂的关系的教导。因为《圣经》中,"不是单有灵魂就能实现拯救,除非相信灵魂在身体中,所以身体确实是拯救的条件和关键"[②]。同时,"灵魂的一切自然属性都同内在于灵魂基质的感觉和理智相连,从灵魂的自然构成中产生……我们坚持灵魂的青春期与身体的青春期是一致的,一般来说,大约在十四岁时得到完全的发育。从感觉可以看出灵魂的成熟,而从肢体可以看出身体的成长"[③]。从上述立场,他给灵魂下了一个不同于新柏拉图主义的定义:"我们把灵魂定义为来自神的气息,是不朽的、有形体的、有形式的,它的基质是简单的,它的本性中就有理智,它的力量以各种方式发展,它有自由的决定权,它的偶性是可以变化的,它的官能是易变的、理性的、至上的,表现为一种本能。"[④]按照该定义,灵魂不仅在现世的生活中和最后的拯救中都无法同肉身相分离,而且其本身就是一种更为精细的形体。

在崇尚权威的中世纪,虽然多数经院哲学家没有公开质疑奥古斯丁(Augustine)等权威教父从希腊罗马哲学中引入的非物质灵魂观和灵魂实体说,但一些人仍不时流露出物质灵魂观及灵肉一元论的倾向。如 13 世纪"拉丁阿威罗伊主义者"西格尔(Sigerus de Brabant)认为,亚里士多德之所以把灵魂与肉身的关系看作同一实体内部的形式与质料,是因为灵魂本身并非不朽的精神实体,而只是可朽的肉身所具有的一种形式。这主要表现在,人的理智活动是唯一没有肉身参与的纯精神活动,但理智活动的主体并非作为肉身之形式的"个人灵魂",而是所有人共享的"统一理智"。个人灵魂的作用只是为"统一理智"提供作为思想材料的心像,并通过心像来与它的活动沟通。由于上述解释把教父们用于论证灵魂的"非物质性"和"实体性"的主要依

---

① 塔提安等:《致希腊人书》,滕琪、魏红亮译,北京:中国社会科学出版社,2009 年,第 142 页。

② 德尔图良:《论灵魂和身体的复活》,王晓朝译,香港:道风书社,2001 年,第 128 页。

③ 同上书,第 78 页。

④ 同上书,第 46 页。

据——理智功能从个人灵魂中分离出去,所以招致同时代的托马斯·阿奎那(Thomas Aquinas)和波拿文都(Bonaventure)等一些正统经院哲学家的抨击。[①]在1270年,巴黎主教唐比埃(Stephan Tempier)还专门发布禁令,谴责从西格尔著作中摘录或推导出来的一系列"错误",其中包括"灵魂是活着的人的形式并将随着肉身的毁灭而毁灭","灵魂在死亡和失去肉身之后不受有形之火的试炼","上帝不能将不朽性赐予那些可朽的存在"等。[②]

在经院哲学的主流从实在论逐渐转变为唯名论的过程中,英国经院哲学家司各脱(Duns Scotus)不仅对灵魂的本质及其同肉身的关系做出有别于传统二元论的解释,还进一步提出"灵魂中有物质"的猜想,以至马克思和恩格斯在《神圣家族》中评价说:"唯物主义是大不列颠的天生的产儿,大不列颠的经院哲学家邓斯·司各脱就曾问过自己:'物质能不能思维?'为了使这种奇迹能够实现,他求助于上帝的万能,即迫使神学本身来宣扬唯物主义。此外,他还是一个唯名论者。"[③]同时代的英国经院哲学家威廉·奥卡姆(William Ockham)则依据"如无必要,切勿增加实体"的原则,否定了从哲学上证明灵魂实体和灵魂不朽的可能。他指出:"在通过理性灵魂来认识一个完整存在于全部肉身及其每一部分之中的非物质性的和不朽的形式时,显然没有任何证据和经验能让我们知道:在我们里面存在这样一种形式,或这一认识活动属于我们里面的这样一种实体,或这种灵魂就是身体的形式。"[④]对上述观点,当代德国神学家蒂利希(Paul Tillich)曾评价:"这意味着我们对彼此的知识不是通过参与,而只是通过感官的知觉——看见,听到,接触到。我们由感官知觉而知道事物,并在心灵中对它们进行反省。当然,这样就产生了实证主义。……理性的形而上学成为不可能的了。例如,不可能构成一种理性心理学去证明灵魂不死,灵魂在肉体生前和死后的存在,灵魂在整个肉体中完整地存在等。如果这些事物得到肯定,那么它们就是信仰问题,不是哲学

---

① Thomas Aquinas, *Summa contra Gentiles*, Book II, ed. J. Anderson, New York: Image Books, 1956, Chapter 59, pp. 178-179.

② M. Haren, *Medieval Thought: The Western Intellectual Tradition from Antiquity to the Thirteenth Century*, Hampshire: MacMillan, 1985, pp. 198-199.

③ 《马克思恩格斯全集》第2卷,北京:人民出版社,1957年,第163页。

④ Ockham, *Quodlibet*, 1. 10, quoted from Frederick Copleston, *A History of Philosophy*, Volume III, New York: Image Books, 1963, p. 108.

问题。"[①]就是说,在奥卡姆这里,灵魂实体说和灵魂不朽说均不属于理性和经验的领域,而仅属于信仰领域,所以想从哲学上证明它们是不可能的。

然而,这种有灵肉一元论倾向的灵魂观在基督教哲学中重获重视并产生广泛影响是近代之后的事。实际上,直到18世纪启蒙运动之初,多数基督教哲学家仍把压制肉身情欲和物质享受视为追求灵魂得救的必要途径,并认为基督徒的正当生活是专注基督(教会)之内对上帝的敬礼。如在启蒙运动之后相当长一段时期,作为基督教最大宗派的天主教强调的仍是灵魂而非肉身,是出世而非入世。直到20世纪60年代"梵蒂冈第二次大公会议"期间,天主教才终于在官方文件中宣布:"人是由肉体、灵魂所组成的一个单位。以身体而论,将物质世界汇集于一身。于是,物质世界便借人而抵达其顶峰,并借人而高唱赞颂造物主的圣歌。故此,人不应轻视其肉体生命,而应承认其肉体的美善而重视之。"[②]从上述声明,可以窥见一种在当代基督教哲学家中带有相当普遍性的吊诡态度,即一方面不愿过于强调灵魂的净化和得救而忽略现世的责任,另一方面又不愿过于强调人的物质性而牺牲内在的信仰和追求。受其影响,虽然越来越多的基督教哲学家不再完全排斥物质灵魂观,而且其中的极少数人甚至主张从绝对一元论立场对灵魂的本质及其同肉身的关系做出彻底的物理主义解释,但他们中的大多数人则对那种以"还原论物理主义"或"中枢状态唯物主义"为特征的绝对一元论持怀疑和否定态度。

二　灵肉一元论在当代基督教哲学重获重视的原因

灵肉一元论在当代基督教哲学的复兴和发展并非一个孤立的偶然事件,而是现代哲学和科学的发展及其与当代基督教思想的交互作用的结果。可以说,现代哲学和科学在认识人类自身奥秘的过程中取得的一系列重大进展,以及基督教哲学在当代处境下出现的一系列"现代化"和"人学化转向",均为此提供了契机。总的来看,它重获部分基督教哲学家重视的原因有四。

第一,传统二元论依据的灵魂实体说在当代哲学界遭到一系列毁灭性批

① 蒂利希:《基督教思想史》,尹大贻译,香港:道风书社,2004年,第278—279页。

② 参见此次会议发表的《论教会在现代世界牧职宪章》,载《梵蒂冈第二届大公会议文献》,上海天主教区光启社,2005年,第155—156页。

判,而部分当代基督教哲学家认为有必要对此做出正面回应。如当代基督教哲学家麦奎利(John Macquarrie)指出:“关于实体灵魂的整个理论,跟前面考虑过的自然神学一样,在现代哲学中遭到了毁灭性的批判。既然正是通过有形化,我们才同其他的自我一起处于一个世界之中,而且正如我们已经注意到的,不可能有一个离开世界和其他自我的自我,那么,一个脱离形体的灵魂或自我的概念,就很难想象了。再者,在经验的层次上,我们从未体验到独立于肉体的灵魂,而且我们从伤痛、药物等等的作用之中,也很明白地看到,人类存在的精神和肉体两方面彼此的联系是何等紧密。‘人’这个词并不表示一种看不见摸不着的非物质性的精神实体,而总表示一个在世界中的有形的自我。”①基于上述认识,他拒绝按传统的灵魂实体说来解释灵魂的本质和不朽,并承认:“当意指一个不可毁灭的无形的灵魂实体永远存续时,不朽似乎就不过是一种晦暗不明的准实存,就像想象中的阴间冥府中的那种实存,而且,它到头来可能是令人难以忍受地讨厌的和有害的。”②

从上述评论可见,作为基督教哲学家的他之所以拒绝按灵魂实体说来解释灵魂的本质和不朽,在某种程度上起因于这种灵魂观在现代哲学中遭到的两点批判。首先,现代哲学普遍认为,“不可能有一个离开世界和其他自我的自我”,而且任何自我都只有通过“有形化”才能“同其他自我一起处于一个世界之中”,因为正如当代政治哲学家弗卢所说,日常语言中关于“人”的各种字眼(如你、我、他、人们、男人、女人等)都指的是那些能看到的、摸到的、听到的、指出的和诉说的具体对象,故一旦使用这些字眼来表示某个看不见摸不着的精神实体,就可能让它们失去最重要的内涵和意义。③其次,由于“我们从未体验到独立于肉体的灵魂”,所以“一个脱离形体的灵魂或自我的概念”是难以想象的,因为正如当代心灵哲学家佩勒胡姆(Terence Penelhum)等人所说,人的个体性或个人身份首先是由其物质身体以及依赖于身体的记忆所决定的,所以企图用“一个没有身体的灵魂”来说明人的个体性不仅是无效的,而且是无意义的。④

---

① 麦奎利:《人的生存》,杨德友等译,刘小枫主编:《20 世纪西方宗教哲学文选》上卷,上海:上海三联书店,1991 年,第 69 页。

② 麦奎利:《基督教神学原理》,何光沪译,上海:上海三联书店,2007 年,第 348 页。

③ A. Flew, *A New Approach to Psychical Research*, London: Watts, 1953, pp. 76-78.

④ R. Purtill, “The Intelligibility of Disembodied Survival”, *Christian Scholar's Review*, (5) 1975, p. 16.

此外,美国福音派神学家艾利克森(Millard Erickson)也曾提出,当代逻辑实证主义对灵魂实体说提出了一个有力的反对意见。因为按照逻辑实证主义原则,任何定理只有在能够得到有意义的经验证实时才有意义。然而在当代逻辑实证主义者艾耶尔等人看来,假如把灵魂说成一种可以脱离肉身的存在,则不仅无法得到任何经验材料的证实,而且其本身就是自相矛盾的假设:“因为那个被假设可以继续存活的东西……并不是可经验的自我(脱离身体的自我是不可想象的),而是一个形而上学的实体——灵魂。这个形而上学的实体与自我之间没有任何逻辑联系,而且也无法为它建立一个合理的假设。”①

第二,现代科学的发展为说明意识与大脑、心理与生理之间的相互依存关系提供了许多新证据,从而导致当代基督教哲学很难再把人的死亡仅仅解释为灵魂与肉身的分离。例如,当代的脑科学研究业已证明:大脑损伤会妨碍人的意识、记忆和概念思维能力;作为一种心智状态的意志薄弱(feeble-mindedness)具有生理上的原因;某些感觉状态集中于大脑的特定部位等。在当代德国基督教哲学家布鲁斯·莱欣巴赫看来,所有这些来自脑科学的证据都表明,人不可能拥有一个分离存在的非物质灵魂。因此,我们必须把“心、肺和脑功能的终止”看作死亡的正常标准,而非像灵肉二元论者那样宣称一个人在丧失所有这些功能之后仍能够以灵魂实体的形式继续存活。然而,一旦把人视为灵魂和肉身的二元复合,就可能违背这一科学的死亡标准并导致某些荒谬结论,如认为“我叔叔的心、肺和脑功能在八十岁时终止,但他仍然(作为一个人)活着”②。

此外,包括“行为主义心理学”创始人约翰·华生(John Watson)在内的众多现代心理学家同样反对把人的思想和感觉仅仅归结为某个实体灵魂的活动,而主张把它们解释成“行为的活动”(behavioral activities),并将后者视为某种形式的“生理反应”。一些主张“中枢状态的唯物主义”(the central-state materialist theory)的现代心理学家还在此基础上提出,所有心理状况和感觉都是大脑和神经中枢系统的运作状态。这些心理状况和感觉虽在个人生活中发挥重要作用,但不仅仅是精神性的东西,而是神经学家所报告的同

---

① A. J. Ayer, *Language, Truth, and Logic*, New York: Dover, 1946, p. 198.

② B. Reichenbach, “Life after Death: Possible or Impossible?”, *Christian Scholar's Review*, (3) 1973, pp. 235-236.

一过程。例如,当一个作为实验对象的病人向神经学家报告他此时此刻的具体想法时,后者所观测到并记述下的内容则是在病人大脑里发生的电子化学反应。因此,一切心理事件最终都可以得到生理学或物理学的解释。①由于"中枢状态的唯物主义"非常接近当代心灵哲学中的"心脑等同论",所以在当代心灵哲学中,它们有时被看作同一种具有物理主义或唯物主义性质的心身学说。例如,当代心灵哲学家费格尔(H. Feigl)、普赖斯(U. Place)和斯马特(J. Smart)等人皆认为:"心灵就是物质的实在即大脑,而且作为一个经验的事实,心理属性就是大脑和神经系统的物理属性。"②

第三,一些当代基督教哲学家发现,从灵肉一元论的立场同样可以对《圣经》中预言的死后生活与永生复活等相关教义做出合理的新解释,所以对基督教哲学来说,传统的灵肉二元论及其依据的灵魂实体说似乎并非不可或缺的前提。例如,前文提到的基督教哲学家莱欣巴赫一方面把灵魂实体说看作一种荒谬的论点,另一方面又宣称:"死后生活对人而言是可能的,即使用一元论方式来解释也可如此。既然人最终被视作一个生理实体,以至他所有的行为都可还原为生理事件,则下面说的就是完全可能、毫不自相矛盾的了,即他在生理上被重造,等同于他过去的构成,并且被重新编码至精确得有他死时或甚至死前所有的同样水平的经验与智能。以此方式死者可再次复活,全凭借一个全能上帝的创造之功。"③

第四,灵肉一元论在基督教哲学的复兴还反映了后者在世俗化的时代背景下对物质世界的价值和基督徒现世责任的重新肯定。马克斯·韦伯(Max Weber)在《新教伦理与资本主义精神》中,曾分析过几个源于宗教改革时期的新教伦理观念(如路德的"劳动天职观"和加尔文的"入世禁欲主义"等)与资本主义精神的内在关联。然而,随着资本主义的发展和物质财富的增长,包括这些观念在内的传统基督教却同西方人的生活渐行渐远,乃至有彻底边缘化的危险。早在18世纪末,英国神学家约翰·卫斯理(John Wesley)就曾颇有预见地指出:"宗教必然产生勤俭,而勤俭又必然带来财富。但是随着财

---

① B. Reichenbach, *Is Man the Phoenix*, Grand Rapids: Eerdmans, 1977, pp. 83-84.

② 海尔:《当代心灵哲学导论》,高新民等译,北京:中国人民大学出版社,2006年,第75页。

③ 莱欣巴赫:《一元论与不朽》,周伟弛等译,载斯图沃德编:《当代西方宗教哲学》,北京:北京大学出版社,2001年,第647页。

富的增长,傲慢、愤怒和对现世的一切热爱也会随之增强。"[①]在近现代的西方社会,对物质财富的贪欲本身已足以驱使人们服从资本运行的规则,而根本无需再借助任何宗教伦理。在此背景下,当代基督教哲学家很难再一味恪守过去那种认为"教会之外无救恩"的信条,而需要一方面承认物质世界和尘世生活的重要价值,另一方面积极抵御极端世俗化的拜金主义、物质主义和享乐主义对基督教的终极理想的侵蚀。相应地,他们中的很多人不再希望通过传统的灵肉二元论来重建中世纪那种"制度化的抑制感性欲求之正当性的生活形态"[②],又不希望像少数的自由派神学家那样把人的宗教信仰、道德能力、精神追求统统还原为物质身体的功能和属性,而试图在抛弃那种过分压制肉体和崇尚灵魂的二元论倾向的同时,又能对各种唯肉体论的纵欲主义进行有效批判。

三 "绝对一元论"倾向及其招致的神学批评

对于任何一个希望得到主流教会承认的基督教哲学家来说,为自身观点寻求"《圣经》依据"都是必不可少的。在这方面,即便是极少数主张彻底的物质灵魂观和绝对一元论的基督教哲学家也不例外。按他们的理解,似乎"《圣经》同与肉体可离可合的实体灵魂的观念并无多大关系,反而是把人视为一个身心结合的统一体(例如,从关于肉体复活的教义中可以明显地看到这一点)"[③]。然而,当他们试图从上述立场来解释灵魂时,却很快在教会内部引起了严重的争议。

物理主义(physicalism)本是逻辑实证主义者卡尔纳普(Rudolf Carnap)等人提出的方法论原则,即任何一个描述心理状态的命题都应该可以最终转换为描述物理状态的命题。但即便是卡尔纳普也承认,目前尚无法建立一个物理学的概念系统来说明一切心理现象及其特点,如"任何人发怒的时候,他的身体都会处在一种可以描述的物理状态中,而且反之亦然"[④]。20 世纪下半

---

① 马克斯·韦伯:《新教伦理与资本主义精神》,于晓等译,西安:陕西师范大学出版社,2006 年,第 101 页。

② 刘小枫:《现代性社会理论绪论》,上海:三联书店,1999 年,第 322 页。

③ 麦奎利:《人的生存》,第 70 页。

④ Rudolf Carnap, *Philosophy and Logical Syntax*, London: Kegan, 1935, p. 90.

叶以来,作为一个学派的逻辑实证主义走向衰落,但它倡导的物理主义却在当代心灵哲学研究中重获生机,并从中发展出所谓“还原论的物理主义”(Reductive Physicalism)的心身同一论,即认为“一个人的全部心理属性都可以被还原为或归属于这个人的身体所具有的各种物理属性”①。受这一思潮影响,基督教内部的少数学者也曾试图从绝对一元论立场来重新解释灵魂及其同肉身的关系。如当代《旧约》专家亨利·罗宾逊在20世纪20年代中期率先提出,《旧约》中的灵魂和肉身等词汇其实不应被解释为两种可以分离的元素,而应被理解为“一种对人格的详尽描述”(an exhaustive description of human personality),因为“希伯来观念中的人就是一个有生命的肉身(an animated body),而非一个成为肉身的灵魂(an incarnated soul)”,所以对于《旧约》作者而言,人是一个彻底的“心理生理统一体”(psychophysical unity),而“这个统一体就是一个由复杂的部分所组成的肉身。这些部分的生命和活动来自一个不能离开肉身存在的、具有生气的灵魂(a breath soul)”②。

当代新约学者约翰·罗宾逊在此基础上提出,“一元论的人观”(unitary view of human)不仅体现在源自犹太教的《旧约》,而且体现在基督教特有的《新约》。在他看来,《新约》中最具影响的使徒保罗并非过去人们误以为的二元论者,而恰恰是一个充分肯定肉身的神圣价值并试图用肉身表示整个人的一元论者。尽管保罗曾用血肉(sarx)、肉身(soma)、灵(pneuma)、魂(psychē)等词来谈论人的不同层面,但从未将血肉和肉身仅仅理解为人的某种质料或物质,而是常用它们来表示人的整体或者作为人的同义词。同样,灵和魂在保罗那里不仅可以表示人借以分享上帝生命的所在,也可以表示整个人。③ 总之,在这些赞同绝对一元论的圣经学者看来,肉身和灵魂在《圣经》原文中是“可以互相通用的词汇”,而后世某些神学家之所以把它们误解为两种不同实体,主要是受了强调形式与质料、灵魂与肉身二元对立的希腊思维方式影响,可是后者不属于纯正的基督教信仰。

上述解释虽难以得到多数基督教哲学家的认同,却似乎有助于减轻后者对灵肉一元论有可能违背《圣经》教导的顾虑。在20世纪中期以来,少数基

---

① Thomas Nagel, "Physicalism", *The Philosophical Review*, (74) 1965, p. 339.

② H. W. Robinson, "Hebrew Psychology", in *The People and the Book: Essays on the Old Testament*, ed. By A. S. Peake, Oxford: Clarendon, 1925, pp. 362-366.

③ John Robinson, *The Body: A Study in Pauline Theology*, London: SCM, 1952, pp. 12-19.

督教哲学家甚至企图借鉴当代哲学方法和科学理论来调和以“还原论的物理主义”为核心的绝对一元论同基督教的末日审判和天堂地狱等教义之间的矛盾。例如,莱欣巴赫曾猜想,既然作为受造物的人类都可以制造出两部完全一样的电脑,并为二者输入完全相同的程序和信息,那么全能的上帝为何不能在末日来临之际为死者创造一个同他过去的肉身完全相同的肉身,并为这个“复活的肉身”注入与他在世时相同的思想和记忆。[①]此外,还曾有基督教哲学家提出,既然爱因斯坦已证明物质和能量之间的相互转化,那么物质状态和非物质状态之间也应是可以相互转化的。因此,尽管人在尘世生活中的存在状态是一元状态,但人在死后却可能转变为一种非物质的存在状态,从而让一系列关于“死后生活”的教义成为可能。[②]

然而,在美国新教福音派神学的领军人物艾利克森等人看来,这种以“还原论的物理主义”为基础的绝对一元论不仅违背《圣经》中关于死后生活和末日审判的预言,而且同基督教正统教义之间存在难以调和的矛盾。针对一些教内人士企图利用爱因斯坦的物质和能量转换理论来类比人在死亡时从物质状态到非物质状态转换的做法,他针锋相对地提出四条反对意见:第一,爱因斯坦所说的物质和能量属于物理学领域,因此用它们的转换来类比物质状态与非物质状态之间的转换不恰当。第二,用纯粹的能量来类比精神性的上帝是大多数基督徒难以接受的。第三,如果承认死者可以转变为非物质存在状态,则难以解释死者留下的尸体。第四,这一类比的要点应是整个自我或主体,而不仅仅是人的某个部分。[③]

同时,还有一些福音派神学家批评说,那些从绝对一元论立场来解释灵魂的基督徒学者似乎遗忘了《圣经》中的其他相关论述,因为毕竟“还有些经文强烈地显示人死后继续存在的可能,特别是中间状态(Intermediate State)的存在,如‘今日你要同我在乐园里了’(路 23:43),财主和拉撒路的故事(路 16:19-31),显示人死后是在有意识的存在里……虽然这些经文本身的解释就相当困难且富有争议,但居间状态存在的可能性是不能抹杀的”[④]。此外,

① Bruce Reichenbach, “Life after Death: Possible or Impossible”, p. 240.

② M. Erickson, *Christian Theology*, Grand Rapids: Barker, 1998, p. 556.

③ Ibid., pp. 545-546.

④ 陈俊伟:《基督教灵魂观概论》,载陈俊伟等编:《灵魂面面观》,北京:中国社会科学出版社,2006 年,第 204 页。

在当代圣经语义学研究方面影响巨大的巴尔也曾多次对还原论的物理主义解释提出质疑。他认为,对《圣经》中的灵魂等词汇做出的物理主义解释有牵强附会之嫌,而且是以一个完全错误的假设(即"不同概念需要不同词汇")为基础的,所以他们"只有在完全忽略语言的语义学时才会写出这种东西"①。

尽管多数当代基督教哲学家反对从绝对一元论立场来解释灵魂及其同肉身的关系,但他们中的一些人没有彻底否定在当代心灵哲学中占主流地位的一元论,而试图在这种难以与基督教信仰兼容的绝对一元论与那种已经被当代哲学所淘汰的绝对二元论之间达成某种调和。例如,当代过程神学的创始人怀特海虽没有赞同绝对一元论,但他承认"身体或者它的感官,成为一个感受的客观材料,而且这一感受具有自身的主观形式。同时,这一感受又是物质性的。因此,需要找到一个作为客观材料的永恒客体来决定身体的确定性"②。按他的观点,只有把心灵与身体、灵魂和肉身看成"打成一片的、不可分割的"统一整体,才能得到对两者的正确理解,而《圣经》中那些关于灵魂和肉身之界限的论述不过是方便的说法。如果说在两者之间有什么界限的话,那便是它们代表了同一"事件"或"实有"的两极:从物理或身体的一极来看,"实有"(actual entity)就在时空之中;从心理的一极来看,它又有自身的意义和价值。③

四 从"非还原的物理主义"到"有条件的一元论"

由于极少数基督教学者对《圣经》灵魂观念做出的绝对一元论解释在教会内部引发强烈质疑,所以大多数同情一元论的基督教哲学家没有采纳这种解释。他们一方面反对把灵魂完全等同身体或把心理彻底还原为物理,另一方面又提出其他几种更易同基督教教义相兼容的温和解释,并试图以后者来替代当代心灵哲学中流行的"还原论的物理主义""中枢状态的唯物主义"或"心脑等同论"。

---

① James Barr, *Semantics of Biblical Language*, New York: Oxford, 1961, pp. 35-36.

② Alfred N. Whitehead, *Process and Reality*, New York: MacMillan, 1978, p. 312.

③ 高新民:《现代西方心灵哲学》,武汉:武汉出版社,1996 年,第 114 页。

还原论(reductionism)本是美国哲学家奎因(Willard Quine)对逻辑实证主义的方法论原则的称呼。后来,前文提到的费格尔以及普特南(H. Putnam)、奥本海姆(P. Oppenheim)、阿姆斯特朗(D. M. Armstrong)、比克尔(J. Bickle)等人将这一原则引入心身问题研究,从而提出所谓"还原论的物理主义",即认为一切心理现象或状态最终都可还原为大脑和神经系统中的生理、物理和化学事件。[①]但在多数基督教哲学家看来,这无异于把包括宗教情感和信仰体验在内的一切精神意识现象都还原为低级的生理、物理和化学过程,因而是难以接受的。

这些基督教哲学家还注意到,还原论的物理主义在当代哲学界存在很大争议。如功能主义的代表人物金在权(Jaegwon Kim)承认,虽然把心理现象还原为物理现象可以"简化我们的概念结构和我们的实体结构",却难以真正说明心理现象从物理现象中产生的原因。[②]他由此感叹:"神经学家在某一天也许会为向我们提供关于感受性质与大脑状态相互关联的详尽的一览表,这可能会丰富我们关于大脑的知识、关于我们有意识的生活依赖于大脑中所发生的东西的特殊方式的知识。但这些相互关联实际上正好是引起哲学困惑的东西……还有这样一个更深层次的问题,即在本质上是物理的世界为什么存在着意识现象这样的事情?"[③]此外,当代心灵哲学家戴维森(Donald Davidson)一方面承认心理性质一定程度上依赖于或随附于物理性质,另一方面又反对把心理事件完全还原为物理事件。[④]为了修正还原论的物理主义,戴维森还同罗蒂(Richard Rorty)等人提出了"非还原的物理主义"(Non-reductive Physicalism),即首先承认"心理特性在某种意义上是依赖于物理特性或附加于物理特性之上",同时又认为"不可通过规律或定义从这种依赖性或随附性中衍推出可还原性"。[⑤] 这一折中观点很快得到部分基督教哲学家的支持。

---

① John Bickle, *Psychoneural Reduction: The New Wave*, Cambridge: MIT, 1998, p. 5.

② 金在权:《心理因果性、还原与意识》,见欧阳康主编:《当代英美著名哲学家学术自述》,北京:人民出版社,2005年,第232页。

③ 金在权:《感受性质与物理主义、取消主义》,载高新民、储昭华主编:《心灵哲学》,北京:商务印书馆,2002年,第130—131页。

④ Donald Davidson, "Mental Events", in *The Philosophy of Mind*, ed. Brain Beakley & Peter Ludlow, Cambridge: MIT Press, 1992, p. 31.

⑤ 戴维森:《真理、意义与方法:戴维森哲学文选》,牟博译,北京:商务印书馆,2015年,第445页。

如当代基督教哲学家墨菲就很赞同这一观点，他还据此提出，人作为一种有着复杂功能的物质机体，不仅具有物质性的生命和繁殖功能，还同时具有更复杂的社会功能和宗教功能，并可以由此产生一些更高级的、不能被还原为物质功能的"人性能力"（包括宗教信仰、道德能力和精神能力）。①

"非还原的物理主义"之所以更能得到基督教哲学家的容忍，还因为它并未彻底否定二元论，而只是把后者认为的某些属于灵魂或心灵的功能解释成一种既内在物质身体之中，又超越物质功能之上的"更高级"功能，从而更容易实现同基督教正统教义的调和。如身为基督教哲学家的墨菲指出："我们首先是身体——不包含任何形而上学的心灵或灵魂的身体。但另一方面，这种'物理主义'立场不意味着我们必须否认自己是一种有智慧、有道德和有精神的存在者。我们的确只是复杂的物质机体，但我们经受了几千年文化的熏陶，而且最重要的是，我们接受了上帝赋予的生气；我们是精神化了的身体（spirited body）。"②

按基督教教义，人在尘世的肉身同复活之后的肉身是同一肉身，但对于两者之间的同一究竟是质料上的还是形式上的同一，基督教内部有两种解释。一种认为两者是质料上和形式上的完全同一，另一种则认为只是形式上的同一。正是在后一解释启发下，某些基督教哲学家创造性地提出一种把人的本质归结于身体的构成（constitution），而非身体的质料（matter）的观点，即"构成论的人观"（Constitution View of Human Persons）。最近，美国基督教哲学家科克兰较全面地阐述了这一解释的要旨："我既不把自己视为一个非物质性的灵魂或者一个由灵魂与身体组成的复合体，也不把自己看成一个作为我的生物躯壳的物质对象。……按照我坚持的'构成论的观点'，我们人类是由我们的身体构成的，但又不能被等同于那些构成我们的身体。"③此外，莱欣巴赫亦曾试图沿着这一思路来说明，在灵肉一元论同灵魂不朽教义之间并无不能调和的矛盾："即使一个人赞同一元论的人观，我也认为可以显示个人不朽是可能的……死后生活是可能的，因为，首先，如下观点并不矛盾，即

---

① N. Murphy, "Non-reductive Physicalism", in *Search of The Soul: Four Views of The Mind-body Problem*, ed. J. Green and S. Palmer, Downers Grove: Inter-Varsity, 2005, pp. 115-116.

② N. Murphy, Preface of *Bodies and Souls, or Spirited Bodies*, New York: Cambridge, 2006, pp. ix-x.

③ K. Corcoran, "The Constitution View of Persons", in *Search of The Soul: Four Views of The Mind-body Problem*, pp. 156-157.

一个个体可在身体上重新创造或重构以拥有死者的所有身体特征,使他看上去等于死者。既然意识是大脑过程,他的大脑也可以重新创造和计划出来,具有跟死者一样的神经和化学成分和结构,以使他有跟死者一样的记忆、观念、视角和人格特征。……第二个原因是上帝是全能的,就是说,他能做出毫无自我矛盾的任何作为。既然同一个体的重造不是自相矛盾的,他也就能在他自己选择的某时某地重造完全同样的一个个体住在死者终结其经验的地点了。"①

"有条件的一元论"(Contingent Monism)亦称"有条件的合一论"(Conditional Unity Theory),它是当代基督教哲学家为修正"行为主义心理学"和"中枢状态唯物主义"而提出的一种新解释。在他们看来,行为主义心理学把一切思想和感觉都看成可观察的"生理反应"或"行为的活动",从而否定了主观体验的存在,并把人贬低到高级动物的地位。相比之下,中枢状态的唯物主义虽承认主观体验的存在,却又认为所有主观体验都只是大脑和神经中枢系统的运作状态,从而把神经学家的报告看成唯一的权威解释。因此,这两种解释皆无法体现《圣经》中描述的那种具有"灵性"的人的高贵地位,而且无法解释《圣经》中那些关于人在肉身死亡之后和复活之前所处的"中间状态"的经文。

他们同时注意到,《圣经》很少在未提及肉身的情况下单独强调人的"灵性",而且明确把肉身死亡之后与复活之前的"中间状态"看成一种"反常的"和"不完全"的状态(哥林多后书5:2-4)。因此,他们虽不愿重新回到过时的灵魂实体说,但又试图将传统的灵肉一元论改造成一种能与基督教教义相兼容的"有条件的一元论"。按这一理论,"人的正常存在状态是物质性的单一存在(a materialized unitary being)。《圣经》便是如此论述的。《圣经》没有鼓励人逃离或躲避肉身,也没有把肉身看作天生邪恶的东西。然而,这种一元论状态可能被打破,因为当一个人死亡时,尽管他的物质方面将腐烂分解,但他的非物质方面则继续存活。不过在复活时,人将重新回归物质性的或肉身的存在状态。人将拥有一个与原来的肉身有某些连续性的肉身,但后者也是重新构造的或有灵性的新肉身"②。

---

① 莱欣巴赫:《一元论与不朽》,第647页。

② M. Erickson, *Christian Theology*, p. 555.

需要指出的是,虽然物理主义的一元论在当代西方哲学尤其是心灵哲学领域占据主流地位,但它在基督教哲学中的影响仍相当有限。这不仅因为基督教哲学有着源远流长的灵肉二元论传统,更因为物理主义本身依然面对众多挑战和难题。尤其20世纪80年代以来,部分西方哲学家又提出"感受性"(qualia)、"主观性"(subject properties)、"原感觉"(raw feelings)、"现象性"(phenomenal properties)等一些似乎难以用物理主义解释的心理特性,并由此向灵肉一元论提出多种诘难。①据西方心灵哲学家莱肯称,目前仅"功能主义和一般意义的物理主义就面临着至少八种以上的反对意见"②。在此背景下,不少基督教哲学家对当代哲学中占优势的物理主义立场依然持保留态度,而试图在物理主义的一元论同陈旧过时的极端二元论之间找到一条中间道路。如美国新教加尔文学院的库珀(John Cooper)和过程神学的代表人物科布(John Cobb)等人一方面反对把灵魂或心灵的活动解释为大脑或神经系统的活动,另一方面又承认前者只有借助后者的物质性功能来得以实现,并试图由此说明,人的一切活动和功能都理应是作为灵魂和肉身统一体的人的活动和功能,而不仅仅是二者各自的活动和功能。③同样,当代基督教自然神学的代表人物斯温伯恩(R. Swinburne)一方面坚持认为"灵魂作为我们每一个人的本质部分,就是一种非物质实体"④,另一方面为避免传统二元论难以说明灵魂与肉身之间的协调一致性的困难,又反对把灵魂活动说成一种无须肉身或其他任何有形实体参与的纯精神活动,而认为在人这一由两个不同实体(灵魂和肉身)结合成的统一实体里,非物质性的灵魂并无任何一种可以不依赖肉身的功能和活动(包括理智活动)。⑤由此可见,这部分基督教哲学家虽没有完全放弃传统的灵肉二元论,但他们的思想中同样包含灵肉一元论的因素。

---

① 高新民:《心灵与身体:心灵哲学中的新二元论探微》,北京:商务印书馆,2012年,第261页。

② W. Lycan, *Mind and Cognition: A Reader*, Cambridge: Basil Blackwell, 1990, p. 441.

③ 迈尔斯(David G. Myers):《人性的探索:基督教信仰与心理学研究》,许志超等译,香港:宣道出版社,1994年,附录,第273页。

④ 斯温伯恩:《上帝是否存在》,胡自信译,北京:北京大学出版社,2005年,第60页。

⑤ R. Swinburne, *The Evolution of the Soul*, Oxford: Clarendon Press, 1997, p. 176.

The New Development of Soul Body Monism in Contemporary Christian Philosophy

Xu Tao, Li Ying

Abstract: A number of contemporary Christian philosophers no longer regard the concept of soul entity as their theoretical premise, not only because the soul-body dualism has suffered severe criticism in modern philosophy, and the link between thinking activity and brain activity has come to light in modern science, but also because Christianity has a growing concern for the value of material world and the realistic responsibility of Christians. However, most of them prefer to accept Non-reductive Physicalism, Contingent Monism, and some other Interpretations that are more compatible with the related Biblical scriptures, rather than reduce soul totally as physical functions or activities according to the standpoint of absolute monism.

Key words: Soul, Body, Christian Philosophy, Monism, Dualism

当代哲学视域下的易学创见

——《周易溯源与早期易学考论》述评

经学曾是中国传统思想的主要载体，然自清末以来，经学在中国思想发展中的动力作用逐渐为哲学所代替。并且，即便是历史上存在的经学传统，也被视作是一种有实质意义的哲学形态，而逐渐被哲学化。自上个世纪末以来，随着对哲学的深入理解，以及大量简帛文献的不断出土，学界开始不断检视经学的积极意义，开始出现了将现代中国哲学研究与传统经学研究相结合的研究趋势。

清华大学哲学系丁四新教授的著作《周易溯源与早期易学考论》（以下简称"新著"），就是在现代哲学视域下，依据新出土的简帛易学材料探索传统易学问题的一次深入尝试。丁四新认为学界对于这些出土的早期易学材料的研究，"目前还是在文字的释读和文本的校注等方面"①，而新著的研究则将关注点集中在这些材料的思想研究之上。该书分为三编九章，第一编共两章，分别为"从出土材料论《周易》卦爻画的性质和来源""《说卦》三篇后得问题与汲冢竹书《易》述论"；第二编共五章，分别为"马王堆帛书《易传》的哲学思想""论马王堆帛书《要》篇'观其德义'的易学内涵""帛书《缪和》《昭力》'子曰'辨""论帛书《缪和》《昭力》的内在分别及其成书过程""马王堆帛书《二三子》疑难字句释读"；第三编亦两章，分别为"早期《老子》《周易》'文本'的演变及其与'思想'之相互作用""出土早期易学材料与《周易》经学的哲学解释"。这些篇章虽为作者不同时期所写论文之汇集，但因其主题集中，问题意识一致，因而形成了事实上的整体论述。

此外，丁四新具有"新易学"的经学与哲学相互融合的视野，因而新见迭出，加以新著论证精致，结论可信，其述其论可成一家之言，加深了学界对出土易学思想研究的深度。总体上而言，新著的学术贡献主要体现在以下几个方面：一是结合现代哲学分析方法发展了传统的理校方法；二是运用新出简

① 丁四新：《周易溯源与早期易学考论》，北京：中国人民大学出版社，2017 年，第 231 页。

帛材料并结合传统筮法得出了阴阳爻画源于“七”“八”两数的新创见;三是从思想发展史角度对帛书《易传》阴阳观念的层累性进行了细致解析;四是指出了《周易》思想的历史进展动力实源于其内在的解释本性。

一　结合现代哲学分析的理校法

新著具有十分强烈的问题意识,重视厘清问题,从而能够做到有针对性地解决问题,如作者说:“在讨论相关问题之前,先就《周易》(包括《归藏》)卦爻画的‘构成’‘性质’‘来源’三个概念稍做辨析。‘构成’,乃就组成卦爻画的形状而言,不过它常常兼摄‘性质’和‘来源’两个概念。而‘性质’和‘来源’,则皆以‘构成’概念为前提,前一概念是就卦爻画的构成特征及其思想、价值倾向而言的,而后一概念是就卦爻画的先后生成关系而言的,且往往与历史的因素相关。如说《周易》的阴爻画是由‘--’构成的,其中‘--’表示爻画,其性质为阴为柔,现在又知道它来源于筮数‘八’,或者说它是由数字‘八’变化而来的,这样我们就将这三个概念区别开来了。”[①]将卦爻画的阴阳属性问题与符号来源问题区分清楚,就能更加精确地论证相关问题,避免将两者混为一谈,防止因语言不清晰而产生论证失焦的问题。新著问题意识的另一个方面体现在对研究现状的充分把握上,当今学界在学术研究中自说自话的现象十分严重,观点往往缺少足够的讨论,而新著提出问题往往建立在对学界先进的相关研究充分掌握的基础之上,如丁四新说:“张政烺先生提出了数字卦的概念,思考了《周易》阴阳爻画的来源问题,虽然他的研究极富启示意义,但是由于资料的不足和误用……数字卦问题疑窦丛生及楚简《筮法》等提供的新材料,早期卦爻画的性质及其来源问题,仍是今天需要着力加以追问和探讨的。”[②]这种基于对话讨论的问题提出方式,显然更能提出具有学术史含义的问题,形成推动学术进步的合力。

新著在对帛书文本进行文本分析与文字考证时,一方面重视传统的文献考证、字义训诂以及地下材料与文献材料相互印证等方法的运用,“从出土材

① 丁四新:《周易溯源与早期易学考论》,第 12 页。

② 同上书,第 11—12 页。

料和传世文献相结合的角度来看,‘《说卦》三篇后得’说是不正确的”①。“‘猒(厌)’可读为‘恹’,或‘燕(宴)’,均可训为‘安’。不过‘恹’字偏于心理及举止活动上的安详貌,而‘燕(宴)’为安闲、安息、安乐义。权衡二训,笔者认为‘猒’读作‘燕(宴)’,似乎更符合帛书本义。”②显然,作者更加注重对文本的思想考察,所有的研究方法都从属于思想阐发这个终极目的,因此新著广泛运用了语式分析与思想背景考察的方法。“从第一部分的第一层到第二层,再到第二部分的叙述方式——先是一问一答,继之以一问多答,接之以无问无答的多个‘子曰’的自语自释,再接上关系更为疏远的第三部分文字,其文章安排,何其有序也哉! 足证《缪和》帛书文本是经过作者或编者精心安排和编纂的结果。”③“2001 年 9 月,笔者终于明白前一个‘子曰’是所谓述经的内容,它着重反映和强调了孔子曾经传经这一事实本身,而孔子弟子所习得的《经》文也正是由其师所授的,《易经》也才能够称得上所谓的儒家经典;后一个‘子曰’是所谓‘解经’的内容,它着重反映了孔子不但述经,而且针对经文做了细致的解释,从其体例看,正是所谓‘传’的方式和内容”④无疑。这些推论都是建立在出土文献提供的新材料之上的,但要想利用这些材料进行有说服力的论证,则需要通过细致的语式分析与背景检验。正是通过引入这些现代哲学分析方法,作者才得出《缪和》《昭力》两者编在一起是因为出于拼合成文的编撰目的,进而提出“引经的‘子曰’”模式与孔子传经的历史背景相关这两个令人耳目一新的观点。

二　阴阳符号源于“七”“八”两数的新创见

民国以降,传统经学问题散入中国哲学史、文献学或者思想史问题之中,因为学科遮蔽的原因,一些经学问题被简单化处理,甚至被忽视,在经学传统中采用的是多学科合一的综合方式。新著在处理传统易学中卦爻画的来源问题时,意识到了张政烺先生在讨论数字卦问题时视角单一的缺陷,他说:

---

① 丁四新:《周易溯源与早期易学考论》,第 55 页。

② 同上书,第 188 页。

③ 同上书,第 152—153 页。

④ 同上书,第 170 页。

“张先生曾认为《周易》阴阳爻画来源于筮数‘一’‘六’,现在看来这一具体结论是不正确的;而且,他的论证比较经验化,缺乏《周易》筮法理论的有力支持。”①张先生的数字卦理论,是当代易学的一个重要考古发现,是张政烺先生归纳甲金简材料上的三位和六位竖排数字组,通过奇偶数对应阴阳爻的转换将之判定为数字组成的卦象,并认为在历史发展中,奇数(一、五、七、九)集中为一,偶数(八、六)集中为六,同时一、六逐步转化为阴阳符号“—”‘--’,而阴、阳爻的读音则为九、六。新著认为张先生的论证是一种经验性的推想,虽然结合了一些易学常识,但认识并不深入,也存在一些误解,没有采用综合考察的方法。②

新著所以能提出卦爻画来源于数字“七”“八”的新创见,首先是因为清华简《筮法》的出土提供了新发现的契机,“清华简《筮法》的发现,为我们探讨爻画与筮数的关系提供了难得的契机,这就是爻画‘一’在《筮法》卦例中竟然表示数字‘七’!”③

其次则是筮法理论的引入。新著发现,出土简帛材料的阴阳爻画存在两种数字构成,“楚简《别卦》、秦简《归藏》的阴阳爻画是由‘一’‘六’两数,而出土《周易》则是由‘一’‘八’两数构成的”④。这样,就存在“七”“六”与“七”“八”两种数字构成的阴阳爻画。这种状况的出现,新著认为是由于筮法的不同造成的。易学史上至少存在两种筮法,一种是基于天地之数的筮法,即以五十五数为基数衍易,最后会得出“四、五、六、七、八、九”六个数字;一种是基于大衍之数的筮法,即以五十数为基数衍易,最后会得出“六、七、八、九”四个数字。同时,作者引入孔颖达经爻与用爻的易学观念,认为天地筮法经爻为“七”“六”,大衍筮法经爻为“七”“八”,因此就出现了两种不同的阴阳爻画构成。同理,卦的一般形式即所谓本卦只用经爻记数,而卦的运用则依筮法所衍之实际出现的数来记卦,因此“七”“六”或者“七”“八”就逐渐演变成了阴阳爻组卦的连断形状,用卦中出现的多种数值主要是由不同的

① 丁四新:《周易溯源与早期易学考论》,第4页。

② 关于“数字卦”能否成为一个专门的易学术语,丁四新认为,虽然在特定的历史条件下,“数字卦”问题的提出具有一定的学术史意义,但在易学的整体结构中,“数字卦”概念不具有合法性,应当终结。参见丁四新:《数字卦研究的阶段、贡献及其终结》,《周易研究》2018年第5期,第43—51页;《数字卦及相关概念辨析》,《中国哲学史》2019年第3期,第30—36页。

③ 丁四新:《周易溯源与早期易学考论》,第18页。

④ 同上书,第18页。

筮法造成的,"七""六"或"七""八"也就并非经验集中的结果。

丁四新根据西仁村陶拍易卦的材料推断,天地筮法与大衍筮法之间是一种前后衍化的关系,"单就《周易》来说,大衍筮法是对于天地筮法的简化,而由于揲蓍法的变革(简化),遂导致其卦爻画的构成及其来源相应地发生了改变:在西周至春秋时期,以六、一(七)为爻体;在战国时期则以一(七)、八为爻体,出土诸本及今本阴阳爻画即由其抽象化和观念化而来"[①]。新著认为,前期之所以将"七"误认为"一",一则是因为筮卦书写的特殊性造成,因为七的竖笔容易挤占上下空间,遂逐渐"约定数字'七'省书作'一'字形"[②];二则是因为无论是天地筮法还是大衍筮法,都不可能产生出数字"一","在《筮法》卦例中根本不存在数字'一'的可能性"[③]。当然,新著既认定今本《周易》的阴阳爻画由一(七)、八形式化而来,也就不会赞成九、六是阴阳爻的读音,"九、六两数为用爻或占爻,被安排在爻题中,用以指示在卦画中居位之爻体的阴阳或刚柔性质"[④]。新著将新出土简帛材料与筮法理论相结合,得出"七""八"两数是今本阴阳爻画的直接来源,其推论过程十分精妙,环环相扣,其结论因之具有很强的可信度,是近年来少有的重要易学创见。

三　阴阳观念"层累性"的细致梳理

古史是层累地造成的本是顾颉刚先生批判中国伪史的方法,但结合中国思想的形成传统,尤其是经典书籍的形成过程,"层累性"这个概念是可以用来正面描述一些传统观念的特性的。对于易学思想的层累性,古人实际有所自觉,如《汉书·艺文志》中所说的"人更三圣,世历三古"的说法,到朱熹提出"易本卜筮之书"的观点并发挥为所谓四易的说法,"朱子沿着此一路线,反复阐明'伏羲自是伏羲之《易》,文王自是文王之《易》,孔子自是孔子之《易》',而'画前易'则是空阔明静之'理',不挂搭在具体的画、文上面"[⑤]。朱子的说法其实从反面说明了思想的层累性是正当的。新著可以说在实质

---

① 丁四新:《周易溯源与早期易学考论》,第 38 页。
② 同上书,第 23 页。
③ 同上。
④ 同上书,第 33 页。
⑤ 同上书,第 240 页。

意义上意识到了阴阳观念的层累性,但主要是从思想的历史发展角度来看待复杂的阴阳观念的层累性的。

孔子对于《周易》阴阳思想的系统化与丰富化有很大贡献,帛书《易传》在这一点上比今本《易传》保有更多的相关材料。新著首先论证了帛书《易传》与孔子的紧密关联。丁四新以为帛书《易传》中的大量"子曰"引文,证明了孔子与《易传》的密切关系,一些学者将《缪和》《昭力》篇中的"子曰"释读为"讲师之言",是不对的。此论证从问答方式入手,仔细分析了帛书中"李羊问先生曰……子曰……孔子曰……"的偶然句式,指出"子曰"引文与"孔子曰"引文是并列作答的句式,从而证明"子曰"即是"孔子曰",并通过帛书《易传》与传世文献、孔子思想的相似性进一步印证了帛书《易传》思想与传世孔子思想的一致性,从而推定孔子与《易传》的直接关联:"笔者认为帛书答李羊问中的'孔子曰'之'孔'字虽系误笔,但这个误笔不是否定性的,而是具有积极的参考价值,从功能与地位来看,具有证明'子曰'即是'孔子曰'的效力。联系其他众多的坚实证据,我们可以断定,《缪和》《昭力》的'子曰'当即是'孔子曰','子'指"'孔子',与其他四篇帛书《易传》的'子曰''孔子曰''夫子曰'相同,而非欧阳修所谓'讲师之言'。"①

其次,新著在肯定了孔子与《周易》具有紧密关联的基础上,认为帛书《易传》是对今本《易传》的继承,除了在文本上抄录今本《系辞》《说卦》的文字外,在思想上更进一步细化丰富了阴阳观念的内涵。"首先,帛书《易传》除抄录了今本《系辞》'一阴一阳之谓道'等重要命题外,《衷》篇又提出了'《易》之义萃阴与阳'的命题。……前一命题强调阴阳对待之义,而后一命题则从宇宙论的层面将《易》义概括为阴阳对立的双方,其间存在一定的差别。现在看来,后一命题更加符合战国末至汉初人们对于《易》义的概括。……此外,《说卦》曰:'立天之道曰阴与阳,立地之道曰柔与刚,立人之道曰仁与义。'这三句话亦见于帛书《衷》篇,不过《要》篇对它们有非常具体的解释……可见相对于今本,帛书《易传》在思想上确有更进一步的推展。更为重要的是,帛书《二三子》《衷》《要》三篇又都提出了'五行'的概念,正式将水、火、金、土、木五者纳入了'天道'的内涵之中,从而深化了阴阳观念,而今本《易传》则根本上不存在此一概念。……不仅如此,帛书《易传》又以刚

① 丁四新:《周易溯源与早期易学考论》,第142—143页。

柔、文武深化了当时的阴阳观念，进一步强化了天地、阴阳、刚柔、文武的相匹和相救之义。……此外，帛书不但暗含了八卦的卦气说，而且在《要》篇中还有《损》《益》二卦的卦气说。……最后，在阴阳宇宙论的哲学背景下，相对而言，帛书《易传》更为注重政治思想的阐发，这体现在《二三子》《缪和》《昭力》三篇中；而今本《易传》则更为关注道德性思想的阐发，这体现在《象传》和《文言传》中。"[①]显然，在作者看来，阴阳观念的内涵是不断发展的，需要做出细致的分析与梳理，将其变化细节解释清楚，而不能将一个历时性的阴阳概念的丰富内涵看作同时性的浑沌一体。事实上，也只有对阴阳思想的层累性有更清晰、更细致的认知，才能更好地发展阴阳思想的现代意义。因此，可以说，新著的研究在一定的程度上为阴阳观念的现代发展铺下了一块坚实的地砖。

四 《周易》经典"解释本性"的深入开掘

清末以来，受西方中国观之影响，学界多认为中国传统思想没有多少本质性的变化，亘古如一，中国似乎是停滞的思想国度。此说近来颇为学界所致疑，近年来丰富的出土简帛资料证明了早期文本随着思想变化的状况，其原因或在中国早期经典往往是集体性著作，历经多人之手而成，随着编者的不同而必然带来文本的变化。如《道德经》出土的早期文本，因多在其成为经典之前，可以看到其文本随着编者思想主题的变化而有明显变化，思想主题的不同聚焦与章节的聚合变化具有显著一致性。"《老子》为子书系统的代表，其文本的生成和演变呈现出历时性的特性，'文本'与'思想'之间的相互作用和关联是非常直接的：文本的实质性变化(包括文本构成及其含义)即展现在其思想的改变上，而思想的改变即呈现在文本的实质变化上。"[②]新著认为，《道德经》文本表现出的'文本'与"思想"变化的同步性，并不是仅出于编者的主观裁断，"不是由传抄者个人随意处置的结果，而是由'思想单位'(具有确定思想内涵的文本单元)这一因素来奠定其迁移、变化的基础的"[③]。

---

① 丁四新：《周易溯源与早期易学考论》，第 102—104 页。

② 同上书，第 222 页。

③ 同上书，第 213 页。

在新著看来,即便是看似稳定的《周易》经学传统,也充满了持续的思想变革,“单纯从文字来看,《周易》经文的实质性变化古今很小,这充分体现了‘经’之为‘经’的特性:文本具有高度的同一性和权威性,不是可以随意更改的。由此,人们似乎可以得出‘文本’与‘经义(思想)’之间几乎表现为静止不动的关系,然而在几千年的发展史中,这两者之间实际上充满了张力,《周易》经学的解释历程十分悠久曲折、变化多端而极富活力”[①]。虽然《周易》的经文因成经时间较早而变化不多,“《周易》文字虽然从楚简到今本产生了很大的变异,然而其中可判断为真正引起卦爻辞含义变化的,其实不多”[②]。但也可推想,在《周易》的前经典时期,其文本变化也可能与思想主题的变迁相一致,即便在《周易》经典化后,对易书性质或者阴阳规律认识的变化,也会引致文本编辑思想——卦序——的变化或者阴阳观念的变化,“卦爻符号从数字到刚柔或阴阳的观念化,以及帛书六十四卦序的巨大变动,皆是解释观念(‘思想’)影响文本根本含义及引发其变动的结果”[③]。只不过新著认为,《周易》思想的变动形式更多地表现在对《周易》经文进行诠释的“传”学传统中,这种不断地对经文进行诠释的历史过程中展现的巨大的诠释张力,并非出于后儒标新立异的冲动,而是源于《周易》内在的解释本性:“《易经》本身即是一个多元、开放的文本,而不只是由单纯的文字(卦名及卦爻辞)所构成的。这个文本是由意、象、卦、辞、占五者组成的,它们之间的关系非常复杂:‘占筮’既是‘卦画’形成的实践性来源,同时也是其得以应用的主要途径;‘卦画’进一步展现为‘象’,而‘象’与‘辞’的蕴义均不可拘执以解。《周易》文本的这种组织特点和表达形式,决定了‘解释’是其内在本性,甚至可以说它先于‘文本’而存在。”[④]

新著认为,要想释放《周易》解释的内在本性,应在两方面发力。一方面,《周易》文本异体字虽无思想变化的意义,但为校正历史上的误释提供了机会,“出土简帛诸本为我们改变观念、重返雅正的经解传统提供了十分有利的条件,同时也为将来《周易》经学之哲学解释提供了坚实的文本基础”[⑤]。另

① 丁四新:《周易溯源与早期易学考论》,第223页。
② 同上书,第217页。
③ 同上书,第223页。
④ 同上书,第223页。
⑤ 同上书,第227页。

一方面,即《周易》思想的哲学解释,作者主张不要将"《周易 》当作子书、史书文本等来读"[1],而应当重视传统中形成的经书界限,要注意到"《周易》文本结构的复杂性在很大程度上即已预先决定了解释的复杂性和歧义性,以及经义新阐的正当性和可能性。……文本的同一性在朝向经义的歧异性中做出无穷多的延展"[2]。这种释放《周易》解释张力的文本活动,在今天当然是朝向哲学的,"如果从思想研究来看,如何把对《易经》这本书的解释转变为哲学性的,这是我们需要解决的问题"[3]。不过,新著也认为,这种思想层面的训经活动,"几百年来,在《周易》经学方面,从哲学、思想的角度对《周易》做注释,应当说,还没有什么突出的贡献"[4]。作者特别指出其困难之处在于,传统经学是依于注疏体存在的,"'注疏'既是经义得以延展和新生的基本方式,也是'经学'本身得以存在的基本方式"[5]。而我们现在要"将《周易》解释从一种对象化的、分解性的研究方式转变成为一种有机综合的经学训解方式,并接上古人的注疏传统"[6]。这实在是一件巨大的挑战,面临非同一般的困难,"《周易》解释要重新实现经学化,并将义理性(乃至哲学性)的阐释有机地植入其中,这里面确实存在很大困难"[7]。可以看到,新著既指出了《周易》思想能够在现代得以重新开显的内在本性所在,也看到了经学断裂造成的艰难的思想困境,从而使我们能够在坚定信心的同时做到克服困难的长期准备。

自明末以来,中国学术开始转向对语言世界的探索,及至民国而期望用新的理论形态即"中国哲学"代替经学的历史作用。一些学者也意识到了"中国哲学"不应是西方哲学在中国,而是中国思想传统中隐藏的实质性哲学体系,因而主张接着这个实质的传统来续讲新的"中国哲学",我们知道这个主张是冯友兰明确提出来的。上个世纪八九十年代以来,国内中国哲学界受到西方解释学的影响,如汤一介等人主张复兴中国自身的解释传统,饶宗颐等人主张复兴中国固有的训诂传统,成中英、余敦康等人则主张建立结合中

① 丁四新:《周易溯源与早期易学考论》,第 224 页。
② 同上书,第 227 页。
③ 同上书,第 235 页。
④ 同上书,第 241 页。
⑤ 同上书,第 243 页。
⑥ 同上。
⑦ 同上书,第 245 页。

国经学传统与现代哲学思维的新易学。依笔者考诸中国思想史之事实,每一种经典诠易文本的出现,都是在两种异质文化融合冲突的过程中出现的,如与孔子相关的《易传》是商周文化碰撞融合的结果,王弼、孔颖达的《周易注疏》是南北(周楚)儒道文化融汇的结果,程颐、朱熹的《程氏易传》《周易本义》则是东西(中印)文化融合的结果。显然,西方文化至今天已经开始内化为中国人的思维模式了,新的经典诠释文本也应当或者说在不远的未来就要出现了。新著自觉顺应这种历史的呼唤,意识到了构建体现新易学思想的注疏文本的必然性,而从细微处努力,运用现代哲学思维,接续传统易学的问题意识,获得了一些突破性的易学创见,取得了优秀的释经成果。这些成果打开了新的问题域,也相应激活了一些沉睡的易学问题,如新著在谈到"子曰"引经时触及今文经学的口传问题,在讨论阴阳爻画源于"七""八"两数时,亦间接引发了何以奇偶的数值二分要转向形象化的爻画二分,并由之引发以后千年之久的象数学与图书学阐释传统的问题,同时,这个问题是否与更加悠久的龟卜传统有关,这些新问题都是值得进一步追问的易学问题。当然,更为重要的是,如丁四新之言,新的具有经典性意义的易学注疏还未出现,我们除了寄希望于作者在以后的研究中有更优秀的思想性研究与注疏性易学著作出现以外,也同作者一样寄希望于"旷世大儒的出现"①!

(郑朝晖,广西大学文学院教授)

① 丁四新:《周易溯源与早期易学考论》,第249页。

明体见用与明体达用:“分析的儒学”刍议

——评《新儒学义理要诠》

本世纪以来,随着民间传统文化热的持续升温和官方对优秀传统文化的不断肯定,中国哲学研究呈现出前所未有的良好态势,不仅出现所谓“中国哲学登场”(李泽厚)的呼声,而且事实上,就儒学研究来说,也呈现出“百花齐放、百家争鸣”的思想局面,出现了新仁学、仁体论、和合学、道体学以及情感儒学、政治儒学、教化儒学、生活儒学、制度儒学、自由儒学、企业儒学、社会儒学等儒学研究分支和理论建构系统。[①] 其中,由华东师范大学方旭东教授(以下简称方)提出的“分析的儒学”,因其独特理论品性而为学界注目。

“分析的儒学”的提出并非方一时兴起,而是其经由长期的儒学思想研究而进入自觉的理论建构的结果。2017 年,在接受《当代儒学》杂志采访时,方对何谓“分析的儒学”有一相对完整的陈述,即“分析的儒学”包含以下要点:对儒学的自我认同、反思的立场与分析的方法、哲学研究的进路、甄别儒学的基本价值和原理、儒学的“创化”。[②] 对儒学的自我认同乃方的研究立场,毋庸赘言,以下本文着重从后四者并结合方的儒学研究历程及其论著,尝试对这一理论建构做一分析,以期对推动儒学的当代重建略有助益。

一 反思的立场与分析的方法

在方看来,之所以提出“分析的儒学”,是相对于“整全的儒学”而言,“后者将儒学视为一个整体,也即把儒学作为一整块、统合性的理论”[③]。如果以

---

① 李宗桂:《儒学发展态势和前景展望——以 2004 年以来为范围》,《孔子研究》2018 年第 4 期;郭齐勇:《近年来中国大陆儒学的新进展》,《广西大学学报(哲学社会科学版)》2015 年第 1 期。

② 方旭东、张小星:《分析的儒学:不要做开历史倒车的儒家——方旭东教授访谈录》,载《当代儒学》第 14 辑,杨永明主编,成都:四川人民出版社,2018 年,第 335—356 页。

③ 同上书,第 335—356 页。

方将“分析的儒学”作为其学术宗旨正式提出为标志,那么,在此前的儒学研究中亦贯穿着其对所谓“整全的儒学”批判,如《太极与 The Absolute——对中西哲学比较的一个反省》(《哲学动态》2015 年第 10 期)①一文中,针对那种将中国哲学视为一整体而在研究中将经典诠释与理论创造杂糅的做法,方指出:

> 论诠释则有信伪之分,论理论则有优劣之别。最要不得的是那种“蝙蝠”式研究:要是你用信伪的标准来讨论它,它会说自己从事的是理论创造;若是你用理论创造性的标准来衡量它,它又处处都是中国哲学认为如何如何,如果你认为这些“认为”有问题,那也是中国哲学的问题,而不是它的问题。总之,这种“蝙蝠”式研究就用这种方式成功地使自己免于负责。对于这种不负责任的研究,我们要打出它的原形,逼它认责。

他主张严格区分中国哲学研究中的经典诠释与理论创造,认为二者各有不同的评判标准,而这一主张的提出又基于其对哲学研究的分析性和理论诠释的竞争性的强调。易言之,在他看来,一项好的研究必须是分析性的,而一种好的诠释必须具备理论上的竞争性,以朱子研究为例:

> 如果一个研究是在讨论朱子,那么,我们就看它对朱子的描述、理解是否都有文本依据,它对朱子文本的引用是否忠实、完整,是否任何一个了解古代汉语文法者都能从其所引的相关文本中推演出它的理解,如果存在合乎逻辑、文法、习惯的其他理解,作者就必须向读者证明自己的理解有足够的优越性。如果一个研究只是借朱子叙述自己的理论,那么,我们就要看这理论是要解决什么问题,是否已经完成其任务,对于此一问题,作者提供的方案是否优于已有的与可能有的备选方案,等等。②

事实上,在 2012 年出版的《绘事后素:经典解释与哲学研究》(北京大学出版社,以下简称《绘事后素》)一书的“前言”中,其就曾从经典解释的角度发表过相似意见:

> 在笔者看来,解释只有两种,那就是好的解释与坏的解释,所谓好的

---

① 该文后以“太极与 The Absolute”为题收入氏著《理学九帖:以朱子学为圆心的研究》,北京:商务印书馆,2016 年。

② 方旭东:《太极与 The Absolute》,《理学九帖:以朱子学为圆心的研究》,第 192 页。

解释就是能够赋予经典文本以新的意义而其根据又无一不是从文本中分析出来。如果不能赋予经典文本以新的意义(往往表现为用一套“新词”来把原著中的“故事”重讲一遍),在学术上大可不必存在,这样的经典解释能不能成为真正意义上的解释,都需要打上一个问号,因为解释就必然要换一种说法,否则就变成了重复或循环。(按:着重号为引者所加)

二 儒学的哲学研究

方认为这种反思的立场和分析的方法使“分析的儒学”区别于儒学的经学方式和史学方式而表现为对儒学的哲学研究。在他看来,“儒学的经学方式强调的第一个就是信仰,我觉得信仰这个讲法有点太过”①,而儒学的史学方式存在着“历史决定论”的误区——“通过儒家(儒学)的历史来对它做出定义。易言之,由于儒家(儒学)历史上是这样的,所以,儒家(儒学)的性质就是这样”②。这种理解正是造成“整全的儒学”观的理论基础,其往往将“某一时代儒学的‘权’法当作儒学的‘经’法”,即将特定历史时期的儒学的特殊表现视为儒学本身。③ 实际上同样的问题也存在于儒学的经学方式中,针对晚近中国学界重新兴起的经学研究,方在《被动行为者的责任问题——对〈公羊传〉“祭仲逐君”论的哲学研究》(《江苏行政学院学报》2014 年第 6 期)④一文中指出:

> 在经学研究恢复的过程中,有两种倾向需要我们警惕,一是将经学简单地等同于名物度数之学,失却古人纲领;一是将经学的若干命题直接代入当代语境,这在一些治公羊学的学者当中尤其明显。

所谓“将经学简单地等同于名物度数之学”即是将经学研究变成单纯考据而

---

① 方旭东、张小星:《分析的儒学:不要做开历史倒车的儒家——方旭东教授访谈录》,载《当代儒学》第 14 辑,前引文献,第 337 页。

② 方旭东:《香港新儒家》,“编者前言”,上海:上海文艺出版社,2017 年,第 7 页。

③ 方旭东、张小星:《分析的儒学:不要做开历史倒车的儒家——方旭东教授访谈录》,载《当代儒学》第 14 辑,第 340 页。

④ 该文后以“预期后果的免责证明——对《春秋公羊传》‘祭仲逐君’论的哲学研究”为题收入氏著《原性命之理》,上海:华东师范大学出版社,2015 年,第 157—176 页。

丧失其经世致用的思想指向[①],而"将经学的若干命题直接代入当代语境"则显然是对经学命题形成的历史语境及其适用范围缺乏足够反思,因此,方主张对儒学做哲学的研究:"如何在当代焕发出经学研究的生命力,本文(即《被动行为者的责任问题》——引者注)可视为一种尝试,即:对经学做一种哲学的研究。"[②]

按照方的自述,对于"历史决定论",其"自己也是最近才省悟"[③],但采取儒学的哲学研究进路,对其而言,则由来已久,在由博士论文修改出版的《尊德性与道问学——吴澄哲学思想研究》[④](以下简称《尊德性》)一书中,方申明其研究立场是"描述性(descriptive)而非批判性的(critical)"[⑤],而这种客观的描述、呈现又是以哲学的方式展开的,因为,一方面,理学本身就是一种哲学性很强的理论,另一方面,由其书中大量使用的哲学语汇即可看出,实际上其书名中的"哲学"二字即明确标明了这一特点。在《绘事后素》中,正如副书名中"经典解释与哲学研究"所标示的,对儒家经典进行哲学研究的立场愈加凸显,事实上在本书中,经由对汉宋诠释的比较研究,方即指明其对更富于哲学性的宋学的认同:

> 一般认为,汉学是语学(philology)的路数,而宋学则是哲学(philosophy)的路数。就我的关心主要在义理这一点而言,我对宋学(具体说,就是朱注)的解释更表认同,毋宁是很自然的事。[⑥]

其所著《原性命之理》则延续了这一立场,是书由十篇论文组成,无一不是对儒学的哲学研究,比如其一为《道德实践中的认知、意愿与性格——论程朱对

---

① 王阳明在面对弟子"名物度数,亦须先讲求否"的提问时曾指出:"人只要成就自家心体,则用在其中。如养得心体,果有未发之中,自然有发而中节之和,自然无施不可。苟无是心,虽预先讲得世上许多名物度数,与己原不相干,只是装缀,临时自行不去。亦不是将名物度数全然不理,只要'知所先后,则近道'。"(王守仁:《传习录上》,《王阳明全集》(上),上海:上海古籍出版社,2011年,第24页)

② 方旭东:《预期后果的免责证明——对〈春秋公羊传〉"祭仲逐君"论的哲学研究》,《原性命之理》,第175页。

③ 方旭东:《香港新儒家》,第7页。

④ 是书有两个版本,一是人民出版社2005年版,二是广西师范大学出版社2015年版,为呈现方提出"分析的儒学"的思想历程,本文所引是书,如无特别说明,皆取前者。

⑤ 方旭东:《尊德性与道问学——吴澄哲学思想研究》,第8页。

⑥ 方旭东:《绘事后素:经典解释与哲学研究》,"前言",第2页。

“知而不行”的解释》,其二为《意向与行动——王阳明知行说的哲学诠释》,等等。

三 甄别儒学的基本价值和理论

如果说这种反思的立场和分析的方法所决定的哲学研究的进路,在消极意义上,是为了将“分析的儒学”与儒学的经学方式和史学方式区别开来,那么,在积极的意义上,其目的之一,则是为甄别儒学的基本价值和原理。这一理论追求始终贯穿于方的学术研究当中,其例不胜枚举,以下仅从《尊德性》《绘事后素》《理学九帖》[①]中各举一例以见其说,比如,在《尊德性》中,针对近代以来以理学所谓格物致知比附西方实验科学的做法[②],方指出:

> 程朱所说的格致之学并不能简单地以西方自然科学相比附;以实验为基础的西方近代科学,也并不如中国近代人所想当然地认为的那样,是什么格致之学。就其旨趣而论,理学所致之知、所穷之理,与其说偏重科学之知与事物之理,倒不如说更倾向于人文之知与人伦之理。[③]

在《绘事后素》中,针对以往论者将孟子政治哲学的讨论范围聚焦在所谓民本思想的做法,方从政治义务如何可能的角度指出:

> 从孟子对人臣的类型划分可以看出,在他的理解中,不存在一个普遍统一的臣对君的政治义务,臣对君的政治义务要视乎臣的身份以及所处的具体情境而定。笔者因此主张,孟子在臣对君的政治义务问题上持一种区别主义(discrimination)的立场,这种区别主义与儒家的“礼”所体现出来区别主义精神是一脉相承的。[④]

在《理学九帖》中,针对有论者将朱子太极与黑格尔绝对(The Absolute)互训的做法,方指出:朱子所谓太极与古希腊以来西方形上学中所谓本体(being)

---

① 《尊德性》为方的博士论文修改版(2005),后二书分别主要为其在2004—2012、2012—2014所撰写论文的结集,三书在一定程度上反映了其在不同时期的学术研究特点和重心所在。

② 如严复在《救亡决论》中说:“西学格致……一理之明,一法之立,必验之物物事事而皆然,而后定之为不易。”(王栻主编:《严复集》第1册,北京:中华书局,1986年,第45页)

③ 方旭东:《尊德性与道问学——吴澄哲学思想研究》,第11—12页。

④ 方旭东:《绘事后素:经典解释与哲学研究》,“前言”,第6页。

并非一事,且前者并非如黑格尔绝对精神那样具有纯粹的超验意味,而是总与气相缠杂。①

如所周知,现代意义上的中国哲学研究已然无法与西方哲学的比较研究相割裂,由以上几例可以看出,与以往中西哲学比较研究中存在的试图由同异的比较进而评判孰优孰劣的做法不同,方的比较研究中始终表现出相当的审慎和警惕,其比较的目的也绝非为了判明同异和评判优劣,而是通过与西方哲学的比较实现对中国哲学的更好理解:

> 比较所能修成的正果是加深了对中西哲学差异的了解,亦即:经与西方哲学比照、对勘,研究者获得了对中国哲学自身性质的更好理解与描述。②

如果说以上所举几例主要表明方从儒学史研究的角度来甄别儒学的基本价值和原理,那么,在更深层次上,这项工作的目的则是为了探明儒学的大经大法,以便以之因应现代社会生活,实现儒学的现代转化。事实上,就后者而言,方提出,儒家所谓“生生”之道、“生生之仁”乃是儒学的“大经大法”。③

四　儒学的“创化”

他认为由“生生之仁”可引导出现代社会中的诸如共享经济、生态伦理等观念和理论。换言之,“生生之仁”的观念可以为共享经济、生态伦理等观念和理论从哲学层面提供一种理论担保,而这也就是其所谓儒学的“创化”,“就是我们怎么样运用我们理解的儒学的‘大经大法’来回应当下的问题,就是在传统儒学所存在的语境已经发生变化之后所出现的一系列问题”④。此外,方对儒学其他基本理论和价值的当代转化也进行了积极尝试,《原性命之理》可视为这方面的一个典型代表,比如针对日常生活中的“知而不行”现象,西方哲学将其与意志软弱联系在一起,而方则从程朱对“知而不行”的讨

① 方旭东:《太极与 The Absolute》,《理学九帖:以朱子学为圆心的研究》,第 204 页。

② 同上书,第 191 页。

③ 方旭东、张小星:《分析的儒学:不要做开历史倒车的儒家——方旭东教授访谈录》,载《当代儒学》第 14 辑,第 346—351 页。

④ 同上书,第 341 页。

论入手,指出:

> 程朱对“知而不行”的讨论带出了人的性格(气禀)问题,突破了西方哲学在“知而不行”问题上总是围绕认知与意志做文章的局限,将道德行动与人格养成联系起来,与西方当代的行动哲学相比,也许不失为一种前景更为宽广的替代思路。[①]

又如,针对当代有关动物权利的论争,方从宋代理学家邵雍(1011—1077)提出的“以物观物”说入手,指出:尽管以“物道”待物存在着理论上的困难,但“通过把自己置身于‘物’的情境中的想象,人类的道德感却因此得以实现。就此而言,‘以物观物’不失为一种人类对待动物的合理的道德原则”[②]。

众所周知,儒学向来不是一种纯粹的理论,而是既有理论,也有实践,并表现出理论与实践融合的特点[③],这一点由《大学》所提供的格物、致知、诚意、正心、修身、齐家、治国、平天下的为学次序即可窥见,而由朱熹和吕祖谦所共同编订的新儒学典范文本《近思录》亦呈现出这一特点。[④] 从传统中国哲学体用范畴的角度来说,如果说儒学的基本理论和价值为体,则对儒学基本理论和价值的实践与应用为用。[⑤] 因此,从儒学史研究的角度来说,明体(探明儒学基本理论和价值)见用(呈现历史上儒学基本理论和价值的实践与应用)就不失为一条有价值的取径。从儒学当代转化的角度而言,明体达用(实现儒学基本理论和价值的当代实践与应用)则可为其善途。

就前者而言,从方的儒学的研究历程来看,其对儒学的这一特点也给予了高度关注,上述其对儒学基本价值和原理的甄别显然属于明体的范

① 方旭东:《原性命之理》,“提要”,第1页。

② 同上书,第4页。

③ 张岱年先生说:“中国哲学在本质上是知行合一的。思想学说与生活实践,融成一片。”(张岱年:《中国哲学大纲》,北京:中华书局,2017年,第6页)

④ 如有论者将《近思录》的逻辑结构概括为:道体论、为学论、圣贤境界。(李祥俊、贾椏钊:《〈近思录〉与中国传统哲学的体系结构》,《哲学研究》2014年第9期)

⑤ 在中国哲学史上,“体用”范畴的内涵较为复杂,如有以形体为体、功能为用者,亦有以本体为体、现象为用者,还有以基本价值和理论为体,而以基本价值和理论的实践和应用为用者。后者如宋儒刘彝对其师胡瑗之学的概括:“圣人之道,有体、有用、有文。君臣父子,仁义礼乐,历世不可变者,其体也。《诗》《书》史传子集,垂法后世者,其文也。举而措之天下,能润泽其民,归于皇极者,其用也。”(《宋元学案·安定学案》,北京:中华书局,1986年,第25页)

围,再如,在《尊德性》一书中,其就参照《近思录》将其对吴澄哲学思想的解读路径设定为:道体—心性—问学—用力[①],可谓明其体而见其用。就后者而言,尽管方未曾明言,但就其所谓儒学的"创化"来看,实即"明体达用",而其提出的"汉学功夫宋学旨趣,深入古典引领现实"[②]的学术主张更是明确显示出这一理论追求:以汉学之考据、训诂与宋学所表现出的哲学分析旨趣作为为学工夫,发掘古典的基本理论和价值,以引领现实社会的发展。依此而言,所谓"分析的儒学"实际上包含着两个相互关联的维度,即明体见用与明体达用。就明体见用而言,方新著《新儒学义理要诠》(生活·读书·新知三联书店,2019 年,以下简称《要诠》)可谓"分析的儒学"的一个典型文本。[③]

五 《新儒学义理要诠》:"分析的儒学"的一个典型文本

作为正式提出"分析的儒学"之后的首部论著,《要诠》对方学术研究的重要意义是不言而喻的。事实上,在该书作者简介中就标明作者以"分析的儒学"见长,可见方对这一理论已有充分自觉。而且作者亦将本书的研究模式设定为"明体见用":"本书是按体—用模式对新儒学义理所做的整体研究,既有对新儒学基本原理的重点考察,又有对新儒学实践的多方探索,以期全面把握新儒学义理的特质,收'明体见用'之功。"[④]而这一研究模式的设定则受启于《近思录》,因此,作者将本书视为"向《近思录》致敬之作"[⑤],并在本书附录中将《近思录》界定为"新儒学之'经'"而加以研究。可见,就研究取径而言,本书与《尊德性》适成呼应,这也在一定程度上反映出作者对"分析的儒学"的思考经历了一个由自发到自觉的过程。

---

① 方旭东:《尊德性与道问学——吴澄哲学思想研究》,第 10 页。

② 方旭东、欧光安:《"心理攸同"的比较研究——华东师范大学博士生导师方旭东教授访谈》,《社会科学家》2015 年第 8 期。

③ 关于该书对新儒学研究的理论价值,如对新儒学相关主题研究的推进、对新儒学研究论域的开拓、对新儒学研究范式转换的开启等内容的讨论,可参张立恩:《明体见用,〈新儒学义理要诠〉的论域、范式、理论关照与方法》,澎湃新闻,https://www.thepaper.cn/newsDetail_forward_4357319。本文则尝试从"分析的儒学"的角度对是书做一评议。访问时间 2021 年 1 月 1 日。

④ 方旭东:《新儒学义理要诠》,"内容提要",第 1 页。

⑤ 同上书,第 4 页。

《要诠》由内容提要、导言、附论及正文部分的六章内容组成,其中前四章分别讨论作为新儒学基础理论的物性论、鬼神观、穷理说、一体观,作者指出:以朱熹为代表的新儒家有关事物差异性的讨论的要害之处在于,如何在坚持“理同”的前提下谈论事物本质上的差异;新儒家不承认那种活生生的具象的鬼神,而承认抽象的鬼神之理;在朱熹之前,新儒学的穷理说呈现多重进路:二程主张万物同类,因而可以借助类推以穷理,在具体路线上,其既反对尽格天下之物而后知理的无限论,也反对格一物就通众理的简便论,而倾向于一种积累主义的中间路线,并将《易传》所谓穷理、尽性、至命视为一事。张载则认为在至命之前还有一个知命的环节,并强调穷理并非类推即可,而要发挥人的理性思考能力;以程颢和王阳明为代表的新儒家对万物一体之仁思想的阐述,尽管因其建立在对社会的拟人化想象之上而存在着理论上的困境,但在一个既定的等级社会,其说却最大限度地容纳了对他人痛苦的关心。后两章则是对作为新儒学义理之实践部分的讨论,作者选取的研究样本是新儒学的天道观和科举论。

《要诠》的如上结构亦鉴取《近思录》而来,此由作者对《近思录》内在结构的概括及其对《要诠》结构的安排即可看出。其通过比较《朱子语类》卷一〇五所载《近思录》纲目与朱子门人叶采《近思录集解》据纲目而概括出的通行本《近思录》标题,认为可以将《近思录》的内容归纳为:原理、致知、修身、出处、治事、教人。并认为其中包含着从形上到形下、从内到外、从知到行、从学到教、从治己到治人的内在逻辑。[①] 方对《要诠》结构的安排则承续了《近思录》的这一思路,比如,其之所以将新儒学的物性论和鬼神观置于本书第一二部分,就是因为在他看来,新儒学的物性论属于新儒学的形上学,而“在《近思录》中,有关鬼神的讨论就被置于‘道体’卷下”。因而亦可被视为广义的新儒学形上学研究。[②]

就具体内容而言,《要诠》亦充分贯彻了“分析的儒学”之诸要素,兹举一例,比如对新儒学物性论的研究,作者拈出以往论者较少注意的朱子《太极图》诠解中有关“各一其性”的阐述,分析新儒学对事物差异性的认识。其首

① 方旭东:《新儒学义理要诠》,第 302 页。

② 同上书,“导言”,第 5 页。

先对《朱子全书》和《周敦颐集》所收朱熹《太极解义》的版本进行了详密考证,指出:

> 比较而言,《朱子全书》所用版本年代更久,可谓后出弥精,而《周敦颐集》在部分文句的处理上时有胜义,故本书所引朱熹《太极图解》、《太极图说解》以及《通书注》皆用《朱子全书》本,间以中华书局校点本《周敦颐集》参校。①

同时,严密的哲学分析亦贯彻其中,如其称:

> 从语义上分析,"各一其性"既可以理解为是说事物各有各的特殊本质,这里的"性"字当是指所谓个性,用亚里士多德的语言说,即事物之所是(what a thing is)或本体(substance)。……另一方面,"各一其性"也的确可以按朱熹那样从"理一分殊",即共相与殊相、一般与个别的关系角度去理解,把它理解为是说每个事物都遵循共同的规律,从而将之转换为一种本体论叙述,太极作为本体,是万物存在的根据。②

经由对文本的分析,作者指出,朱熹一方面更习惯于从"理一分殊"的角度将"各一其性"与"太极各具于一物之中"相联系,但同时又承认从"物各有自性"理解"各一其性"的合理性,这导致朱熹不得不面对在坚持"理同"前提下解释万物差异的困难。③ 此即其所甄别出的新儒学代表朱熹在事物差异性的认识上的基本观点。

综上所述,方基于长期的儒学研究和儒学现代转化的问题意识,提出"分析的儒学"作为其立言宗旨。其说强调对儒学的自我认同,无疑表达出确立儒学主体性的一种要求,而反思的立场与分析的方法、儒学的哲学研究以及由此而来的对儒学基本价值和原理的甄别,则既可避免将历史上儒学的权法当作经法,又可经由对历史上不同时期的儒学的客观研究来把握儒学的内在义理和基本价值,从而有可能把握儒学之为儒学的真精神。同时,"分析的儒学"所强调的儒学的创化,亦贯彻了儒学自先秦以来所念兹

---

① 方旭东:《新儒学义理要诠》,第 22 页。
② 同上书,第 25 页。
③ 同上书,第 32 页。

在兹的经世追求。就此而言,这一理论无论是对儒学史的研究,还是儒学的当代重建,无疑都具有重要的理论价值。我们期待方先生对“分析的儒学”的研究有新的创获。

(李颖,华东师范大学哲学系博士生;张立恩,西北师范大学哲学院讲师)

超越论现象学是一种平面的现象学吗

——评马迎辉的《时间性与思的哲学》

一　超越论现象学的深度

马里翁在《还原与给予》中有一个著名的说法："胡塞尔的现象，作为在场的完美的显现，可以被称为平面的现象。"而与之相对，海德格尔所理解的存在却涉及了现象的深度。根据马里翁的解释，胡塞尔将现象的现象性完全还原到"现实在场的被给予性"却没有追问先于这种现实在场的真正的现象性，这使得胡塞尔所理解的现象仅仅表现为平面的"完全在场的现象"。[①] 换句话说，马里翁认为胡塞尔现象学中只有平面的现象，而没有真正具有深度的现象性。

我们很容易看出马里翁对于现象与现象性的区分与海德格尔对于存在者与存在的区分之间的相似性[②]，并且马里翁对胡塞尔现象学的批评实际上也非常接近于海德格尔的观点。海德格尔在《时间概念史导论》中正是基于存在者与存在的存在论差异而提出了对于胡塞尔现象学的质疑，即认为胡塞尔现象学错失了真正的存在问题。[③] 在相当长的一段时间里，大多数现象学研究者几乎都赞同（或至少默认）海德格尔这一对胡塞尔现象学的"盖棺定

---

① 参见马里翁：《还原与给予：胡塞尔、海德格尔与现象学研究》，方向红译，上海：上海译文出版社，2009 年，第 82、93、102 页。

② 参见马里翁：《还原与给予：胡塞尔、海德格尔与现象学研究》，第 79、105—106 页。

③ 参见海德格尔：《时间概念史导论》，欧东明译，北京：商务印书馆，2009 年，第 144—153 页；海德格尔：《1973 年策林根讨论班》，《讨论班》，王志宏、石磊译，北京：商务印书馆，2018 年，第 456 页；海德格尔：《我进入现象学之路》，《面向思的事情》，陈小文、孙周兴译，北京：商务印书馆，2014 年，第 112 页。

论”,而马里翁只是用一种更为激进的方式表达了这种倾向。[①] 不过,随着胡塞尔手稿的陆续出版,这一局面也有所变化:越来越多的学者开始关注胡塞尔现象学自身的独特性以及内部的丰富性,并且尝试不断推进对胡塞尔现象学的重新解释。这些新的解释在不断刷新我们对于胡塞尔现象学形象的固有认识的同时,也促使我们重新严肃地思考:胡塞尔所理解的现象真的是平面的吗?胡塞尔的现象学是一种缺乏深度的、平面的现象学吗?

马迎辉先生的新著《时间性与思的哲学:与胡塞尔共同思考超越论现象学》为我们回答上述问题提供了一个全新的思路。早在多年前,方向红先生已经在其《时间与存在》一书中提出过一个类似的问题——“唯有海德格尔的‘存在’是‘有深度的’吗?”并且也围绕“现象”概念以及胡塞尔与海德格尔之间的相互批评对这一问题做出了讨论。[②] 不过总的来说,方向红当年的工作更多旨在提出问题,而非更彻底地回答这一问题,毋宁说这里仍然缺少关于胡塞尔所理解的现象之深度(尤其是这种深度与时间问题之间内在关系)的更加完整和具体的说明。正是在这个关键节点上,马迎辉先生的《时间性与思的哲学》做出了重要的突破——该书以时间性问题为线索,对胡塞尔超越论现象学内部的“深度”进行了更加彻底的追问,并且借助一种新的解释范式为读者展现了一个“具有深度的”超越论现象学的完整形象。

我们可以把该书的这项工作大致概括为三个部分:(1)首先,作者以实显

① 参见方向红:《时间与存在:胡塞尔与海德格尔现象学的基本问题》,北京:商务印书馆,2014年,第261页,注释1。值得注意的是,这一对胡塞尔现象学的“海德格尔式”论断并非毫无争议,尤其是梅洛-庞蒂、列维纳斯、德里达等现象学家对此就有不同意见。即使是通常被视为更多受益于海德格尔的列维纳斯和德里达,他们虽然对于胡塞尔现象学也有激进的批评,但批评方向却明显地区别于马里翁的海德格尔式角度,甚至反而更强调胡塞尔现象学与海德格尔现象学在根本上的一致性。列维纳斯就认为海德格尔那里的“存在者的存在”从根本上说仍然是一种中介化的“视域”,这并没有走出胡塞尔所开启的道路。而德里达在《声音与现象》中虽然将胡塞尔的现象学指认为一种在场形而上学,但他批评的最终落脚点并不在马里翁所说的平面的现实在场,而是涉及到胡塞尔对发生问题乃至最终构造问题的理解。参见梅洛-庞蒂:《知觉现象学》,姜志辉译,北京:商务印书馆,2001年,第1—2页;列维纳斯:《总体与无限》,朱刚译,北京:北京大学出版社,2016年,第16页;德里达:《声音与现象》,杜小真译,北京:商务印书馆,2015年,第105、112页。

② 方向红:《时间与存在:胡塞尔与海德格尔现象学的基本问题》,第239—273页。

性(Aktualität)[①]困境为中心,重新定位了胡塞尔从描述心理学到超越论现象学的转折所在,并详细分析了二者哲学基础的根本差异(第一章、第三章)。作者试图证明,尽管《逻辑研究》第一版时期的描述心理学与后来的超越论现象学在问题和术语上有着一定的连续性,但二者在哲学基础上却有着根本的差异:前者局限于实显当下的意识,并且停留在某种现成性的维度,而超越论现象学则突破了实显性的视角而深入到前—实显的原初体验领域,或者说"还原"到某种关联性甚至是发生性的领域。在这个意义上,现象本身的深度就已经开启了。(2)其次,作者从胡塞尔对时间性问题的逐层分析出发,具体展开了超越论现象学内部的纵向与横向的深度结构(第二章、第四章)。(3)最后则是从胡塞尔对时间性问题分析的最底层结构出发,重新思考超越论现象学自身界限的问题(第五章)。作者并不否认胡塞尔之后的现象学家那里触及了比胡塞尔的超越论现象学更深层的维度,但这种"更深层"实际上需要一个更准确的定位,这也是本书第三步工作的最后结论。[②]

显然,如果《时间性与思的哲学》的上述分析最终成立,那么这也意味着胡塞尔的超越论现象学同样具有某种深度——至少它绝不像马里翁所说的那样仅仅局限于实显的、平面的现象。显然,这会是一种不同于海德格尔、马里翁等人思考方向的"别样的深度",而这种"别样的深度"同样构成了现象学自身的本己课题。

二 对实显性的突破:从描述心理学到超越论现象学

尽管海德格尔对胡塞尔的现象学有诸多的批评,但他却非常重视胡塞尔的《逻辑研究》,特别是第一版的"第六研究"中关于范畴直观的讨论。用海德格尔自己的话来说,范畴直观使他获得了一个讨论存在问题的"地基"。[③]马里翁也非常重视"第六研究"的范畴直观,他认为《逻辑研究》中范畴直观

---

① Aktualität 通常被译为"现时性",也译作"实显性"。本文保留马迎辉先生在《时间性与思的哲学》中的译法,将 Aktualität 译作"实显性"。由于中译通常将列维纳斯的 hypostase 也译作"实显",为了避免混淆,特此说明。另外,关于胡塞尔对实显性(Aktualität)与现实性(Wirklichkeit)这两个概念的使用与区分,参见马迎辉:《时间性与思的哲学:与胡塞尔共同思考超越论现象学》,第 19 页,注释 3。

② 马迎辉:《时间性与思的哲学:与胡塞尔共同思考超越论现象学》,第 232 页。

③ 海德格尔:《面向思的事情》,第 111 页;海德格尔:《讨论班》,第 455 页。

的实质是对于被给予性的发现,而这种被给予性实际上已经超越了直观本身,甚至也超越了含义。① 但与海德格尔和马里翁对"第六研究"和范畴直观极为重视的态度相反,胡塞尔本人对"第六研究"和范畴直观反而有非常深刻的自我检讨。在《逻辑研究》第二版前言中,胡塞尔明确表示:"我已经不再赞同某一些说法,例如不再赞同范畴代现②的说法。"③

我们不应该轻视这一自我批评的重要性,因为在《逻辑研究》中范畴代现才是范畴直观的真正落足点。④ 更宽泛地说,胡塞尔在《逻辑研究》中对于直观一般的理解实际上也基于对代现问题的理解。⑤ 既然胡塞尔后来"不再赞同"范畴代现学说,这至少意味着胡塞尔对于范畴直观乃至直观一般的理解发生了某些改变。那么,范畴代现学说究竟有什么问题,以至于胡塞尔最终不再赞同这一学说?为什么在作者马迎辉看来,范畴代现学说的困境同时也意味着一种对于现象深度的自我封闭?

《时间性与思的哲学》试图指出,范畴代现学说的诸多困难⑥的根源并不

---

① 马里翁:《还原与给予:胡塞尔、海德格尔与现象学研究》,第 54 页。

② 《逻辑研究》第一卷的核心问题是拒斥心理主义并为纯粹逻辑学的客观性辩护,而纯粹逻辑学的客观性正是以范畴对象的客观性为基础。在第二卷中,胡塞尔进一步要求说明这种范畴对象的明见性,这是因为范畴对象不能只在空洞的符号行为中被空乏意指,它也需要可以被直观充实。在胡塞尔当时看来,问题就在于找到范畴直观的本己代现性内容,这就是所谓的"范畴代现"学说。胡塞尔给出的一个解决方案是将范畴直观的代现性内容理解为被奠基行为中的联结(Bindung)形式。一方面,它独立于作为奠基性行为的素朴感知中的感性内容,另一方面,它又联结了奠基性行为的意向质料(即对象性关系)。比如在"桌上有一本书和一支笔"这一关系事态中的关系范畴"和",它的代现性内容并不是单个或局部的奠基性行为(对书的直观或对笔的直观)中的感性内容或者其联结,而是这两个奠基性行为的行为质料的联结或综合,正是它使得一个新的"对象"即范畴对象显现给我们。胡塞尔:《逻辑研究》II/2,A628 /B2156,A647 /B2176,A647 /B2176。另参见马迎辉:《时间性与思的哲学:与胡塞尔共同思考超越论现象学》,第 16—18 页。

③ 胡塞尔:《逻辑研究》II/2,倪梁康译,北京:商务印书馆,2015 年,B_2V。

④ "范畴直观就是代现,它将对象之物在内容上置于我们眼前,它将被体验的内容立义为被意指对象的代现者。"胡塞尔:《逻辑研究》II/2,A644 /B2172。

⑤ "只有直观行为才使对象'显现'出来,使它被'直观'到,即通过以下方式:一个被代现者在此,立义形式将它立义为对象的相似者或对象本身。"胡塞尔:《逻辑研究》II/2,A643/$B_2$171。

⑥ 首先,以被奠基行为的联结形式作为代现性内容的解释模式实际上只适用于狭义的本真范畴直观(比如对于"和""或"等范畴的直观),而不适用于普遍直观(对普遍之物的直观)。胡塞尔最终诉诸于类比意识来解决普遍直观的代现问题。但这也意味着范畴代现中最终存在两种完全不同的代现模式。其次,胡塞尔认为范畴直观的代现性内容既能被体验到又能被反思到,但《逻辑研究》中作为对于实显体验的对象性把握的"内感知"实际上无法承担这一双重任务。再者,胡塞尔在借助行为质料的综合或联结来说明范畴代现的代现性内容时已经预设了一种先在的种属关系,胡塞尔并未进一步追问这一种属关系本身的基础,而只是预设了其先天性。最后,(转下页)

单单在于范畴代现学说的心理主义残余,而在于整个描述心理学的"实显性困境"。[①] 这是一个极为重要的判断。作者这里所说的实显性困境主要针对的是描述心理学的两方面特征:(1)描述心理学受限于既定种属关系的现成性。此时胡塞尔"对直观的现象学分析牢固地建立在对世界和存在的种属划分之上"而无法深入到这种现成的种属划分之前的存在领域。因此,我们可以说"描述心理学的分析最终只能是一种以种属关系为主要内容的逻辑学上的先天分析"[②]。或者说,这里缺少一个胡塞尔后来所说的"超越论的逻辑"的问题维度。(2)描述心理学受限于意向体验以及反思上的实显性。根据"第五研究"中对意识概念的描述,不仅体验本身是实显的,而且伴随着实显体验并将其对象化的反思(胡塞尔称之为"内感知")实际上也是实显性的。更重要的是,胡塞尔此时将描述心理学的明见性完全局限在这种实显性的内感知的范围内,他认为正是这种内感知确保了"在认识论上第一性的、绝对可靠的领域"[③]。这意味着描述心理学真正把握到的只是实显的感知因素,而不是更原初的显现者。这同时也意味着在描述心理学阶段的意识、直观、被给予性、反思等等概念多少都受限于这种实显性。就此而言,《逻辑研究》中的意识分析确实只停留在实显的或马里翁所说的平面的现象之上,并且也缺乏对这种实显现象的现象性的进一步追问。

然而,胡塞尔并没有停留在这种实显性的困境之中。相反,我们可以说正是这一困境促使胡塞尔最终放弃了描述心理学而转向了超越论现象学。《时间性与思的哲学》一书花费了相当长的篇幅详细地回顾了胡塞尔如何从

(接上页)胡塞尔从代现的角度来理解范畴直观的明见性,这本身包含了某种认识论的预设。但认识关系只能是代现关系吗?关于范畴直观学说的疑难,参见马迎辉:《时间性与思的哲学:与胡塞尔共同思考超越论现象学》,第19—31页;陈志远:《胡塞尔范畴代现的理论失败之谜》,《哲学动态》2010年第2期,第62—68页。另参见 Ernst Tugendhat, *Der Wahrheitbegriff bei Husserl und Heidegger*, Berlin: W. de Gruyter & Co, 1970, S. 119-123; Robert Sokolwski, *The Formation of Husserl's Concept of Constitution*, The Hague: Martinus Nijhoff, 1970, pp. 70-71; Dieter Lohmar, "Wo lag der Fehler der Kategorialen Repräsentation? Zu Sinn und Reichweite einer Selbstkritik Husserls", *Husserl Studies* 7, 1990, pp. 179-197。

① 胡塞尔本人对范畴代现学说进行自我批评时,确实强调了心理主义残余这一点。但对此实际上可以有一种更深层的解释。参见胡塞尔:《纯粹现象学通论》,李幼蒸译,北京:商务印书馆,1996年,§43,第120—121页;马迎辉:《时间性与思的哲学:与胡塞尔共同思考超越论现象学》,第36—38页。

② 马迎辉:《时间性与思的哲学:与胡塞尔共同思考超越论现象学》,第26、36页。

③ 胡塞尔:《逻辑研究》II/1,A333 /$B_1$354,A335 /$B_1$357,A411 /$B_1$438。

描述心理学转向超越论现象学的历程,而超越论现象学突破“实显性困境”的最明显标志就是对于意识概念的重新理解。作者反复强调,超越论现象学所讨论的已不再是描述心理学中实显的、平面的意识,而是一种前—实显的、作为体验流形(Mannigfaltigkeit)的纯粹意识或绝对意识。① 胡塞尔也不再将反思局限于对实显的体验内容的内感知,而是提出了一种能够把握前—实显的意向关联的全新的现象学反思。② 此外,超越论现象学对于直观、被给予性和明见性等问题的理解也发生了相应的改变。胡塞尔在使用直观和被给予性概念时,不再是仅仅指描述心理学中作为单纯充实意义的实显当下的、对象化的切身被给予性,也可以指某种更深层的前—实显的被给予性。③ 在更根本的意义上,甚至我们可以说:从描述心理学到超越论现象学的转变中,“现象”概念本身的含义经历了一次非常重要的拓展:现象的现象性不再仅仅表现为实显的或现实在场的被给予性。就此而言,现象的深度已经向我们敞开了,马里翁认为胡塞尔的现象概念缺乏深度的批评显然有所失察。

如前所述,《时间性与思的哲学》的一个重要贡献就是通过实显性问题进一步澄清了描述心理学与超越论现象学之间的根本差别。在以往的主流解释范式中,研究者们往往更多强调胡塞尔现象学中静态方法与发生方法之间的差别,以及从静态现象学到发生现象学的思想推进。描述心理学与静态现象学之间的差异反而无法得到更准确的定位。然而,从《时间性与思的哲学》所给出的新解释范式来看,我们首先应该明确地看到《逻辑研究》时期的描述心理学与作为整体的超越论现象学之间的根本差别,其次才是考察超越论现象学超越论现象学内部诸发展形态之间的关系,并且这些形态之间其实有着根本的一致性——无论是静态现象学还是发生现象学,都已经是对于前实显的意向流形或意向关联的现象学研究了。即便是静态现象学,它虽然从外观上看是静态的,但在哲学基础上也已经突破了实显的立义模式,因而不同于

① 参见马迎辉:《时间性与思的哲学:与胡塞尔共同思考超越论现象学》,第124—125页。关于胡塞尔对意识概念的拓展,参见方向红:《胡塞尔与海德格尔哲学中的越界现象——兼复两篇书评》,《哲学分析》2015年第4期,第30—31页。

② 参见马迎辉:《时间性与思的哲学:与胡塞尔共同思考超越论现象学》,第109—111页。

③ 《观念I》中开始出现的艾多斯直观正是这样一种的新的直观形态。参见马迎辉:《时间性与思的哲学:与胡塞尔共同思考超越论现象学》,第120—122页。倪梁康先生也认为胡塞尔的超越论现象学中虽然没有对应术语,但实际存在着一种“纵向本质直观”(longitudinale Wesensschau)的方法。参见倪梁康:《探寻自我:从自身意识到人格生成》,《中国社会科学》2019年第4期,第130页。

描述心理学。超越论现象学内部的诸形态之间的根本差别的实质也并不在于某种方法的描述性外观上的差别(比如静态的或发生的),而在于它们所分析的前实显的现象的具体层次或深度有所不同[①]——这就需要借助对时间性问题的内在结构和层次的考察。显然,只有突破了实显性的分析而深入到前—实显的意向流形或意向关联的研究,时间性问题的重要性才会被凸现出来,因为时间性正是前—实显的意向关联的最基本形式。这也是《时间性与思的哲学》为何会在实显性问题之后紧接着讨论时间性问题的原因。

三 时间性与超越论现象学的深层结构

对于时间问题的研究可以说是整个超越论现象学中最艰深、最重要的部分。胡塞尔关于时间问题的研究主要集中在《内时间意识现象学》及其附录、《关于时间意识的贝尔瑙手稿》和《C 手稿:关于时间构造的晚期文本》这三个文献。尽管相关文献相对有限,但我们绝不能低估时间问题本身的困难和复杂性。一方面,对于时间问题的研究本身承载了非常繁重的任务,且它与众多的课题相互交织,比如时间对象的构造问题、绝对流的自身构造的问题、个体化的问题、交互主体性的问题,甚至是出生、死亡、睡眠等现象学界限的问题。[②] 另一方面,时间性结构自身就极为复杂,这需要非常耐心的"拆解"才能使这种结构逐步得到相对充分的揭示。甚至我们可以说,尽管胡塞尔本人对于时间问题做出了非常细致且深入的思考和研究,但必须承认仍然有些问题尚未得到真正充分的回答。那么,马迎辉先生在《时间性与思的哲学》中关于时间问题的研究能够给我们提供什么新的思考吗?它与目前既有的关于胡塞尔时间现象学的研究相比又有哪些独特之处?

首先,《时间性与思的哲学》给出了一个相对完整且系统的内时间结构,这对于我们整体地理解胡塞尔对时间问题的思考有着极为重要的意义。在作者看来,胡塞尔的完整的内时间结构包含以下几个层次,依奠基顺序看,它们分别是:由横意向性与纵意向性所构建的绝对流的双重意向性、滞留与前

① 参见马迎辉:《时间性与思的哲学:与胡塞尔共同思考超越论现象学》,第 9 页。

② 参见 Dieter Lohmar, Ichiro Yamaguchi (ed.), *On Time - New Contributions to the Husserlian Phenomenology of Time*, Dordrecht: Springer, 2010.

摄的双重枝线(Doppelzweig)、由"滞留—原印象—前摄"共同构成的具体当下、持立的-流动的(stehend-strömende)活的当下(原活的当下)[①],以及构造了这种活的当下的原共在的原融合。[②] 这几个层次之间有着明确的相互奠基关系。简言之,绝对流的横意向性奠基于纵意向性,双重意向性和双重枝线奠基于具体当下,具体当下又奠基于持立的-流动的活的当下。如果上述层次划分仍然显得有些繁复的话,那么我们至少要保留两个最基本的问题层次,一是绝对流的双重意向性何以可能的问题,二是作为双重意向性构造基础的活的当下如何揭示的问题。但无论如何,胡塞尔的完整内时间结构应该是一个立体的、有深度的架构,它绝不能被简单地还原为"滞留—原印象—前摄"所构成的活的当下的偏平结构。

第二,《时间性与思的哲学》中关于时间问题的另一个极为重要的见解,就是将上述内时间结构与超越论现象学内部的诸发展形态紧密地联系起来。在作者看来,胡塞尔的内时间意识研究"对超越论现象学具有奠基意义,它甚至就是测度超越论现象学的深度以及厘清其内在结构的最重要的工具"。[③] 不同于以往的静态现象学与发生现象学的阶段划分方式,作者认为胡塞尔至少提出了三种形态的超越论现象学,即1905年到1913年左右的纯粹现象学,1913年到1929年的习性现象学,以及1929年到1937年的本性现象学。[④] 作者严格区分开了习性现象学与本性现象学这两个阶段。[⑤] 对此我们也可以

---

① 需要说明的是,胡塞尔本人在不同阶段对"活的当下"的具体用法有很明显的不同。《时间性与思的哲学》在大多数情况下都是在《C手稿》中作为最终构造基础的"持立的—流动的"原活的当下的意义上使用"活的当下"概念。作者对于"具体当下"与"活的当下"的区分,参见马迎辉:《时间性与思的哲学:与胡塞尔共同思考超越论现象学》,第74、80页。

② 关于这一时间性结构的完整图示,参见马迎辉:《时间性与思的哲学:与胡塞尔共同思考超越论现象学》,第80页。

③ 同上书,第8页。

④ 同上书,第9页。

⑤ 关于"习性现象学"和"本性现象学"这两个术语的选择,参见马迎辉:《时间性与思的哲学:与胡塞尔共同思考超越论现象学》,第9页,注释1。不过笔者认为对此还需要更细致的说明。马迎辉先生提到他对这两个术语的用法是受倪梁康先生的启发,但倪梁康先生明确地指出"本性(或本能)现象学与习性现象学都是人格现象学的组成部分",而该书中对本性现象学的部分研究似乎已经超出了一般人格现象学的范围。就此而言,"本性现象学"这一说法是否足以覆盖这些超出人格现象学的讨论?参见倪梁康:《探寻自我:从自身意识到人格生成》,《中国社会科学》2019年第4期,第133页。Nam-In Lee, *Edmund Husserls Phänomenologie der Instinkte*, Dordrecht: Kluwer Academic Publishers, 1993; Dermot Moran, "Edmund Husserl's Phenomenology of Habituality and Habitus", in *Journal of the British Society for Phenomenology*, vol. 42, no. 1, 2011, pp. 53-77.

借助兰德格雷贝所说的“第二性的被动性”与“原初的被动性或原被动性”的区分来理解：习性现象学实际上对应于第二性的被动性的问题，而本性现象学对应于原被动性的问题。[①] 不过，作者真正的洞见在于进一步指出，上述超越论现象学的不同阶段事实上都建基于内时间结构中的对应层次：纯粹现象学侧重于对前—实显的意向流形的整体说明，它建基于对整个时间性问题的发现；习性现象学对人格以及历史性的超越论建构进行了研究，它实际上以纵意向性与具体当下的结构为基础；本性现象学则直接将超越论现象学的基础揭示为活的当下的自身构造及其对整个内时间结构的建构，并以此为基础探讨了现象学的界限问题。

同样是在内时间结构的分析基础上，《时间性与思的哲学》还重点考察了胡塞尔在自我问题上的推进。毋宁说，超越论现象学的深层结构、自我的深层结构与时间性的深度结构之间实际上具有某种三重的平行关系。[②] 作者详细区分了描述心理学中非时间性的、作为体验复合的“经验自我”，纯粹现象学中作为关系中心的“纯粹自我”和建基于横意向性的“实显性自我”，习性现象学中建基于纵意向性和具体当下的“习性自我”或“人格自我”，以及本性现象学中与活的当下的自身构造相关的“原—自我”和“前—自我”(这两个概念已经完全超出了传统主体性哲学中自我问题的讨论范围)。作者对于这些不同层次的自我之间的内在关联的构建[③]以及他对于原-自我和前-自我的严格区分[④]都极具洞见。而这一部分讨论也为我们重新理解胡塞尔的超越论现象学与主体性哲学传统之间的关系提供了一个新的思考角度。

① 兰德格雷贝：《被动构造问题》，《中国现象学与哲学评论》第九辑，上海：上海译文出版社，2007年，第168页。

② 实际上，在“习性现象学”和“本性现象学”这两个术语的选择上，我们就可以看出作者的这一观点和倾向。

③ 马迎辉：《时间性与思的哲学：与胡塞尔共同思考超越论现象学》，第166—176页。

④ 同上书，第175页。关于原-自我与前-自我问题的争论，参见，Nam-In Lee, *Edmund Husserls Phänomenologie der Instinkte*, S. 214; Shigeru Taguchi, *Das Problem des ‚Ur-Ich' bei Edmund Husserl. Die Frage nach der selbstverständlichen ‚Nähe' des Selbst*, Dordrecht: Springer, 2006, S. 118; 迪特·洛玛：《自我的历史——胡塞尔晚期时间手稿和“危机”中的原—自我》，《中国现象学与哲学评论》第十辑，上海：上海译文出版社，2009年，第136—137页；倪梁康：《“自我”发生的三个阶段——对胡塞尔1920年前后所撰三篇文字的重新解读》，《哲学研究》2009年第11期，第52、55页；岳富林、王恒：《自我的根源——原自我与前自我的关系辨微》，《现代哲学》2019年第5期，第59—79页。

最后，就具体内容而言，《时间性与思的哲学》除了详细论证了双重意向性对习性现象学的整体建构[①]之外，还涉及了大量胡塞尔在1929年以后（作者称之为本性现象学阶段）的内容，尤其是关于作为最终构造基础的活的当下的自身构造的讨论。这无疑是胡塞尔现象学中最为艰深、争议最多的部分，目前国内学界对此的研究也相对较少。在这个意义上，《时间性与思的哲学》的相关讨论多少填补了国内学界在这方面的某些欠缺。不过更值得注意的是，在这部分讨论中，作者一来并没有仅仅局限于狭义的时间性来谈论超越论现象学的"最终构造"[②]的问题，而是同时涉及他人[③]、身体[④]，甚至是无意识[⑤]、睡眠、出生和死亡[⑥]等主题，二来也没有局限于胡塞尔本人的观点和讨论，而是拓展并兼顾到了胡塞尔之后的现象学家们（尤其是梅洛-庞蒂和列维纳斯）的思想。在笔者看来，这也是该书最具创造力、最令人印象深刻的工作，但本文无法对此做更多的展开，只能简要地介绍一下作者的基本观点。

一方面，作者认为胡塞尔后期对于他人、身体等问题的重新思考，以及对于无意识、睡眠、出生、死亡等主题的讨论，都必须放置到超越论现象学的最终构造的语境中来理解。这些讨论并不是现象学的一次"越界"，而是超越论现象学的彻底还原或拆解的必然要求。[⑦] 从该书的新解释范式来看，这一点是很清楚的：我们之所以会诧异于胡塞尔晚年的这些工作并视之为越界，最大的原因恰恰是因为我们受限于胡塞尔早期的思路（尤其是过多地受到描述心理学的实显性视角的影响）并将它们视为定论，而没有意识到超越论现象学一开始就是不断朝向更彻底还原的"操作"而非对某种现成性的直接给出。但另一方面，作者同时也承认胡塞尔在超越论现象学最后阶段所给出的关于最终构造和界限问题的解决方案仍然有不足之处。对于这个问题的真正解决需要一次对于胡塞尔超越论现象学的彻底批评和重新奠基。具体而言，这种彻底的批判可以有两个不同的方向，一是从"绝对他者"出发的批判，它指

---

① 马迎辉：《时间性与思的哲学：与胡塞尔共同思考超越论现象学》，第49页。

② Husserl, *Späte Texte über Zeitkonstitution* (1929–1934): *Die C-Manuskripte*, hrsg. von D. Lohmar, Dordrecht: Springer, 2006, S. 427.

③ 马迎辉：《时间性与思的哲学：与胡塞尔共同思考超越论现象学》，第178—190、230—231页。

④ 同上书，第190—199页。

⑤ 同上书，第220—221页。

⑥ 同上书，第228—230页。

⑦ 同上书，第228—229页。

向胡塞尔现象学中被耽搁的他人构造中的绝对他性的起源问题;二是从“存在的内在变异性”的问题出发的批判,它指向了胡塞尔现象学中只从融合和综合的角度来思考构造问题的做法。[①] 正是在这里,我们看到了胡塞尔以后的现象学家们(如列维纳斯、德里达、亨利等)对于超越论现象学的真正突破所在。对于这突破的理解不能抛开胡塞尔在本性现象学中的思考,否则对于这种突破理解就缺少了一个重要的环节。换句话说,唯有在胡塞尔的本性现象学阶段所讨论的最终构造和界限问题中,我们才可以看到胡塞尔与胡塞尔之后的现象学家之间真正的交汇点和分歧所在。

四 重新思考超越论现象学与现象学运动

作为国内目前少有的关于胡塞尔现象学的整体性研究,《时间性与思的哲学》几乎顾及了胡塞尔思想发展的每个阶段,论及的主题也非常多,而落实到具体的问题又会涉及更多更细致的讨论,本文的介绍难免挂一漏万。不过无论如何,《时间性与思的哲学》所给出的关于超越论现象学的整个新解释范式能给我们提供很多启发和思考。

首先,本书的这个新解释范式实际上有助于我们更好地理解胡塞尔的超越论现象学的完整形象,甚至我们完全可以从新的视角出发来重新审视胡塞尔现象学研究中的一些争议和问题。比如本书在第一章第二、第三节中有力地反驳了扎哈维关于反思与自身觉知的流行解释。[②] 作者认为扎哈维对“第五研究”中意识的三个概念的解释并不准确,尤其是错误地将第二个意识概念(具有对象性反思内涵的内感知或相即感知)解释为前反思的、非对象的直接体验或自身觉知。实际上在意识的三个概念中承载伴随性的自身觉知功能的是第一个意识概念中对体验流的直接的“心理体验”,而非扎哈维所说的第二个意识概念。[③] 作者通过引证《逻辑学与认识论导论(1906—1907 年讲座)》中所引入的两种体验概念的区分和“新的反思意识”[④]以及《内时间意识

① 马迎辉:《时间性与思的哲学:与胡塞尔共同思考超越论现象学》,第 232 页。

② 参见马迎辉:《时间性与思的哲学:与胡塞尔共同思考超越论现象学》,第 31—45 页。另参见扎哈维:《主体性和自身性——对第一人称视角的探究》,蔡文菁译,上海:上海译文出版社,2008 年。

③ 关于“第五研究”中意识的三个概念,参见胡塞尔:《逻辑研究》II/1,A325/$B_1$346。

④ 胡塞尔:《逻辑学与认识论导论(1906—1907 年讲座)》,第 284—286 页。

现象学》中对于相即感知概念的新含义的拓展[①]很清楚地说明了这一点。扎哈维试图通过将《逻辑研究》中的内感知改造地解释为前对象化的自身觉知来化解《逻辑研究》中的自身困境,但这不仅不符合《逻辑研究》中的胡塞尔本人的说法[②],更掩盖了胡塞尔从描述心理学到超越论现象学在意识体验和反思问题上的根本突破。又比如在第三章第四节中,作者从新的解释范式出发重新考察了 Noema 这个胡塞尔学界中长期争论的问题。[③] 作者不仅反驳了弗莱斯达尔、麦金太尔和史密斯等人的意涵中介论解释,并且非常清楚地说明了超越论现象学中的 Noesis-Noema 先天结构在何种意义上兼具存在论和认识论的双重内涵。

其次,从这个新的解释范式出发,我们也可以更准确地重新定位胡塞尔的超越论现象学在整个现象学运动中的位置和意义。

从该书所给出的新解释范式来看,海德格尔、马里翁等认为胡塞尔现象学错失存在或缺乏深度的批评显然有失察之处。第一个失察在于缺乏对描述心理学与超越论现象学之间根本差异的准确认识,从而"扁平化"了胡塞尔超越论现象学的形象。这也同时导致了第二个失察,即由此理解的"现象"其实更多只是描述心理学意义上的实显的、平面的现象,而不是超越论现象学中本身就具有深度和现象性意涵的现象。正因为忽视了现象本身所可能具有的深度——尤其是无法看到这种现象本身的深度已经构成某种现象性,我们获得现象学的深度的道路就只剩下一条"跳跃"的道路,即从现象径直跳跃到与之对立的现象性。马里翁在《还原与给予》中几乎完全等同了描述心理

① 胡塞尔:《内时间意识现象学》,第 164—166 页。

② 胡塞尔明确地说内感知是"一种伴随着实显体现的体验并且将这些体验作为其对象而与之相联系"的行为,换而言之,《逻辑研究》中内感知或相即感知是一种对象化行为。参见《逻辑研究》II/1,A333/$B_1$354。

③ 参见马迎辉:《时间性与思的哲学:与胡塞尔共同思考超越论现象学》,第 126—142 页。另参见,弗莱斯达尔:《胡塞尔的意向相关项概念》,张浩军译,《世界哲学》2010 年第 5 期,第 119—125 页;麦金太尔、史密斯:《胡塞尔论意义即意向相关项》,张浩军译,《世界哲学》2010 年第 5 期,第 101—117 页;贝奈特:《胡塞尔的 Noema 概念》,倪梁康译,赵汀阳主编:《论证》,沈阳:辽海出版社,1999 年,第 150-169 页;John J. Drummond, "An Abstract Consideration: De-Ontologizing the Noema", *The Phenomenology of the Noema*, John J. Drummond and Lester Embree (ed.), Klumer Academic Publishers, 1992, pp. 89-109; Luis Román Rabanaque, "Passives Noema und die analytische Interpretation", *Husserl Study* 10, 1993, pp. 65-80;. Luis Román Rabanaque, "Hyle, Genesis and Noema", *Husserl Study* 19, 2003, pp. 205-215;. Łukasz Kosowkski, "The Structure of Noema in the Process of Objectivation", *Husserl Study* 28, 2012, pp. 143-160.

学与超越论现象学,甚至没有引用或论及任何胡塞尔关于时间性的讨论。显然,马里翁是在实显性或扁平的意识内在性的意义上来理解胡塞尔所说的"现象"的被给予性,并在此基础上质疑胡塞尔没有进一步"追问"被给予性。[①] 但实际上,超越论现象学的目标恰恰就是对这种实显被给予性的深层发生结构的追问。同样的情况也发生在海德格尔那里。马迎辉在书中认为海德格尔对胡塞尔的批评虽然"影响深远",但"对胡塞尔的这一定位是非常不准确的",这一方面使得"胡塞尔现象学被死死地压制在描述心理学阶段",以至于看上去仅仅是"对意向行为的研究",另一方面也导致"胡塞尔开拓出的思的哲学的丰富内涵无法得到客观地表达"。[②] 海德格尔对于超越论现象学的理解很大程度上受制于《逻辑研究》的先在印象[③],这也使得他错失了从胡塞尔的超越论现象学本身出发所可能展现出来的"别样的深度"。海德格尔本人事实上对此也有察觉[④],只不过他把更多的注意力和精力都投入到自己的原创性工作而没有过多地深究。

因此,我们应当承认超越论现象学具有一种"别样的深度",承认超越论现象学是一门对于意识深层结构的"考古学",而不仅仅是一门基于意识表象关系的"建筑术"。这同时也意味着我们需要重新思考整个现象学运动的图景以及其中超越论现象学的位置。首先,胡塞尔现象学与海德格尔现象学之间虽然有术语及特征上的明显差异,但事情的全貌并不如此简单。如前所述,海德格尔对胡塞尔的批评实际上存在一种错位。我们需要解开这种错位关系才能看到它们之间内在的关联性,并且在此基础上,我们方可以更加准确地理解二者真正的分歧所在。[⑤] 其次,我们不仅要看到胡塞尔的超越论现象学与其他经典现象学家(海德格尔、梅洛-庞蒂)的思想之间的关联性,也

---

① 马里翁:《还原与给予:胡塞尔、海德格尔与现象学研究》,第 61 页。

② 马迎辉:《时间性与思的哲学:与胡塞尔共同思考超越论现象学》,第 3 页。

③ 海德格尔认为《观念 I》相较于《逻辑研究》只是关于意识及其对象性或意识行为(Bewußtseinsakte)研究的一个更加系统的工作。参见海德格尔:《面向思的事情》,第 109—112 页。

④ 海德格尔在 1927 年 10 月 22 日致胡塞尔的信中就承认:"而且只在最后几天里,我才开始认识到,您对纯粹心理学的强调在何种意义上给出了一个基础,得以廓清先验主体性及其与纯粹心灵的关系的问题,或者首先只是完全确定地展开对此问题的讨论。诚然劣势在于,我不晓得您最近几年具体的探究。所以,种种异议容易表现为形式主义的。"参见海德格尔:《1927 年 10 月 22 日致埃德蒙德·胡塞尔的信》,《面向思的事情》,第 129 页。

⑤ 马迎辉:《镜像关系中的海德格尔与胡塞尔》,《社会科学》2017 年第 11 期,第 112—121 页。

应当看到它与后来的法国新现象学在问题意识上的连续性。这一思考方向会带来两个积极的结果：(1)我们可以从超越论现象学的本己思路出发(尤其是本性现象学中所讨论的前—存在和界限问题等等)来更好地理解法国新现象学对于经典现象学的真正突破和超越究竟何在。这在列维纳斯和德里达身上表现得尤为明显，他们二人的原创性思考(虽然也受到海德格尔的启发)深刻地奠基于对超越论现象学极其深入的研究和内在批判。正如我们上文提到的，无论是从"绝对他者"还是从"存在的内在变异性"出发的批判都是对于胡塞尔在最终构造问题上的局限与困境的彻底反思。[①] (2)我们反过来也获得了一个"批判地"思考法国新现象学的现象学基础。从本书所给出的解释范式来看，列维纳斯等人对于超越论现象学的彻底批判显然不能被视为雅尼考所说的对现象学自身原则的背叛或偏离[②]，相反他们恰恰以一种彻底的方式贯彻了超越论现象学的问题意识。不过，正因为所谓的"现象学的神学转向"其实更多是现象学的某种内在突破所带来的"神学效应"，换句话说，重要的在于这种突破，而非神学话语本身，因此我们实际上也完全有理由反过来对法国新现象学进行一个"解—神学化"的操作——在剥离神学话语的同时，重新思考在内在突破中尚未得到完全澄清的问题，比如绝对他者的不同维度之间的关系、绝对他者与存在的内在变异性之间的关系等。对于这些问题，即使列维纳斯、德里达、亨利等人也并没有给出一个毫无争议的回答，甚至他们的思想之间的差异和争论也可以从这些尚未澄清的问题中找到其最终的根据。

最后，我们甚至可以在超出现象学运动之外的更广阔的视野下来思考《时间性与思的哲学》这一新解释范式的意义和价值。作者尝试将胡塞尔的超越论现象学放置于20世纪西方哲学的整体背景中，考察其与结构主义、精神分析和西方马克思主义等思潮的具体关系。[③] 尤其是在关于现象学与精神分析之间关系的问题上，作者提供了一种新的思考方向。学界以往的研究大

---

① 马迎辉：《时间性与思的哲学：与胡塞尔共同思考超越论现象学》，第232页。

② Dominique Janicaud et al., *Phenomenology and the "Theological Turn": The French Debate*, trans by B. G. Prusak, New York: Fordham University Press, 2001.

③ 马迎辉：《时间性与思的哲学：与胡塞尔共同思考超越论现象学》，第6页。

多集中在胡塞尔与弗洛伊德关于无意识问题的争论①,而作者在此基础上更重视拉康对于二者的“再次突破”。在本性现象学中展现出来的超越论现象学的自身界限,以及从绝对他者和存在的内在变异性出发的批判可能性,我们其实都可以在拉康的精神分析那里找到与之对应的思考。②

总而言之,《时间性与思的哲学》以时间性为线索重新呈现了一个立体且具有深度的超越论现象学的形象,这也为我们重新思考现象学的基本问题、理解整个现象学运动乃至其他思潮提供了许多新的视角和研究方向。同样令人印象深刻的是作者在书中彻底忠实于实际经验的现象学态度,以及细致入微的拆解与分析能力,这也使得本书对于胡塞尔超越论现象学大胆的整体性重构变得更加令人信服。就此而言,《时间性与思的哲学》不仅代表了目前胡塞尔研究领域最前沿的问题意识与研究方向,无疑也是近年来国内最值得关注的、具有典范意义的现象学研究著作。

(张宇杰,北京大学哲学系博士生)

---

① 参见 Seebohm, Thomas, “The Preconscious, the Unconscious and the Subconscious: A Phenomenological Explication”, *Man and World*, Volume 25, pp. 505-520; Rudolf Bernet, “Unconscious Consciousness in Husserl and Freud”, *Phenomenology and the Cognitive Sciences*, Volume 1, Number 3, 2002, pp. 328-351。另参见马迎辉:《压抑、替代与发生——在胡塞尔与弗洛伊德之间重写“无意识”》,《求是学刊》2017 年第 2 期,第 41—48 页。

② 马迎辉:《时间性与思的哲学:与胡塞尔共同思考超越论现象学》,第 232—233 页。另参见马迎辉:《一种新的哲学批判何以可能? ——拉康与胡塞尔》,《哲学研究》2020 年第 3 期,第 90—97 页。

哲学门(总第四十一辑)
第二十一卷第一册
北京大学出版社,2020年6月

黄昏永续
——“虚假观察者”关于疫病的琐言

程乐松*

2020年上半年,中国乃至全球的民众在话题和关切的意义上达到了人类历史上空前的一致,这一方面是因为一种独特且高度陌生的疫病使得全人类一起进入了概莫能外的恐慌之中。这种高度一致的恐慌来自全球化时代高度发达和极度迅捷的信息机制。更为有趣的是,同样是这种全球化的进程及其后果为疫病跨国与洲际流行提供了便利。从另一方面看,这种高度一致的恐慌却引起了高度分裂的解读,关于疫情起源的争论,以及不同国家对于疫情防控所采取措施的差异,直接造成了国际旅行的各种单向或双向障碍。与此同时,我们注意到,一个波及全球的新病毒似乎并没有如大多数常识预期的那样让全球不同国家团结起来,而是大大助长了孤立主义和民族主义的情绪。

我们不得不承认,在一个科学高度昌明的时代,人类仍然是渺小和脆弱的。一种不可见的陌生病毒,用死亡的恐惧再一次让在现代性和技术性傲慢中狂欢的人类尴尬地面对自己能力的有限性,病毒对于我们而言不仅是陌生的,更是不可预期的。疫情也再一次证明,在自然面前,人能控制自如的东西实在太少。大自然的统治力直接击碎了全球化时代的生活秩序和知识结构,乃至文化景观。在秩序的意义上看,我们从人类自身建构起来的自由秩序回到了自然统摄的必然秩序之中。命运、天谴等充满着前现代的“愚昧”和“无知”气息的语词开始出现在我们破碎的生活秩序的废墟之上。

恐惧总是与想象力同行。我们看到,在最近半年,科学的研究与高度社会

* 程乐松,北京大学哲学系教授。

化的防疫工作,与个体的想象力与恐慌一起成为某种破坏日常秩序的力量。社会生活暂停下来,这对于现代社会而言是灾难性的,它凸显了现代社会的片面性和单向性。一种建基于高度秩序化和规则化的经济生活之上的现代生活,依赖资本与信用保证商品的生产、流通与消费,我们总是习惯于将未来的框架纳入当下的制造和生产之中,用未来的预期引导消费和生活。这样一来,生活秩序和社会活动都是朝向未来的,而未来的秩序和节奏必须是可预期的。一旦当下被暂停了,它带来的不仅仅是当下的停滞,更是未来秩序的破坏,生活秩序随着时间推展,变得更加混乱。总体而言,这次疫情让我们意识到,现代生活的根本症结在于,我们总在对未来的筹划的基础上展开当下的生活,我们以"掌控"造成了对时间和未来的亏欠。生活秩序一旦出现不可控或不得已的错乱,我们就会陷入这种亏欠之中,疫病带来的是一种双重焦虑。

当然,我们也要承认,人类之所以能够在不可控的自然秩序之上保持社会生活的持续展开,是因为我们总能在日常生活的破碎处,重建知识与社会秩序。这种尝试成为不同地域和人群不得不面对的共同问题,人们需要找到一种解释机制重新拼合知识图景,让新冠肺炎造成的全面失序得到全面的合理说明,进而让疫情从智识到解决方案上都成为一种"新常态"。这就造成了一种话语生产的景观:从病毒的溯源到疫苗的开发,从社交距离到口罩政治,直至特朗普式的"流感"与"奇迹般消失"说,甚至对疫病进行具有高度政治化和民族主义的命名或污名化处理,这些都成为话语制造的一体两面。一方面,需要通过话语的制造解释失序的根源,并用解释的方式建构新的秩序感和对未来的预期,以通过改造未来预期的方式重新筹划当下的生活,弥补对未来的亏欠;另一方面则以疫病为源头指向二阶的政治与意识形态,乃至其他象征性或隐喻性的话语,从而让疫病成为某种表达的源头。

由此,我们可以聚焦一下,2020 年上半年席卷全球的疫情的一个十分重要的文化后果就是,疫病给了所有人话语生产的良机。我们在很大程度上依赖话语生产与观念交叠对抗"非日常"的焦虑和恐慌。这些话语生产的基本形态过于复杂,一个可能的共通之处就是所有说话者都是虚假的观察者,自以为是的局外人。从"科学"术语构成的晦暗解释,直至疫病命名的政治学背后的意识形态指向,疫病成为话语的对象,更成为话语的源头。

当然,在一个概莫能外的社会危机中,保持观察者的视角展开言说是逃离焦虑的好方法。在这样的真实经验中,真正无可抵抗的就是“日常”的统治力,我们那么拒斥当下持续了半年之久的“假期”的“日常”,我们看到了日常之间的战争,以及高度秩序化的混沌。“不真实”的感受让当下的“真实”成了敌人,我们通过不断回向日常秩序的方式对抗当下的“日常”。正像对一个在森林里迷了路的人,森林的风景是完全不可见的,不断涌来的就是迷失的惶恐和懊恼的自责。于我本人而言,尽量保持不与这种“异常的日常”对抗的心态并且小心地不加入话语填充物(Discourse Landfill)生产的狂欢是应有之义。

渠敬东教授近期在关于涂尔干的社会密度和传染性社会的论述中提示了如下的可能性:撇开病毒对身体的伤害,疫情之下,最具有传染性的就是说话的欲望和虚假观察者的视角。置身其中又超然于外的悖谬一直是所有知识人不能逃脱的宿命。进而开始怀疑,保持不与“异常的日常”对抗的心态是否也是矫情?如果是,那么就尝试放下抵抗,感受一下反思异常的“日常”。于是就有了以下的Landfill(鄙人十分喜欢这个词,就是填充物,几乎没有什么用,而妙处就在于“几乎”):

毫无疑问,长达半年且无法预期的假期知识之幕的背后病毒延伸着,这对于所有人而言都是奇特的,它长得出奇,也压抑得出奇。假期与疫病的叠加让隐约的恐惧和难以幸免的担忧被放大了很多,我们又没有办法用忙碌抵抗它们。我们最缺乏的就是,与恐惧和担忧平和相处的能力。究其原因,就是我们实际上已经被日常秩序驯化了,只能活在“实际的”抑或“被想象出来”的高度秩序化了的日常里。真正让我们难以忍受的是无序与庸常。

我们为什么盼望假期呢?日常生活的秩序中包含着一种典型的吊诡:高度重复的日常必须时常被假期打断,以避免把人们抛入庸常的疲役之中。假期的安排是日常秩序的一部分,而这一部分的功能就是打断日常秩序,并保证日常秩序以可中断且可恢复的方式持续下去。同时,我们的日常秩序只有在被中断的时候才被显现出来,才可以被观察和分析。退而言之,即使在真正的日常生活中,我们也是活在一种想象出来的秩序之中的。毕竟在一个高度秩序化的社会节奏中,每一个个体的丰富性和经验的偶然性虽然可以被忽视,但终究不能被消灭。

如果说被中断的日常秩序就是我们盼望的假期,那么太长的假期又让我们对日常性的统治力有了充分的认知。疫病期间自觉减少出门,职业社会的日常秩序的核心——工作——几乎停摆,那些曾经毫无余隙地包裹着我们的社会生活被按下了暂停键,我们突然看到了日常秩序像黑洞一样强大的席卷能力。一旦日常秩序这个黑洞停止运转,时间就以很缓慢地方式压垮了每一个人的耐受力,闲得发慌就很直白地表达了“悠闲的限度”。

过往的数个月,在两种日常模式之间进行剧烈且不合预期的转换造成了巨大的心理负担,我们不得不处在“何以丧失日常进入无序”的不断省察和“何时回到日常秩序”的持续焦虑之中。这种焦虑既有面向过去的省察,也有面向未来的猜测。在被迫的无所事事和用以抵抗“虚假悠闲”的没事找事儿中,我们可以尽情地放纵自己的焦虑和烦闷情绪。更要命的是,这些情绪被持续放置在我们意识领域的焦点位置上,不断放大,直至变成一个不可忽视的公共“症状”。确实的状态不是我们“不知道”,而是我们不知道“我们是否真的知道”。由此,持续且充满矛盾的信息与各种被知识和权威包装过了的话语就成了真正的刚需,我们自觉地被席卷到不断被生产出来的话语和相互矛盾的信息之中,用信息的焦虑抵抗秩序的焦虑。

在疫情面前,所有人都不得不面对最根底的认知挑战:长期被灌输的、关于科学与世界秩序的信念,不得不在无序的信息与话语的映照下反复被质疑。扑面涌来的信息和话语都有一个预设,它们的使命是揭示真实、传递客观,它们尝试说服我们每一个人,所有的一切仍然在知识的秩序内,所有的无序只是来自暂时的未知。以此在智识的秩序重建中抵抗未知的、现实的风险与恐惧,制造一种有趣且脆弱的印象——因为我们能够理解这一切,所以我们能够掌控它。此外,就社会信息的生产和分发机制而言,我们会看到一个特别奇怪的矛盾:所有的信息渠道和内容似乎都是指向秩序的,然而它们被选取和理解的过程却是完全无序的。不妨说,我们活在一个高度混沌的信息布朗运动之中。与此相对,对于任何一个个体而言,这些高度混乱且缺乏真实性判定的信息又必须被秩序化,并且整合进一个丰富但划一的世界认识之中去。

疫情爆发以来,我身边最活跃的信息源就是中学的一个校友群,分布在天南海北、国内海外的,被疫情中断了日常生活和职业节奏的数十人不断在群里以各种姿态发布信息并进行评论,我自己也十分严肃地上传过好几条后来被辟谣的所谓新闻。严格来说,每一个人都是信息混沌中的孤岛,我们首先想要得到的不是真实,而是确信和秩序感。秩序感的需求与怀疑的本能成了内心交战的双方,而在这个时候,我们最需要的显然不是日常话语和公共知识,而是一些"不明觉厉"、不知就里的术语堆砌起来的"专业表述"。谈到疫情,你若是不能说出免疫风暴、不能知晓某几个英文字母缩写出来的且你也不知道到底是什么的药物或者设备,那么你就是缺乏话语自信的。

不妨说,当代社会给人一种十分荒谬的在场感:通过各种信息渠道,任何人可以充分利用有限但被打扮得十分真实的信息,辅以自己的"脑补"实力,假装在人类社会的任何一个现场。更为重要的是,我们可以用一种共情的能力,用情感的方式"体贴"地加入任何一个现场。与此相对,从理智意义上,我们又都是怀疑者和局外人,哪怕是自己的生活经验,也同样遭到超然的审查和诘问。

复杂的在场感并没有解放我们的理性认知能力,而是放飞了我们的想象力。在日常生活的秩序里,我们的想象力总是被理性和常识统治的,而在日常秩序缺位的时候,我们的想象力就彻底告别了常识的压力,开始在谎言、事实与自我感受之间不断漂移。其合理性就是,断裂了的日常秩序让我们可以尽情地在想象中试验混乱的边界和无序的后果。只有在这个时候,所有在平时被嗤之以鼻的怪力乱神都以可能性的名义占据了话语生产的某一个角落,一本正经地胡说八道起来。

这时,知识人或者科学家们就会用他们以专业术语和知识壁垒构造出来的、具有权威的话语提示已经漂移的想象力回到论证的伦理要求上来,于是乎,辟谣成了重要的话头。就我个人而言,方方女士与张文宏大夫两个人共同构成了基础的想象力空间,情感性的表达和理性的知识成为过滤和质疑信息的两个端点。我们就是在这样的往复之中把自己埋进关于真实性的焦虑和省察性的反思之中,抵抗"无序"带来的不知所以且不知何时终了的焦虑。

除了面相各异且难辨真假的信息之外,以省察的名义展开的各种各样的话语生产也有一个共同的特点,它们的出发点都是作为象征的"病"或"病人"。无序的"日常"让每一个置身于其中的人都有一种"病态"的直觉,于是,病的象征性意涵延伸成为最简易的话语生成方式。不仅有一些人病了,社会也病了,思想也病了。简言之,我们都是这个无序病症的共病者。

自觉的反思与省察不断指出此前被我们认为"有序的世界"是由于自满或无知而遮蔽了的,其中包含着无序的风险,以此来生产对抗"无序"焦虑的诠释。如果关于事实的信息是为了说明“是什么”“怎么样”的问题,那么反思性的话语则是为了应对“为什么”“会怎样”的问题,诠释并不是为了解决,而是为了平复焦虑。让人恍然大悟的诠释使得听者可以暂时进入“无序背后的有序”的安全区间,而这些诠释的最大公约数就是我们所谓的有序与日常就潜藏着这些无序与混乱。质言之,我们不是真正指出了混乱的根源,而是尝试说明在进入混乱之间的日常中就包含了某种混乱的可能性,因此我们需要用一个新的关于日常的定义将无序和混乱消解在更新的日常描述之中。在其中,此前遮蔽真实的日常的误解和偏见,成为无序的替罪羊,而我们重新安然地活在一种持续向完善秩序前进的感受之中。

大抵上,职业学术的时代,自然科学和工程科学的学者就是负责信息生产和鉴别的,而人文与社会科学学者的职责就是用诠释的话语和省察的语气顽固地保卫日常,即使这种保卫方式是不断地用诠释重构它。在一个无限放大的关于“疫病”的隐喻之中,如果我们都是病人,那么我们就同时都是病理学家。

不得不承认的是,津津乐道的病理分析与治疗方案之间的距离,是无穷远。

诠释就是终结处,而不是行动的起点,这就是绝大多数公众对于反思性诠释缺乏信任和尊重的根本原因。诠释总是要直面诠释者们共同建筑的巨大障碍,即理性设定的所有人都拥有的怀疑能力和责任,以及经验的神话和对效果的迷信。因此,所有的诠释起步于怀疑,也要终结于怀疑,在所有人都被赋予怀疑权力的时代,抵御怀疑的唯一方案就是行动及其经验的结果。然而,诠释的最后波澜就消失在行动开始处。省察与诠释总是尝试让有序与无序融合在一个新的秩序结构之中,这种尝试一直是未完成的,行动对秩序的拆解与诠释对秩序的重构根本就是同一个过程的两个面相而已。

不妨说,在被日常性统摄的时代,我们实际上是埋首于其中的,并且活在一个关于秩序感的迷信之中。与之相对,那种超然其外的病理诠释和秩序重构总是在日常断裂处才出现。

被无限放大了的疫病隐喻和百无聊赖之中对日常的省察,让我们看到,某种秩序变成日常的基础就是其中必然包含着面向未来的“混乱”可能性,日常的截断和裂缝是必然,而不是某种偶然。

善于反思且具有无穷想象力的我们既不是活在理性与秩序的清朗之中,也不是在无序与混乱的永夜之内,而是在清朗与晦暗的交界处,让黄昏永续。

哲学门(总第四十一辑)
第二十一卷第一册
北京大学出版社,2020 年 6 月

疾疫、人我与身心

何怀宏*

这场突然爆发且目前还在世界上持续的新冠病毒疫情,或可说是人类历史上第一次既波及最广的对人身体的“侵袭事件”,同时又是全球化以来首次人们心理上的“全球体验”。作为一个单一事件,它影响的人数之多,范围之大,可能超过以往人类历史上任何一次战争和流行疾病,尤其是在心理上。七大洲,各大文明,几乎所有民族国家,无不有新冠病毒“登门造访”并造成心理冲击。

的确,它远不是一场带来死亡最多的疾疫或战争灾难,但却是对人们生活和心灵的影响最为广泛的一场灾难,这不仅因为它传播迅速和隐蔽,还因为这个世界已经不再是在相当程度上互相隔离的世界,而是已经高度全球化,也深度信息化了的世界。网络可以让人们“天涯共此时”,也可以让人人发声。目前我们还不清楚,这种同感同患会不会带来广泛的共情共识,会不会“净化”人们的心灵或改变人们的价值观。在此,我只是想联系人类历史上的疾疫,谈一谈疾疫引起的有关身心和人我关系的感想。

我这里所说的“疾疫”主要是指那些恶性传染病,它们或者是传染性高,或者是致死率高。以五种 β 冠状病毒为例:MERS 的病死率很高,是 36%,但传染率(RO)小于 1;SARS 病死率是 9%,传染率是 2.6;有两种冠状病毒 HCoV-OC43、HCoV-HKU1 传染率比较高,均大于 3,但病死率只有 0.1%。所幸病毒的传染率与病死率往往成反比,就像花朵的香味和美丽的外观也常常成反比一样。即便是释放出灾难,大自然也还留有少许“公平和克制”。但

* 何怀宏,北京大学哲学系教授。

这次的新冠病毒比较麻烦的是,它的传染率比较高,大致是 3.7;而病死率虽然不像 MERS 和 SARS 那么高,可也不算低,目前统计大约是 5%[①],其中死者大多数是患有基础病的老人。

这场世界大流行疾疫凸显了身体,但身体也会直接刺激心灵。心灵会反应、表现、诉说。如果仅仅从肉体看,人和动物并没有太多差别,所以有许多疾病是人和动物共患,也可以互染。[②]人与动物之别在人的心灵、精神和意识,但在人世间,这些也都附着于身体。疾疫突出了身体,突出了碳基生物共有的脆弱性。当然,它们既互相依存,也互相争夺生存空间,而最微小的也能攻打最强大的,最古老的也能袭击最时兴的。

从心灵方面来看,哲学貌似最注重思想和精神。而在某种意义上,哲学又可以说是对肉身死亡的一种准备和练习。虽然和众人一样,哲学家也离不了身体,逃不掉最后的死亡。但哲学的思考可以别身而求,向死而生。

这次灾疫大规模地展现了死亡,死亡的绝对人数不少,但面也很广。死的危险在全世界到处存在,虽然也不是对所有人都那么严重和咄咄逼人。一个大城市,过去也是每天悄悄地在病死人,不太引人注意,但现在的新冠死亡人数却万众瞩目,因为它也实实在在地具有一种很强的传染性和高于普通病的死亡率。对死亡的恐惧,包括恐惧心理所带来或许还有裹挟的一切,将社会逼入了大规模的隔离。

哲学家或者那些热爱智慧和思考的人们是怎样看待这一场疾疫及其所带来的隔离等现象呢?有一些行业,虽然寥寥可数,注定是要有一些孤独和寂寞的。哲学亦是如此。而这场疾疫倒是可能让哲学家们有了更多的闲暇,有了比平时更多的时间进行思考。孤独和隔离也是思考和创作的一种养料。哲学家们本身就是有些自我隔离的,只是外加的隔离和内在的隔离总还是有些不同。

稍稍浏览一下域外知识分子对这次新冠疫情的反应是有意思的。乔姆

① 参见微信公众号“医学论坛网”2020 年 6 月 27 日所载文《Science:关于新冠的绝望未来》。其转述的英文原文,请见 Stephen M. Kissler, Christine Tedijanto, et al., “Projecting the Transmission Dynamics of SARS-CoV-2 through the Post-pandemic Period”, *Science*, vol. 368, issue 6493, pp. 860-868 (22 May 2020). DOI: 10.1126/science.abb5793。上网访问时间 2021 年 1 月 1 日。下同。

② 参见芭芭拉、凯瑟琳:《共病时代——动物疾病与人类健康的惊人联系》,“今天医学界最令人兴奋的新想法之一,是我们祖先认为理所当然而我们却不知怎地忘了的事——人类和动物会罹患相同的疾病”(北京:生活·读书·新知三联书店,2017 年,第 289 页)。

斯基和奈格里都已经很老了,他们在接受采访时只是表达他们一贯的“初心”。齐泽克在疫情刚刚爆发的时候就有迅速的反应了,他接连撰文谈了他的梦想和感想,照例用了一种“语不惊人死不休”的风格。赫拉利也有很快的反应和行动,积极呼吁人类的团结合作。但他曾经在他的《未来简史》中说人们在长生之后还会继续追求身体的“永生”可能是对的,而以为人类已基本消灭了瘟疫甚至人可能实现身体的“永生”现在看来却是错了。

阿甘本在疫情蔓延到欧洲之初就反对隔离,他甚至认为是政府“发明”了这一疫情以扩大自己的权力,想将这种控制的权力巩固下来,将例外状态变成一种常态,将人们对“赤裸肉身”的担心和恐惧变成这种扩大和巩固权力的根据。[①] 阿甘本的朋友南希却认为阿甘本的反应过分了,认为阿甘本有一种对技术的恐惧症和对社会隔离的过度否定,他说他近三十年前心脏的移植曾遇到阿甘本的反对,但如果不移植的话,他大概早就死了。[②]他认为,与“如果不全方位地进行庞大而昂贵的动员,就不会降低迄今仍无法抑制的死亡增长率”的论据比较起来,反对的人们则像是持一种“抽象的英雄主义”。[③]

还有不少学者更多是从这场疫情对全球化、国际关系和社会经济的影响来表达自己的观点。他们中许多人的反应和他们一贯的社会政治立场和哲学思想是相联系的,其中许多学者在心底深处始终有一种对不断进步的共同体的政治和社会理想。不过,我这里主要想谈一下哲学家们对这场疫情及其可能带来的死亡的个人态度,尤其是我欣赏的法国伦理学家斯蓬维尔的态度。2020 年 4 月 17 日,他在接受瑞士《时代日报》的采访中谈道:

> 新冠病毒远没有老年痴呆症更令我害怕。即便我感染了它,我还有95%的机会逃过它,为什么我要害怕呢?令我担忧的,不是我的健康,而是年轻人的命运。随着禁闭造成的经济衰退的到来,年轻人们将要付出最沉重的代价,无论是以失业还是以负债的形式。以牺牲年轻人来维护

---

① 源自 2020 年 2 月 25 日意大利《宣言报》(Il Manifesto)上刊登的社论《由无端的紧急情况带来的例外状态》(Lo stato d' eccezione provocato da un' emergenza immotivata)。译文首发于务虚(WUXU)-四十日谈(4xDecameron):https://mp.weixin.qq.com/s/onS9cTwEap5gBrtxJOKNjA。

② 让-吕克·南希(Jean-Luc Nancy)曾著有一本书《闯入者》专门谈到他心脏移植后的体验和思考:*L' intrus*, Paris, Galilée, 2000。

③ 来自 2020 年 4 月 8 日 Youtube 频道“疫病时期的哲学”(Philosopher en temps de l' épidémie)的第 23 期:https://www.youtube.com/watch? v=kT7S2ciWz9o。

老年人的健康,这是一种反常。……有必要提醒的是:死于这一疾病的平均年龄为81岁。按照传统,是父母为了孩子而自我牺牲。而我们正在本末倒置。从道德上我不认为这令人满意。[①]

作为同行和大致的同龄人,我也有和他类似的感受。当然,他确立这种个人态度还与对自我与他人、老年人与年轻人进行的比较有关。如果是仅仅从自我对死亡的态度着眼,在我看来,如果一个追求哲学、热爱智慧的人过于看重自己的肉身,他也许就没有好好对待自己的灵魂——虽然他不一定或不总是要说出这种态度。而我反感的是那样一种态度,即并不止于自己重视养生和似乎是要不顾一切地追求长生,还要带着一种倨傲和排斥的态度,责难或嘲笑别人不像他那样高度重视乃至唯一重视肉体的养生和长生,甚至动辄就批评别人"不作不死"。所幸哲学家们很少有这样一种态度。[②]

但是,从社会伦理的角度看,的确还是应该有另外一种态度,这也是我坚持认为的:如果我们不能好好对待他人的肉身,也同样是没有好好对待自己的灵魂。我们不能不重视疾疫给人们身体带来的痛苦,不能不重视那些染病和死亡的人。这里重要的是人我之别。我不想将自己对自己身体的态度延伸到对待他人的身体,反之亦然。

根据霍尼斯鲍姆《人类大瘟疫》所附"新冠大流行·特辑"的统计,按照时间的先后为序:罗马帝国发生的安东尼瘟疫(165—180)死亡500万人,查士丁尼瘟疫(541—542)3000万—5000万人,日本天花流行(735—737)100万人,鼠疫(1347—1351)2亿人,天花(1520)5600万人,17世纪的瘟疫300万人,18世纪的瘟疫60万,霍乱(1817—1823)100万人,第三次大瘟疫(1855)1200万人,俄罗斯流感(1889—1890)100万人,黄热病(19世纪晚期)10万—15万人。

这是20世纪之前的数字,当然,较早的数字多是估计而非严格的统计。其中死亡人数最多的还是发生于14世纪中叶的鼠疫,死亡约2亿人。有些

---

① 资料来源:瑞士法语区《时代日报》(Le Temps)2020年4月17日星期五发布的访谈稿。法文原文链接:https://www. letemps. ch/societe/andre - comtesponville - laisseznous - mourir - voulons? utm_source = facebook&utm_medium = share&utm_campaign = article。中译文链接:https://www. meipian. cn/2w8y74ps。

② 拙文《预期寿命与生命之道》谈到过当代北大哲学系以及中国哲人的长寿,他们的平均寿命高于国人的平均寿命。但这与其说是因为他们素重养生和求长生,倒不如说是因为他们对生命的达观,这反而使他们成为一个高于平均数的长寿群体。(见《东吴学术》2016年第1期)

灾疫死去的总人数并不多，但是，在那个局部、那个城市却占有很大的人口比重。比如上面没有提到的雅典在公元前 430 年左右发生的瘟疫，它杀死了大约 1/4 的雅典陆军，以及至少 1/3 的雅典人口。安东尼瘟疫的疫区内死亡 1/4 到 1/3 人口。而 14 世纪中期的瘟疫，让欧洲人口减少了 1/4。[①]

20 世纪以来的主要流行病，西班牙大流感（1918—1919）死亡 4000 万—5000 万人，如是后一数字，相当于当时全球人口的 3%。亚洲流感（1957—1958）110 万人，香港流感（1968—1970）100 万人，艾滋病（1981—迄今）2500 万—3500 万人，SARS（2002—2003）770 人，猪流感（2009—2010）20 万人，MERS（2012—迄今）850 人，埃博拉（2014—2016）11300 人，本次新冠疫情到 2020 年 6 月底，感染已经过 1000 万人，死亡已过 50 万人。[②]

20 世纪以来，死亡人数最多的还是一头一尾，也就是西班牙大流感和迄今还在流行的艾滋病，死亡人数都在 3500 万人以上。艾滋病也是进入 21 世纪传染病的人类头号杀手，但因为传播渠道有限、通过“鸡尾酒疗法”转成可以延长生存期限的疾病，人们对它已经不再像它开始出现时那样恐惧。西班牙大流感的死亡数字还不是严格的统计，且越是到后来估计越高。从较早估计 2000 多万到现在的 5000 万，让人也有些怀疑。另外，历史上还有诸多疫情连估计的死亡数字也没有。中国正史上对疫情多有很简略的年份记录，但常常缺少对疾病的描述和死亡数字等信息。

在历史上，肯定还有一些疫情是在历史记录中失落了，或者需要从历史文献中钩沉。这些疫情当时没有公开报道，后来也几乎是不太有人关注。这不仅发生在信息不发达的古代，甚至也发生在现代。现试举一例：

> 1950 年以后，脑膜炎在本省年年都有发病，曾于 1966 年至 1967 年出现过一次大流行，发病 421065 例，病人死 25647 人，重疫区是沔阳、松滋、监利、荆门、京山、石首、宜都、光化、均县、恩施、建始、鹤峰县。……最严重的沔阳县发病 54269 人。……在沔阳、天门各县的重疫区，家家

---

① 以上数据根据内森·沃尔夫：《病毒来袭》中张大庆所写“导读”，杭州：浙江人民出版社，2014 年。

② 以上 20 世纪之前和之后的历史数据根据马克·霍尼斯鲍姆：《人类大瘟疫——一个世纪以来的全球性流行病》所附“新冠大流行·特辑”，新冠病毒数据根据腾讯网整理的来自 WHO 与约翰·霍普金斯大学网站的数据。

有病人,村村闻哭声,处处有新坟,医院里人满为患。①

也就是说,1966年冬至1967年春,湖北流脑的发病人数和死亡人数都超过了这次湖北的新冠疫情。这次湖北新冠疫情累计确诊人数迄今是68135人,死亡是4512人。而那次湖北流脑的发病人数和死亡人数都是这次新冠疫情的6—7倍。当时,正是"文革"初期的大串联之际,这种增加的流动性大概也是发病率高的一个原因,其时在别的一些省市也同样出现了流脑疫情。

我们这里只能统计人数,而其实每一个死去的人后面都有一个自己的人生故事。一亿人就有一亿个人生故事,但是,这些故事绝大多数都湮没了,不仅在历史上湮没了,可能当时就湮没了。我们在这里只能表示哀悼,而且反省如何尽可能减少疾疫及其带来的痛苦和死亡,我这里只是从医疗技术的角度谈谈。

我们比较一下上个世纪初的那次大流感和这个世纪初的各种恶性传染病,一百年前的死亡数字是比现在高了许多。这说明现代医疗技术的进步,但我们还是可以指出这一技术进步的限度。

美国研究医学史和传染病史的学者玛格纳谈到:20世纪早期是微生物学和公共卫生的"黄金时代"。这个黄金时代甚至可以说延续了大半世纪,直到在70年代消灭天花。20世纪人类寿命普遍增长,婴儿死亡率大幅下降,除了天花,其他一些传统的恶性传染病也得到有力遏制。许多生理学家因此相信抗生素能够消除细菌性传染病的威胁,而疫苗能够控制病毒性疾病,人类几乎可以说不用再恐惧传染病,而只需专注于心血管病、肿瘤和其他慢性退行性疾病。获得过诺贝尔生理学医学奖的伯内特甚至预言,感染性疾病正在消失,除了对病因的兴趣,未来针对传染性疾病的研究将会变得非常有限和无趣。②

但是,最近数十年的情况打破了这种乐观的预期。不仅一些过去的流行病死灰复燃,还出现了一些新的传染病。现代医疗等各种防范疾疫的技术遇到了它的瓶颈,一些流行病的细菌对抗生素产生了耐药性,而研制病毒流行

① 湖北省地方志编纂委员会编《湖北省志·卫生》,武汉:湖北人民出版社,2000年,第346—347页。

② 玛格纳:《传染病的文化史》,上海:上海人民出版社,2019年,第141页。

病的疫苗并不容易，比如对迄今已肆虐了多年的艾滋病到现在也没有开发出疫苗。

现代技术给人类带来的强大控物能力和新的生活方式，也给传染病增加了新的危险。人类越来越向自然界扩展，许多野生动物的原有栖息地遇到了很大的压榨，人与野生动物接触也更为密切，后者携带的原始病毒更有可能发生变异传染到人。随着城市化的进程，人口日益密集和迅速流动，病毒也跟着大流动。网络信息的大传播也是一柄双刃剑，既能信息四通八达，也有造成恐慌的可能。

而且，技术是一个整体，不单是医疗技术。医疗技术也必须借助其他技术的发展，还有为它奠基的生物科学。技术还和其他所有的技术联系在一起：电脑、网络、航海、太空、交通、运输……它们互相促进，一荣俱荣，但也可能一损俱损，或者互相制约和冲突。现代医疗技术要追踪和隔离病毒，但是病毒却可以随着航空技术让感染者在数天内散布全球。和现代医疗技术紧密联系的还有基因科学、基因治疗等，而新的基因编辑技术、克隆技术等若用于人体生殖，有可能隐蔽地构成对人更深的威胁。

医生、医院的发展提供了良好的治疗条件，但医院病人的集聚也带来了新的交叉感染源。注射和免疫接种、器官移植和输液，都是将医学迅速推向现代化的技术。但像输血会传播人类免疫缺陷病毒和其他逆转录病毒、乙肝和丙肝病毒，以及像疟原虫这样的寄生虫和锥虫病。

科技大大改善了我们的生活，但也增加了新的传染源。比如 1976 年在美国费城爆发的军团病，就是由中央空调引起的。甚至公共卫生的条件愈加好了之后，人们的免疫能力可能反而降低了。有一种“卫生假说”甚至认为：我们现在是不是变得太干净了？生活愈好，环境愈卫生，人们抵抗病毒和细菌的自我防御能力反而可能下降了？有一些传染病，反而是年轻人与儿童染病率比老年人高，因为那一代老人幼时曾经生活在较差的环境中而获得了免疫力。还有我们心理上的“免疫力”，会不会也不如过去世代的人们那样强大？

这当然不是要否定医学的进步和公共卫生的必要性，而是提醒我们注意新的问题，而且要注意引起感染和疾病的微生物世界。细菌已经是很微小了，而病毒更加微小，在一般的光学显微镜下是看不见的。细菌引起的恶性传染病有鼠疫和霍乱。病毒引起的恶性传染病则有天花、流感、各种冠状病毒疾病、艾滋病等。现在还有新发现的更微小的具有传染性的类病毒和朊粒。迄今也还有许多细菌、病毒没有被人类发现或可能诞生,而已经发现的也还不断在发生变异。

没有微生物,也就没有生命,没有现在成长为植物、动物和人类的生物世界。地球上的生命就是从古老的微生物开始。尽管人类的认识能力近代以来有了大幅进展,但是我们对这个微观世界所知道的,并不比对浩瀚星空的宏观世界所知道的更多,这是另外一种近乎无限的广阔和深邃。即便我们已经知道有那么一些关键的节点,对其产生的过程和原因我们还是相当模糊的:比如如何从非生命过渡到生命,从无意识过渡到有意识,我们往往只是知道一些大概的外在的表征,对其原因或本质还处在往往是自以为知却依然茫然无知的状态,我们甚至还难以严格划清生命与非生命、意识与无意识的准确界限。人还是不宜太自信自己的认知能力,或者说,应该意识到每当我们发现一些重要的知识,也就同时打开了一个新的无知世界的大门。

鉴于疾疫所带来的众多身体的痛苦和死亡,以及心灵的广泛恐惧和焦虑,我们不能不重视它。我们个人可以对肉体生命给予不同的权重,但是,由于传染病是这样一个不仅关乎自己的身体,也关乎他人的身体的疾病,就不能不为了他人而采取一种随众和顺从的态度。我们也需要依靠科学技术,尤其是发展医疗技术。但时至今日,我们对流行疾疫的基本和及时的应对方式还不得不是古老的社会隔离。的确,在这些方面,我们也可以应用许多的新技术,比如基因测序、感染和抗体检测、通过网络等监控传播渠道、网商提供生活用品、提供支持治疗的药物和呼吸机等,乃至最后也有望开发出疫苗等等。但我们也要清醒我们的能力限度。我们还要考虑在控制和消灭疫情与经济和社会交往的代价之间如何进行平衡,因为后者也是为了保障生命和身体健康的生活,而且更多的是有助于保障年轻一代乃至未来世代的生命健康和福利。

疾疫及可能的死亡对所有人发生的概率基本还是平等的。那些热爱智慧和精神活动的人们,也照样遭受或者幸免于这样的灾难。伯里克利死于瘟疫,蒙田捱过了瘟疫,黑格尔死于霍乱,而叔本华则逃离了霍乱。我们转回到个人心情，如果一个思想者期望从一场已经不可避免发生了的灾难中获思更多，如果他还想在有限中思考无限，那么，艾略特的下列诗句大概会触动他的心灵：

> 我们唯一的健康，是疾病。[1]

---

① 艾略特：《四个四重奏》，南京：译林出版社，2017 年，第 205 页。

哲学门(总第四十一辑)
第二十一卷第一册
北京大学出版社,2020年6月

在新型冠状病毒大流行下思考西方的种族主义

项舒晨*

想要充分了解西方国家在时事中的言行,就需要了解其种族世界观的基本思想及其起源。"种族"和"种族主义"是西方文化和哲学的重要方面,只有理解种族主义现象和种族主义背后的哲学才能全面理解西方文明。在这场流行病中,我们清楚地看到,西方国家多么容易重蹈种族主义观点和行动的覆辙。我们必须理解它、认识它,因为种族主义不会在不久的将来悄然而逝。

在新型冠状病毒袭击全球的情况下,我们看到了很多"恐华"修辞与现象。在这个历史时期,我们重新面对着一个不可回避的现实,即种族主义从未消失。种族主义是一个复杂、多层次、高度进化的世界观,甚至达到了迷信乃至宗教性的程度。种族主义起源于古希腊,在历史上是西方文明不可分割的重要部分。毫不夸张地说,没有种族主义意识形态,我们所认识的西方文明就不会存在。由于种种原因(这些原因我会在第七小节详细描述)"二战"后公开的种族主义行为和意识形态被迫转入地下,不过它从未消失。为了不被"二战"之后国际社会的新道德标准察觉出来,它的自我表现方式变得更加微妙甚至进化了。总的来说,西方试图通过压抑(repression)来处理其历史进程中的种族主义及其行为。它的想法是,通过压抑其种族主义在历史进程中不愉快的记忆,几代人过后,种族主义就会被克服了。不过,西方种族主义的

* 项舒晨,1988年生,北京大学哲学系、外国哲学研究所助理教授。

“地下流”[①]太强大了,是无法被掩埋的。虽然西方文明不想直面它的这一历史而想把它“简单地看作一个随着时间的流逝将会被遗忘的累赘”[②],但是,这是不可行的。就像弗洛伊德所说的,被压抑的事物总是会复现(return of the repressed)。这次危机时期,文明的外表消失了,而暴露出来的是西方种族意识形态最原始的本能反应和世界观。通过这次大流行病,我们可以更清楚地意识到我们有责任去了解种族意识形态的性质、历史和它在西方文明里的位置。

通过本文,我将证明,直到20世纪下半叶世界上仍有不同的“种族”,不同种族之间存在着等级,这些观念在西方是广为人知的常识。这意味着,正如第一节和第二节所述,西方历史上许多最重要的政治家和哲学家公开支持种族观点、提出种族理论,促成了一种在道德上使种族主义合法化的气氛,针对被殖民者的种族暴力所作的辩护甚至参与或开创了非洲奴隶制等种族制度,提倡种族灭绝。将其他种族视为低劣人种有着悠久的历史,可以追溯到古希腊。怀特海(A. N. Whitehead)曾有一句名言:所有西方哲学历史都是柏拉图的注脚,同样,西方后来的所有种族思想和习俗都是亚里士多德及其自然奴役理论的一个注脚。亚里士多德将非希腊人等同于自然奴隶,从而首次提出非希腊人(即“野蛮人”,barbarian)是可以被合理奴役的次人类(sub-human)的观点。第三节分析亚里士多德的自然奴役理论,指出“野蛮人”的概念是早期希腊文化基本的一环,是普遍的、有持续重大影响的一个概念。这一节里也会说明,西方在其整个历史中,倾向于将所有非西方民族理解为古希腊文化所想象的野蛮人,给人类文明带来了毁灭性的后果。这一节最后将解说西方领导人和西方媒体在这场流行病中是如何利用“野蛮人”的比喻把中国人塑造成所谓的“野蛮人”。第四节将探讨一个也起源于古希腊,与“野蛮人”的概念相关的概念:“东方专制主义”。这一节将表明这一概念在整个欧洲历史上合理化了欧洲国家对非欧洲国家的强行接管和殖民化。最后,我们将批判性地分析西方媒体是如何用东方专制的比喻来描述中国政府

---

① 如汉娜·阿伦特《极权主义的起源》中的名句:“the subterranean stream of Western history has finally come to the surface”,参见 Hannah Arendt, *The Origins of Totalitarianism*. London: Penguin, 2017, p. xi。

② Ibid.

在这场流行病中的表现的。第五节将说明西方世界观是从二元对立(bivalent dualism)的角度来看待世界的,以及它如何历来将种族他者(the racial other)解释为二元对立之中的反面。第六节将通过让-保罗·萨特(Jean-Paul Sartre)对反犹太主义的诊断,阐明野蛮人即种族他者、二元对立与替罪羊(甩锅行为)三者之间的关系。我们将看到,在他们的种族意识形态里,世界上的任何弊病永远是种族他者所造成的。我将把这种种族世界观描述为一种宗教性的意识。这种意识(即白人永远是好的,在本能上是不可能做错事的,而世界上所有的缺陷和失败都是由于野蛮人即种族他者的邪恶力量造成的)也可以从西方媒体对当前流行病的叙述中清楚看见。第七节将描述西方把种族意识描述为一种普遍的、与生俱来的特征以及种族冲突是在所有世界文明中普遍存在的,试图使自己的种族主义历史普遍化。需要注意的是,在当前大流行期间,西方媒体试图将中国人民对外国人的态度与西方自己对中国的态度和行动等同起来,即普遍化西方的种族意识。最后,在结束语部分我将对种族主义和人类的未来提出一些思考。

一 西方文化中种族等级制度的普遍认可

今天,种族主义在道德和科学上受到谴责①,在21世纪,任何地方都没有公开自称种族主义的重大运动。不过,直到20世纪中叶,种族主义仍然被许多国家的统治阶层当作中心原则,以至于种族主义本身有时被视为天生的自我保护本能:保护更好的种族免受污染。20世纪下半叶,种族主义失去了其合理性,不仅因为它导致的过度行为,而且因为它与历史失败者的事业有关:

---

① 自“二战”后以来,许多人类学家、生物学家和遗传学家用大量数据证明了人类生物种族并不存在。正如美国人类学家罗伯特·瓦尔德·苏斯曼写道,今天“参与人类变异研究的绝大多数人都会同意,人类之间不存在生物种族”,“这一科学事实与地球是圆的、围绕太阳旋转的事实一样有效和真实”。见 Robert Wald Sussman, *The Myth of Race: The Troubling Persistence of an Unscientific Idea*. Cambridge, Massachusetts and London: Harvard University Press, 2014, p. 1。

关于种族在生物学上不是真实存在的大多数共识遵循了理查德·莱温廷的观点,即在社会建构的“种族/种族群体”中遗传变异比所谓不同的“种族”之间的变异更多。见 Lewontin R. C. (1972) “The Apportionment of Human Diversity.” In: Dobzhansky T., Hecht M. K., Steere W. C. (eds) *Evolutionary Biology*. Springer, New York, NY. https://doi.org/10.1007/978-1-4684-9063-3_14。(访问时间:2020年4月9日,下同)

纳粹主义、殖民主义、种族隔离和奴隶制的遗产。我请求读者在接下来的两节中保持耐心,因为这两节大部分是历史性的。只有当我们意识到这一历史背景,我们才能开始讨论种族主义的理论意义。

英国首相本杰明·迪斯雷利(1804—1881)在他的小说《唐克雷德》中所塑造的角色西多尼亚(Sidonia),重复了一个19世纪末期为英格兰所熟悉的谚语"一切都是种族:除此没有其他的真理"[①]。直到"二战"结束,种族等级在西方还是一个公开承认的常识。就像地球围绕着太阳转是公认的常理,自然界把人类分成互不相联的等级种类也被认为是一个不可否认的科学事实。这就是说,直到不久以前,种族是国际关系中的核心范畴之一,在西方的自我形象中是一个积极的志向/典范/理想(a positive ideal)。用英国社会学家弗兰克·富里迪的话来说,在"二战"之前种族关系"在西方统治阶级的世界观里有着核心的位置"。富里迪进而更加详细地阐述道:

> 直到20世纪30年代末,种族思想一直是知识界公认的一部分。种族差异具有重要的特征,一些种族优越的观点具有不言而喻的真理地位。这些情绪渗透到学术界,它们是英美政治精英们自知之明的一部分,并被强烈地吸收到所谓的常识中。[②]

下面我们将证实富里迪的说法,我们将看到,直到"二战"结束,历史上的西方领导和政治精英阶层从未掩饰过他们的种族优越感,而这种优越地位给他们带来压迫下层种族的权利。

例如,本杰明·富兰克林(Benjamin Franklin)是一个奴隶主,他为奴隶法典的严苛性进行辩护,认为它适合于"具有阴谋倾向、阴暗、阴郁、恶意、复仇和残忍"[③]的一群人。富兰克林致力于保持白人定居点的纯洁性,这意味着他反对让更多的黑人进入美国,"因为他们到处阻碍白人的增加"。[④] 在托马斯·杰斐逊的《弗吉尼亚笔记》里,他谈到在某种程度上"自然界本身存在的

---

① "All is race; there is no other truth." Benjamin Disreali, *Tancred: or, The New Crusade*, Vol. 1, Paris: A. and W. Galignani and Co., 1847, p. 101.

② Frank Füredi, *The Silent War: Imperialism and the Changing Perception of Race*. New Brunswick: Rutgers University Press, 1998, pp. 4-5.

③ 转引自 Michael H. Hunt, *Ideology and U.S Foreign Policy*. New Haven and London: Yale University Press, 1987, p. 46。

④ Ibid, p. 47.

区分"将限制黑人融入国家,而且"这种区分可能永远不会结束,除非一个种族消灭另一个种族"。[①] "生理和道德"上的考虑也限制黑人融入国家:比如黑人丑陋这个不言而喻的事实,"猩猩对黑人妇女的偏爱胜于它对自己种类的喜爱"[②]的这个现象,足够证明这一点。他总结道:

> 因此,我提出这一点,仅仅作为一种怀疑,即黑人,无论最初是一个不同的种族,还是由于时间和环境而变得不同,在身体和精神上都不如白人。[③]

同样,对亚伯拉罕·林肯(Abraham Lincoln)来讲,

> 白人和黑人在身体上有差异,我相信这将永远禁止两个种族在社会和政治平等的条件下生活在一起。既然我们不能这样平等地生活,在我们仍然需要在一起生活的情况下,就必须有优等和劣等的地位,我和任何其他人一样赞成把优等的地位分配给白人。[④]

伍德罗·威尔逊(Woodrow Wilson)是三K党的声援者。[⑤] 在1881年一篇未发表的文章中,威尔逊为南方剥夺黑人选民的选举权辩护,认为他们被禁止投票,不是因为他们的皮肤黝黑,而是因为他们的心地黑暗。[⑥] 1906年诺贝尔和平奖获得者西奥多·罗斯福(Theodore Roosevelt)曾调侃道:"我并没这样认为,只有印第安人死了才是好的印第安人,但我相信十个有九个是这样的。"罗斯福还说,消灭美洲印第安人和征用他们的土地"最终是有益的,也是不可避免的"。[⑦]

当然,美国政治精英阶层的这种观点来自欧洲。例如,1937年,温斯顿·丘吉尔(Winston Churchill)告诉巴勒斯坦皇家委员会(Palestine Royal Commis-

---

① Thomas Jefferson, *Notes on the State of Virginia.* Richmond, VA: J. W. Randolph, 1853, p. 149.

② Ibid, pp. 149-150.

③ Ibid, p. 150.

④ 转引自 Jay Stephen Gould, *The Mismeasure of Man.* Revised and Expanded Edition. New York: W. W. Norton & Company, 1996, p. 66。

⑤ Martin Gitlin, *The Ku Klux Klan: A Guide to an American Subculture.* Oxford: ABC Clio, 2009, p. 11. 可参见威尔逊的著作《美国人民的历史》(*A History of the American People*)。

⑥ Jeffrey Sommers, *Race, Reality, and Realpolitik: U. S -Haiti Relations in the Lead Up to the 1915 Occupation*, Lexington Books, 2016, p. 100.

⑦ 转引自 David E. Stannard, *American Holocaust: The Conquest of the New World.* New York and Oxford: Oxford University Press, 1992, p. 245。

sion)：

> 例如,我不承认美国的红印第安人或澳大利亚的黑人受到了不公的待遇。我不承认这一点恰恰是因为一个更强大的种族、一个更高等级的种族、一个更明智的种族来取代他们是合理的。[①]

在1901年的一个采访中丘吉尔说道：

> 我想我们需要把中国人掌控于手中并规范他们。我相信,随着文明国家变得更加强大,他们将变得更加不留情面。野蛮大国可能随时武装自己并威胁文明国家,而文明世界则不得不忍受这终将到来的时刻。我相信中国最终应该被分割——我是说终极的。我希望我们今天不用做这件事。雅利安人的胜利是必然的。[②]

1954年5月,维奥莱特·博纳姆·卡特(Violet Bonham Carter)询问丘吉尔对英国工党一次访华的看法。温斯顿·丘吉尔回答说：

> 我恨那些有一对小眼睛和一根辫子的人。我不喜欢他们的样子和气味,但我想看一眼也没什么大的伤害。[③]

值得重复的是,直到19世纪,没有西方人质疑种族等级制度的事实[④],这也包括了西方的精英界在内。种族主义直到现代在西方都属于常识。

从上面的讨论中,我们可以看出种族意识形态中的一些主旋律:(1)种族等级是自然规律的一部分,(2)不同种族之间的冲突是永恒不变的,(3)种族他者是邪恶的,(4)另一个种族是非理性的,相对于人类更像动物,(5)种族他者的种族灭绝在道德上是可以允许的。下面我们将看到在启蒙自由主义宣布人人享有平等权利、自治和自由的同时,启蒙哲学家也谈到了非白人的种族劣等,并呼吁白人对他们实行奴役。

---

① 转引自 Samar Attar, *Debunking the Myths of Colonization: The Arabs and Europe*, University Press of America, 2010, p. 9。

② 转引自 C. R. Hensman, *China: Yellow Peril? Red Hope?* S. C. M. Press, 1968, p. 52。

③ 转引自 Paul Addison, *Churchill: The Unexpected Hero*, Oxford: Oxford University Press, 2005, p. 233。

④ Jay Stephen Gould, op. cit., p. 64.

二 理论与实践的一致性:哲学种族主义的一贯性

许多在历史上最有影响力的现代哲学家,在不同程度上,支持了相同的种族等级观念,甚至对这种族等级观念进行了系统的理论阐述。约翰·洛克(John Locke)是自由主义之父,也是启蒙运动最有影响力的思想家之一,不过他同时也是"一种种族化奴隶制的主要缔造者之一"①。约翰·洛克投资并监督了英国的奴隶贸易。他投资了"英国皇家非洲贸易冒险者公司"(The Company of Royal Adventurers in England Trading into Africa)②。他是皇家非洲公司最初的订户之一,该公司在最初的16年里运送了大约9万名奴隶。③他还购买了另一家奴隶贸易公司,即巴哈马冒险家(Bahamas Adventurers)的股票。作为卡罗莱纳上议院的秘书(1668—1671,Secretary to the Lords Proprietors of the Carolinas),他写下了卡罗莱纳的基本宪法,其中包括每一个自由人对其黑人奴隶拥有绝对权力的规定。④ 这些无可争辩的事实表明,很难为洛克对奴隶贸易的性质及其在美洲运作的不知情进行辩护。

大卫·休谟(David Hume)通常被认为是用英语写作的最重要的哲学家之一。他在《民族性格》的一个著名注脚中论及了关于非白人和白人属于不同种类以及非白人的天生劣等:

> 我倾向于认为黑人和其他所有种类的人(因为有四五种不同的人)天生就比白人差。从来没有一个文明国家的肤色不是白色的,除了白人以外,没有一个人在行动或思想方面是杰出的,[他们]没有巧妙的制造、没有艺术、没有科学。另一方面,最粗鲁、野蛮的白人,如古德国人,现在的鞑靼人,他们在武力、政体或其他一些特殊的方面,仍然有一些显赫的东西。如果大自然没有对这些人类品种作出最初的区分,那么在这么多

① Robert Bernasconi, and Anika Maaza Mann, "The Contradictions of Racism: Locke, Slavery, and the Two Treatises", *Race and Racism in Modern Philosophy*. Edited by Andrew Valls. Ithaca, NY: Cornell University Press, 2005, p. 90.

② 该公司获得了一项特许,在西非沿海地区可以垄断奴隶贸易。到1665年,仅贩卖奴隶就占该公司贸易的四分之一,而在1667年,该公司自称每年能运送6000名奴隶。参见 ibid., p. 89。

③ Ibid.

④ William Uzgalis, "Berkeley and the Westward Course of Empire." In *Race and Racism in Modern Philosophy*. Ithaca and London: Cornell University Press, 2005, p. 82.

> 的国家和时代里，就不可能有如此一致和恒定的差别。更不用说我们的殖民地了，欧洲到处都是黑人奴隶，在他们身上从来没有发现过任何独创性的迹象；虽然在我们白人群体里也有卑微、没有受过教育的人，但在每个行业都有脱颖而出的案例。在牙买加，也有人把一个黑人说成是一个多才多艺的人，因他微小的成就而受到人们的敬仰，但这就像一只鹦鹉，只会简单地说几句话一样。①

如果我们还记得，这一脚注是为了限定休谟的主要论点，即文化差异是由文化和社会环境造成的，那么这一段就更加引人注目了。这个脚注的作用是把某些种族排除在主要论点之外。某些种族在本质上是无法通过文化得到改善的。正如美国人类学家罗伯特·瓦尔德·苏斯曼所写，休谟是“最早提出种族主义多基因理论的著名作家之一”②，即非白人天生就不如白人。

伊曼努尔·康德（Immanuel Kant）通常被认为是现代“科学种族主义”诞生的中心人物之一③，甚至是“现代种族概念之父”④。如苏斯曼断言，“康德基本上创造了一种基于肤色的种族主义人类学”⑤。牙买加哲学家查尔斯·米尔斯则说，“康德提出了一个全面的种族理论”⑥。罗伯特·伯纳斯科尼告诉我们，在第二次世界大战之前，康德在种族观念的发展和传播中的角色是

① “I am apt to suspect the negroes, and in all the other species of men (for there are four or five different kinds) to be naturally inferior to the whites. There never was a civilized nation of any other complexion than white, nor even any individual eminent either in action or speculation…. ”David Hume, “Of National Characters”, *Essays of Moral, Political, and Literary*, [1777 ed.], Liberty Fund, 1987, p. 208.

② Robert Wald Sussman, op. cit., p. 26.

③ Charles Mills, “Kant's *Untermenschen.*” In *Race and Racism in Modern Philosophy*. Edited by Andrew Valls. Ithaca, NY: Cornell University Press, 2005. p. 173. 另请参看：Emmanuel Chukwudi Eze, “The Color of Reason: The Idea of ‘Race’ in Kant's Anthropology” in *Postcolonial African Philosophy: A Critical Reader.* Edited by Eze. Cambridge, MA: Blackwell, 1997, pp. 103-40.; Robert Bernasconi, “Who invented the Concept of Race? Kant's Role in the Enlightenment Construction of Race,” in *Race*, ed. Bernasconi. Malden, MA: Blackwell, 2001, pp. 11-36.; Robert Bernasconi, “Kant as an Unfamiliar Source of Racism,” in *Philosophers on Race: Critical Essays.* Edited by Julie K. Ward and Tommy L. Lott. Malden, MA: Blackwell, 2002, pp. 145-66.

④ Charles Mills, *The Racial Contract.* Ithaca and London: Cornell University Press, 1997, p. 70.

⑤ Robert Wald Sussman, op. cit., p. 27.

⑥ Charles Mills, op. cit., 2005, p. 173.

众所周知的。[①] 在康德的整个学术生涯中,他至少发表了五篇专门讨论种族问题的长篇论文和两本关于种族问题的书。[②]康德说的种族主义言论不胜枚举,我们以下只参考少数具有代表性的言论:

——白种人拥有所有的动力和天赋。

——[印度人]永远达不到抽象概念的水平。一个伟大的印度人是一个在欺骗的艺术上走得很远的人,且有很多钱。印度人总是保持现状,他们从不进步,尽管他们开始接受教育的时间[相对欧洲人来讲]要早得多。

——黑人可以被管教和培养,但永远不可能被真正教化或拥有文明。他会自然地陷入野蛮状态。

——美国土著人和黑人不能自我管理。因此,他们唯一的价值就是当奴隶。

——取代于种族同化和彼此融化,自然在这里创造了一个恰恰相反的法则。

——除了白人……所有其他种族都将被消灭。[③]

在康德之后,黑格尔采纳并且进一步发展了康德的种族等级概念:欧洲人在最高层,东方人(亚洲人和北非人)第二层,黑人(撒哈拉以南非洲人)第三层,美洲印第安人在最底层。[④]黑格尔也讲了很多基于这个种族等级的课,在

---

① Robert Bernasconi. "When the Real Crime Began: Hannah Arendt's The Origins of Totalitarianism and the Dignity of the Western Philosophical Tradition." In *Hannah Arendt and the Uses of History: Imperialism, Nation, Race, and Genocide.* Edited by Richard H. King and Dan Stone. New York and Oxford: Berghahn Books, 2007, p. 59.

② Emmanuel Eze, *Race and the Enlightenment: A Reader.* Oxford: Blackwell Publishing, 1997, p. 3.

③ "All races will be extinguished [···] only not that of the Whites." 上述引文转引自 Charles Mills, op. cit., 2005, pp. 173-175。

④ Michael H. Hoffheimer, "Race and Law in Hegel's Philosophy of Religion." In *Race and Racism in Modern Philosophy.* Edited by Andrew Valls. Cornell University Press, 2005, p. 197. 关于黑格尔种族主义的更深入的叙述,请参看 Robert Bernasconi, "Hegel at the Court of the Ashanti", in *Hegel After Derrida.* Edited by Stuart Barnett. Routledge, 1998, pp. 41-63; Robert Bernasconi, "With What Must the Philosophy of World History Begin? On the Racial Basis of Hegel's Eurocentrism", in *Nineteenth-Century Contexts.* Volume 22 (2000), pp. 171-201; Michael H. Hoffheimer, "Hegel, Race, Genocide", in *The Southern Journal of Philosophy* 39, Issue S (2001), pp. 35-61。关于黑格尔在他的哲学史讲座里把非西方哲学史排除哲学史之外,请参见 Peter Park, *Africa, Asia, and the History of Philosophy: Racism in the Formation of the Philosophical Canon*, 1780-1830. Albany: State University of New York Press, 2014。

《主观精神哲学》(*Philosophie des subjektiven Geistes*)里,他写道:

> 种族多样性的问题关系到人们应当被赋予的权利;当有各种各样的种族时,一种会更高贵,另一种必须为之服务。①

对黑格尔来说,由于非洲人正处于人类意识(human consciousness)的最低阶段——意识的确定性(sense certainty)——他们本来就生活在奴役的状态下,因此,欧洲人对他们的奴役,并不是一个不自然的状态。②关于美洲土著人的毁灭,黑格尔认为:

> 美国土著人本身应该被看作一个精神上软弱的民族,这个民族或多或少有着无法升华为欧洲文化的命运。因为他们没有能力把欧洲文化抵御在外并且没能忍受欧洲文化,有着不得不让位的命运。③

对美国法学家迈克尔·霍夫海默来讲,黑格尔这种带有种族色彩描述美国土著人被替代和消灭的言论可以理解为:黑格尔并不十分确定地在为欧洲殖民过程中的种族灭绝辩护。④

查尔斯·米尔斯的《种族契约》详细阐述了在欧洲殖民主义下,非白人都不是道德关注的对象,所以他们没有道德地位。在这本书里,米尔斯将非理想(nonideal)的种族契约作为一个理论概念,用以认识、描述和理解种族主义是如何在现实或实践中构建西方和其他地方的政体。在米尔斯的眼里,根据种族契约,人类一直生活在两层道德规范之下,一层是针对白人的,另一层是针对非白人的。根据种族契约,"非白人"不被认为具有"天然的"(intrinsic)的道德价值。充其量,他们只有"工具性的价值"(instrumental value)。也就是说,像财产或物品,他们从来没有完全的主体性(full subjects or agents)和属于自己的本位价值。白人可能被赋予目的自身(end in itself)的地位,非白

---

① "The question of racial variety bears upon the rights one ought to accord to people; when there are various races, one will be nobler and the other has to serve it." Hegel, *Hegel's Philosophy of Subjective Spirit*, Vol. 2, Translated and Edited by Michael J. Petry. Boston: Reidel, 1979, p. 47. 参见 Michael H. Hoffheimer, op. cit., 2005, pp. 206, 214 n. 76。

② G. W. F. Hegel, *Lectures on the Philosophy of World History: Introduction, Reason in History*, 1975, p. 183;另请参考 T. Tibebu, *Hegel and the Third World: The Making of Eurocentrism in World History*, Syracuse: Syracuse University Press, 2011, pp. 199-200。

③ G. W. F. Hegel, op. cit., 1979, p. 65.

④ Michael H. Hoffheimer, op. cit., p. 207.

人永远只可充当白人实现其目的的一个工具(instrument)。[①]

从以上的论述里我们可以看出,在很大程度上,西方知识分子一贯与西方的种族主义和殖民主义现象有牵连;他们与欧洲殖民主义时期从事种族和殖民活动的人有着相同的意识形态。今天的情况基本相同。西方国家的知识分子阶层仍然是西方政府种族主义外交政策的啦啦队,在这次冠状病毒大流行时也不例外。但殖民时代的西方知识分子并不是种族主义的发明人,希腊人"野蛮人"的概念,才是整个西方历史种族主义的萌芽。本杰明·艾萨克是一位有影响力的古典主义学者,在他的《古希腊与古罗马种族主义的发明》里写道:"如果他们[希腊人和罗马人]通过他们的文学作品给了我们许多自由、民主、哲学等新颖的艺术观念以及我们认为对我们的文化至关重要的其他观念"[②],"能否否认他们在传达种族主义思想方面也发挥了作用?"[③]我们将在下一节中看到希腊人如何发明了"野蛮人"的概念。

三 野蛮人

"野蛮人"这个概念源于希腊语里的 βάρβαρος(*barbaros*),即不会说希腊语的人。由于理性(*logos*)和言语(*logos*)是同一个词,那些不会说希腊语的人被视为缺乏理性的人。历史学家安东尼·帕格登告诉我们:

> "野蛮人"(barbarian)及其同源词"野蛮的"(barbarous)、"野蛮"(barbarity)等的主要用途,在于区分属于观察者自己社会的人和不属于观察者社会的人。[④]

从定义上讲,非希腊语系的人生活在 *oikumene*(已知的、有人居住的或可居住的世界)之外。希腊人是被选中的,他们出生在 *oikumene* 里,而且只有在 *oikumene* 里,一个人才能成为真正的人。

---

① Michael H. Hoffheimer, op. cit., p. 207.

② Benjamin Isaac, *The Invention of Racism in Classical Antiquity*, Princeton: Princeton University Press, 2004, p. 516.

③ Ibid., p. 131.

④ Anthony Pagden, *The Fall of Natural Man: The American Indian and the Origins of Comparative Ethnology*, Cambridge: Cambridge University Press, 1982, pp. 15-16.

西方种族主义与一般偏见或偏执的差别是,对(西方)种族主义来讲,世界上存在着一种看似像人不过又不是人的动物。这种动物也无法被教化成人类,这就是古希腊所谓的“野蛮人”。需要说明的是这个古希腊“野蛮人”的概念和中国历史上所说的华夏以外的“蛮夷”不是一个概念。在中国传统思想里,蛮夷是可以被教化成华夏人的;其实历史上的所谓“外族”就是通过这种教化而变成现在的华夏人的。“华夏”或者“汉”是一个文化上的身份认同(cultural identity)而不是一个种族上的身份认同(racial identity)。关于这一点现在不再详论,请参考我其他的论文。① 也就是说,野蛮人即种族他者的本质(essence)与(希腊乃至后世)西方文明是对立的。教育非希腊人没有意义,因为再多的教育也无法使他们变得文明,这一观点的经典依据可以追溯到亚里士多德的自然奴役理论(由于西班牙人用它来证明对美洲的殖民统治的正当性,所以它在历史上产生了特殊的影响):

> 凡是赋有理智、遇事能操持远见的,自然而然就是主子、是统治者;凡是有体力、能够根据主人的远见实行[活动]的,也就是臣民,且自然是奴隶。在这里,主奴两者也具有共同的利益。大自然使女人和奴隶天然有分别。自然创造女人绝不像铁匠铸造德尔斐小刀那样吝啬,使它能够具有多重的用途;自然对每一事物各赋予一个目的。只有专用而不混杂使用的事物才能具有造诣最精当的形性。可是,在野蛮人中,[反乎自然,]女人处于和奴隶相同的地位,因为在他们那里并没有真正称得上主子的人物:他们是一个由男女奴隶组成的社会。所以诗人们(亚里士多德这里尤指欧里庇特[Euripides]——引者注)说:“野蛮人应该由希腊人治理。”在诗人们看来,野蛮民族天然就是奴隶。② (*Pol.* 1252a31-1252b9)

---

① “Chinese Processual Holism and its Attitude Towards Non-Humans”, *Sophia: International Journal of Philosophy and Traditions*, Forthcoming; “A Harmony Account of the Identity of China” *Journal of East and West Thought*. Vol 10 (2), 2020, pp. 83-101; “Why the Confucians Had No Concept of Race (Part I): The Anti-Essentialist Cultural Understanding of Self” *Philosophy Compass*. Vol. 14 (10), 2019. e12628; “Why the Confucians Had No Concept of Race (Part II): Cultural Difference, Environment and Achievement” *Philosophy Compass*. Vol. 14 (10), 2019. e12627. 也请看我即将出版的专著 *A Philosophical Defence of Culture: Perspectives from Classical Confucianism and Ernst Cassirer*。

② 中文翻译引自吴寿彭译本,亚里士多德:《政治学》,北京:商务印书馆,1965年,第5页。据英译有细微改动。*Aristotle's Politics: Writings from the Complete Works*, Edited by Jonathan Barnes, Princeton: Princeton University Press, 2016, p. 2.

从这里我们可以清楚看到:(1)奴隶正确的、唯一的目的(*telos*)就是当奴隶,自然奴隶(natural slave)是为艰苦劳动而存在的,甚至他的肉体本性都符合这个目的。正如阿奎那(Aquinas)后来解释的那样,奴隶“几乎是一种有自动性的服务工具”。[①]而自由人是为政治生活而存在的。(2)在自然奴隶被主人奴役这个关系中,两者都是赢家,因为奴隶可以通过模仿主人来参与理性。在自然奴隶被没有被奴役的状态下,他是无法达到自己应该达到的目的(*telos*)的。奴隶和动物一样,只有身体而没有脑子和思想,因此他们应该由那些体现思想自由的(男性希腊)人来奴役。奴隶应该被奴役是符合自然规律的,因为自然规律就是:理性的存在应该统治非理性的存在。(3)所有非希腊人=野蛮人=自然奴隶=应该由希腊[男]人来统治。

自然奴隶是一个不能独立思考的人,必须被一个理性的(即男性希腊)人征服之后,才能参与理性。野蛮人的地位是自然注定的(ontological),没有办法改善他们的地位,他们永远不能成为非野蛮人、非自然奴隶。正如狗的本性就是狗,野蛮人的本性就是野蛮人,野蛮人永远不可能成为真正的人,就像狗永远不可能成为人一样,他/她属于一种和人不一样的类别。“野蛮人”是一个很具体的概念,它绝不仅仅是指粗俗,最重要的是指与文明相对立的另一个永恒的力量,“野蛮人”也就是永远和人类对立的一种不属于人类的种类。

尽管亚里士多德是第一个赋予“野蛮人”理论公式的人,而“野蛮人”这个概念则先于亚里士多德所提出的自然奴隶论。早在荷马(Homer)、克泰西亚斯(Ctesias)、梅加西内斯(Megasthenes)和其他人的著作中,就有关于来自遥远国度的“怪物种族”(monster races)的描述。[②] 西方文明的第一部伟大的文学作品《伊利亚特》卷一中,皮洛斯的内斯特国王(Nestor king of Pylos)讲述了不朽的希腊勇士击败了“半人半马怪物”(Centauromachy)的故事。对希腊人来说,像半人半马这样的野蛮生物是非理性的,因此它们无法理解使文明存在成为可能的普遍约束法则(xenia)。[③]在希腊神话中,半人半马长期被

① 转引自 Anthony Pagden, *The Burdens of Empire: 1539 to the Present*, Cambridge University Press, 2015, p. 104。

② David E. Stannard, op. cit., p. 167.

③ Robert A. Williams Jr., *Savage Anxieties: The Invention of Western Civilization*, New York: Palgrave Macmillan, 2012, p. 19.

描绘成山居、不受法律约束、性欲亢奋、被野兽般的激情和违反文明规律的非理性冲动所驱使的一种怪物。因此，最早的希腊英雄打败了半人半马，代表着法律和文明的希腊人战胜了没有法律、非理性、兽性的野蛮人。① 早在荷马之前，一些最著名的希腊神话和传说，表现的都是关于伟大的英雄旅行到遥远的、陌生的地方，打败奇异的怪物和食人兽的内容。例如，在波罗的海边缘的野蛮王国科尔奇斯（Colchis），杰森和他的阿尔戈纳人（Jason and his Argonauts）在寻找金羊毛时，不得不与一头会喷火的哈尔科塔鲁伊（Khalkotauroi）公牛和一条食人龙搏斗。② 忒修斯（Theseus）在希腊文化中因在克里特岛迷宫中杀死半人半牛怪兽而著名，他的胜利象征着雅典文明推翻了暴政和陈旧的米诺斯文明③，希腊神话中的勇士通过战胜野蛮而使混乱变得秩序井然。

希腊在波斯战争中战胜波斯帝国后，在雅典帕台农神庙的南墙上凿出了对抗半人半马的传奇胜利的浮雕，这幅浮雕被西方学者解读为希腊战胜波斯野蛮人的象征。正如古典主义者伊迪丝·霍尔（Edith Hall）所写：

> 对波斯的战争被吸纳进亚马逊马（Amazonomachy）和半人马的神话原型中，并开始出现在公元前5世纪雅典充满自信的艺术中。它象征着作为民主、理性和希腊文化战胜暴政、非理性和野蛮。④

就像神话中希腊英雄战胜半人半马一样，波斯人被驱逐出欧洲（即文明的土地），在希腊的这个古典时代（公元前四五世纪），以前神话中的非人怪物现在被用来描绘实际存在的其他民族。⑤正如历史学家约翰·巴格纳尔·伯里所说，

> 希罗多德（Herodotus，西方历史写作之父——引者注）的主题是希腊与东方的斗争，这对他来说比波斯战争的政治结果具有更深刻的意义。这是两种不同文明，两种不同性质的民族和不同的政治制度的接触和碰撞。在其最后一部作品中，他叙述了波斯和希腊的最后一场斗争。在这

---

① Robert A. Williams Jr., *Savage Anxieties: The Invention of Western Civilization*, New York: Palgrave Macmillan, 2012, pp. 19-20.

② Ibid., p. 23.

③ Ibid., p. 24.

④ Edith Hall, *Inventing the Barbarian: Greek Self-Definition through Tragedy*. Oxford: Clarendon Press, 1989, p. 102.

⑤ Robert A. Williams Jr. op. cit., p. 49.

> 里,这场战斗象征着野蛮人之奴役和希腊人之自由的较量,东方专制和希腊宪政之间的较量。但希腊文化与东方文化的对比贯穿了整部作品……它是希罗多德历史的主旨。①

例如,在提到"专制的"埃及人时,希罗多德写道,"不仅他们的气候不同于世界其他地方,河流也不同于任何其他河流,而且人们在他们的大多数礼仪和习俗上,完全颠倒了人类的普遍做法"②。在希罗多德来看,埃及人是人类的对立面。正如美国法学家,北卡罗来纳州的伐木人印第安部落的后裔(Lumbee),小罗伯特·威廉姆斯所写:

> 在整个《历史》中,他[希罗多德]根据一组地理坐标,把关于遥远民族的异国故事和描述进行分类,这组坐标把野蛮人推向了有别于希腊人的最极端理念。……希罗多德把描述野蛮人的最正统的观念即定型观念和分类标记用来描述遥远的野蛮人,证实了古老的神话信仰,即与人类、与文明的规范和价值观最极端的差异是在世界的边远地区。③

在希罗多德之后,希波克拉底在《论空气、水和处所》第十二章中写道:"现在我想展示亚洲和欧洲在各个方面,特别是在人们的形态上是如何的不同。"④在古典主义者所知的三百场悲剧中,近一半都描写到了野蛮人及其令人震惊的文化偏差。在《创造野蛮人:从悲剧看希腊的自我定义》中,伊迪丝·霍尔记录了诗人们是如何创造出一种"野蛮话语"(discourse of barbarism)的,这种话语由"一个复杂的意符系统组成,它在种族、心理和政治上都表示'他者'"。⑤ 同样,爱德华·赛义德认为埃斯库罗斯的(Aeschylus)的戏剧《波斯人》是"东方主义"的第一个例子。⑥

公元1世纪,老普林尼在他的《自然史》上详细描述了来自遥远国度的怪异种族。这些生物并不是被理解为想象的虚构物,而是被理解为真实的存

---

① J. B. Bury, *Ancient Greek Historians*, New York: The Macmillan Company, 1909, p. 44.

② Benjamin Isaac, op. cit., p. 58.

③ Robert A. Williams Jr., op. cit., p. 63.

④ Ibid., p. 61.

⑤ Edith Hall, op. cit., p. 2.

⑥ Edward Said, *Orientalism*, Penguin, 2003, p. 56.

在。[①] 一旦融入了基督教的思想,这些可怕的种族就与《圣经》里该隐(Cain)的血统联系在一起。这些怪异种族恐怖的外表,于是被理解为因祖先罪行而受到的惩罚,因而只是他们理应遭受的痛苦。[②]在《上帝之城》里,奥古斯丁用了整整一章的篇幅来辩论怪物种族到底来自于亚当还是诺亚的子孙。到了中世纪,怪异种族变成了一个单一的、通用的类型——野人(*sylvestres homines*)——他是人类和动物特征的混合体。[③] 在《旧约》中,野人被视为巴别(Babel)、所多玛(Sodom)和蛾摩拉(Gomorrah)的孩子,代表着"一种堕落的状态,低于'自然'本身,一种特别可怕的状态。在这种状态下,拯救的可能性几乎完全被排除"[④]。就像亚里士多德的自然奴隶一样,野人不能改变他的本质,所以被拯救不是在他的范围之内的。圣杰罗姆(St Jerome)在他翻译的拉丁文《圣经》里把先知以赛亚所描述的魔鬼(demons)解释为"野人"。[⑤] 因此,《圣经》中的野人体现了中世纪基督教时代无法化解的野蛮人的概念。[⑥]用小威廉姆斯的话来说:"从古希腊开始,西方文明就试图通过野蛮人的概念来创造自己。"[⑦]这一观点同样通过欧洲人对犹太人的态度也得到了充分的证明,正如历史学家保罗·劳伦斯·罗斯(Paul Lawrence Rose)所写:

> 在19世纪,对于自己的"德国性"很不确定的德国人来说,犹太人的问题最终是德国性的问题。实际上,犹太人的问题等于是问"什么是德国性"的另一种问法:并得到了令人满意的答案——"只要不是和犹太人有关的"。[⑧]

从而我们可以看到,在欧洲与美洲印第安人的相遇中,"野蛮人"这样一个负

---

① 西方历史上这一类描述怪异种族的作品不可以和中国的《山海经》相提并论,因为《山海经》里并未描述事实存在的民族。

② David E. Stannard, op. cit., p. 167.

③ Richard Bernheimer, *Wild Men in the Middle Ages: A Study in Art, Sentiment, and Demonology*, Cambridge: Harvard University Press, 1952, p. 1.

④ Hayden White, "The Forms of Wildness: Archaeology of an Idea," in Edward Dudley and Maximillian E. Novak, ed., *The Wild Man Within: An Image of Western Thought from the Renaissance to Romanticism*, University of Pittsburgh Press, 1972, p. 13.

⑤ Richard Bernheimer, op. cit., pp. 96-97, Robert A. Williams, op. cit., p. 144.

⑥ Robert A. Williams, op. cit., p. 159.

⑦ Ibid., p. 1.

⑧ P. L. Rose, *German Question/Jewish Question: Revolutionary Antisemitism in Germany from Kant to Wagner*. Princeton, NJ: Princeton University Press, 1990, p. 41.

面的参照概念是如何成为构建西方自我认同工具的。正如《野蛮的他者:西方种族主义宣言》当中提道:“随着哥伦布横渡大西洋的同时带去了旧世界的思想和本能反应,从而决定了印度群岛的命运。”[①]野蛮人和自然奴役这些概念在证明和辩护西班牙占领和殖民美洲的正当性方面发挥了关键作用。也因为欧洲人有“野蛮人”这个概念,才导致了西方人对美洲土著人大规模的屠杀。这段历史我已经其他论文里描述过,就不在这里详述了。[②]

与我们讨论相关的是,“野蛮人”和“怪物种族”的概念仍然指导着西方对非西方的态度和行动。在目前冠状病毒大流行期间,西方媒体痴迷于这样一种观点:病毒在中国出现的原因是中国人的饮食习惯。例如,美国学者沃尔特·卢瑟尔·米德(Walter Russell Mead)在《华尔街日报》里写了一篇声名狼藉的文章,这篇文章的标题是:“中国是真正的亚洲病夫:其金融市场可能比其野生动物市场更危险”。[③] 这种对中国野生动物市场的兴趣,以及对中国人吃蝙蝠的痴迷,并不像看上去那么天真,而是有深刻寓意的。西班牙人将美洲印第安人称为“野蛮人”的原因之一就是他们的饮食习惯与西班牙人不同。例如,哥伦布航海的医生迭戈·阿尔瓦雷斯·钱卡(Diego Alvarez Chanca)写到,土著人是野蛮的生物,他们的“退化程度比世界上任何野兽都严重”,为这个观点提供的论据包括土著人吃鬣蜥。[④] 这里的重点是西班牙人觉得真正理智(rational)的人会理解什么是食物,什么不是食物。自然界有它本然的规律,显然吃鬣蜥不符合自然规律。这就说明这些人并不理智,不能正确理解自然秩序,所以是亚里士多德所说的“野蛮人”。在西方传统中,饮食习惯与野蛮行为的联系由来已久。比如,理查德·哈克卢伊特(Richard Hakluyt,1552—1616)对爱斯基摩人的最早描述就使用了“野蛮的野兽”吃生肉和吃人肉(cannibalism)的比喻。在整个欧洲历史上,指控非欧洲人吃人肉是一个剥夺他者人性、把他者降低成“野蛮人”最常用的一种手段。例如,美洲印第安人经常被当时的欧洲人描述为食人族,实际上现在的学者们找不到

---

① Zia Sardar, Ashis Nandy, and Merryl Wyn Davis, *Barbaric Others: A Manifesto on Western Racism*, Pluto Press, 1993, p. 1.

② 请参考笔者最近的论文“The Racism of Philosophy's Fear of Cultural Relativism”, *Journal of World Philosophies* 5 (1), 2020, pp. 107-110。

③ https://www.wsj.com/articles/china-is-the-real-sick-man-of-asia-11580773677。

④ 转引自 David Stannard, op. cit., p. 204。

任何证明这种行为存在的证据[①],这就是为什么在这种历史语境下"食人族"的用途是暗示"野蛮人",它起着诽谤其他种族的作用。正如欧洲帝国主义历史学家安东尼·帕格登所写,欧洲人对吃人的兴趣"几乎等同于痴迷"。在整个欧洲历史上,吃人的比喻是为了使"局外人"失去人性,因为吃其他人是非人类的标志。"野蛮人"喜欢食人这个概念也源于古希腊,对希罗多德和亚里士多德来讲,野蛮人食人是常识。这种常识也可以在黑格尔的《历史哲学》序言中看到。黑格尔理所当然地提到非洲人是食人族。[②] 由于我已经在另一篇文章中讨论过这个问题,所以不在这里展开。[③] 总的来说,考虑到奇怪的饮食习惯在西方历史上是野蛮的象征,而且由于野蛮人不被理解为人类,在西方文化中,将其他民族的饮食习惯定性为"野蛮"不仅仅是一种讽刺,这种符号是在暗示那群人的"野蛮人"、非人(subhuman)的地位。

美国作家与民权活动家詹姆斯·鲍德温(1924—1987)曾经说过:

> 白人所要做的就是努力在他们心中找出为什么他们起初需要一个"黑鬼",因为我不是个黑鬼,我是个人。但如果你们认为我是黑鬼,那就意味着你们需要他。……如果我不是黑鬼,而是你们创造了他,是你们白人创造了他,那么你们就必须找出你们为什么要创造他的原因。这个国家(即美国——引者注)的未来取决于美国白人能否问自己这个问题。[④]

同样,西方文明需要问,为什么他们起初需要一个"野蛮人"这个概念,因为世界上并不存在所谓的"野蛮人",存在的只有和他们同类的人。但是,如果西方文明坚持把人类同胞贬为他们想象中的野蛮人,那么他们就不得不问自己:为什么?人类的未来取决于西方文明能否问自己这个问题。正如我们在这场流行病中所目睹的,西方文化并没有摆脱把其他人变成他们想象中的野蛮人的习惯。这不应该令人震惊,因为总的来说,西方文化还没能反思自己

---

① Anthony Pagden, op. cit., 1982, pp. 225-226, n. 154.

② G. W. F. Hegel, op. cit., 1975, pp. 182-183.

③ 请参考我的论文"The Racism of Philosophy's Fear of Cultural Relativism", in *Journal of World Philosophies*。

④ James Baldwin, *Conversations with James Baldwin*. Edited by Fred L. Stanley and Louis H. Pratt. Jackson, University Press of Mississippi, 1989, p. 45.

为什么起初需要“野蛮人”这个问题。

四　东方专制主义(Oriental Despotism)

在《上帝之城》中,奥古斯丁引用西塞罗(Cicero)《论共和国》(*De Re Publica*)的话说,对殖民地的统治是合理的,就像“奴役可能对殖民地的人有利”一样,因为“只要他们自由着,他们就会变得越来越糟,他们是通过被征服而得到改善的”。[①] 这种对殖民地的人的统治与灵魂对身体的统治和理性对情感的统治是一样的。正是在这样的背景下,理解了西方历史语境中“野蛮人”的深刻寓意,我们才能更好地理解“野蛮人”范畴之内的“东方专制”的概念。也就是说,因为土著人(即“野蛮人”)没有理性也不能自治,所以白人出于善心,为了土著人着想才会殖民土著人。

在亚里士多德的《政治学》中,可以找到东方专制主义这一比喻的最早表述之一:

> 君主政体的另一属,其权力类似僭主(专制),常常见于野蛮民族(非希腊民族)各国中。但这一属君主政体也出于成法,列王都是世袭的。因为野蛮民族比希腊民族为富于奴性;亚洲蛮族又比欧洲蛮族为富于奴性,所以他们常常忍受专制统治而不起来叛乱。这样,蛮族王制便成为僭政性质的王制;但那里既然遵循成法而世代嗣续,这种君主政体是稳定的。我们也可以在侍卫方面看到君主政体的分别,这些蛮王的侍卫仍然属于本国的臣民,不同于僭主们常常依仗外邦(雇佣)武士来保护自己。君主,依照国法统治着自愿从属的臣民,所以臣民乐于给他当侍卫。至于僭主既出自篡夺,实在是同人民的意志相违背的,他防备着本邦的人民,就得把自己寄托于外邦的(雇佣)卫士了。[②] (*Pol.* 1285a18-1285a2)

总而言之,暴政作为一种政治形式存在于非希腊人中间,但不存在于希腊人中间,因为非希腊人在本质上是奴性的。此外,所有非希腊人都是自然奴隶,

---

① Benjamin Isaac, op. cit., p. 183.

② 吴寿彭中译本,亚里士多德:《政治学》,第 159 页。*Aristotle's Politics: Writings from the Complete Works*. Edited by Jonathan Barnes. Princeton: Princeton University Press, 2016, p. 84.

因此暴政是奴隶主义者和非希腊人的合法政府形式。关于东方专制主义的比喻最初并不来源于亚里士多德。伊迪丝·霍尔在《创造野蛮人:从悲剧看希腊的自我定义》里写道:

> [从公元前5世纪开始]雅典作家与野蛮人之间最重要的区别是……政治性。希腊人是民主和平等的;野蛮人是专制和等级制度的。[①]

这种对东方专制制度的刻板印象贯穿整个欧洲历史,例如黑格尔在他的世界历史哲学讲座中讲道:

> 中华帝国是神权专制的王国(theocratic despotism)。……中国的国家元首是一个暴君(despot),他领导着一个有系统的、层次体系里有许多下级成员的政府。[②]

非欧洲人不能在"合法"的政府形式下自我组织,因此需要欧洲人的统治,这种思维是一种常见的种族主义思想。这个概念证明殖民主义是正当的。法国殖民地马提尼克出身的黑人诗人、作家、政治家,法国共产党党员艾梅·塞泽尔在他的《论殖民主义》里,很恰当地把这种逻辑,从被殖民人的角度,称为"依赖情结"(dependency complex),即非白人在心理上没有政治成熟的能力,所以他们"需要"被西方殖民。[③] 在这种逻辑下,非欧洲人被殖民化其实是非欧洲人本身的问题:谁让他们本身就有这样的缺陷?在这一点上,我们应该记住,"黄祸"(*gelbe Gefahr*)一词本身是由德皇威廉二世(Kaiser Wilhelm II)在19世纪末创造的,目的是为德国在中国争取租界辩护。为了说明他的观点,在1895年,皇帝委托人画了一幅画,这幅画表现了黄种人因为没有能力自我治理而给世界带来了祸害,所以代表欧洲的女勇士们,需要保卫世界免

---

① Edith Hall, op. cit., p. 2.

② "The Chinese [···] empire is the realm of theocratic despotism. [···] The head of state in China is a despot, and he leads a systematically constructed government with a numerous hierarchy of subordinate members." G. W. F. Hegel, op. cit., 1975, p. 200; pp. 121-122.

③ Aimé Césaire, op. cit., 2000, p. 59. 再比如约翰·穆勒(John Stuart Mill),他认为只有文明的欧洲人才有能力通过自主来实现自我完善,而缺乏成长和成熟度的野蛮人,就像要需要教育的孩子一样,只能通过上级的训练和监护来达到提升。所以非欧洲人因为有这个"依赖情结",需要欧洲人来治理他们。参见 Anthony Bogues, "John Stuart Mill and 'The Negro Question' Race, Colonialism, and the Ladder of Civilization". *Race and Racism in Modern Philosophy*. Edited by Andrew Valls. Ithaca and London: Cornell University Press, 2005, pp. 217-234。

受“黄祸”。[①] 在拉迪亚德·吉卜林(Rudyard Kipling)的诗《白人的负担》里,从殖民者的角度描写了这个“依赖情结”:“挑起白种男人的负担/把你们最优秀的品种送出去/捆绑起你们的儿子们,将他们放逐出去/去替你们的奴隶服务。”[②]这种“依赖情结”的观念被西班牙人用来证明征服美洲印第安人的正当性。当时的逻辑是,由于美洲印第安人生活在暴政之下,西班牙人对美洲印第安人的殖民比他们自己的自治要好。[③] 同样,美国在菲律宾群岛的内政部长迪恩·伍斯特(1866—1924)谈到美国殖民菲律宾人的必要性:“虽然他们有很多讨人喜欢的地方,不可否认的是土著人的文明程度注定了他们完全不适合自治。”[④]把东方描述成专制主义是种族主义/东方主义手册中最古老的技巧之一。强化种族主义成见,强调东方传统是专制的,其人民不自由,非常方便地为西方作为世界其他地区的救世主的政治神话提供借口。

正是西方文化中这种顽固的东方专制观念,导致无论中国政府和人民的实际行动多么得体、多么高尚,西方仍然会用东方专制的刻板印象来描绘他们。由于这种顽固的东方专制观念,西方文化在各个层面上仍然认为非白人是自然奴隶,因此生活在东方专制之下。不管他们是否意识到这一点(就如我说,西方人并不了解自己的文化历史,所以有可能意识不到自己的这种惯常行径),当西方媒体用东方专制主义的特点来描绘中国政府和中国人民时,他们都在回溯亚里士多德的自然奴役理论(即传统上殖民主义的理论工具)。当西方媒体持续将中国的治理和非西方的治理简化到东方专制主义的刻板印象时,他们正在强化非西方民族作为野蛮人/自然奴隶的刻板印象,并在读者们心理上造成了西方政府殖民接管这些国家的合理性。这是乔姆斯基所

---

① Robert G. Lee, *Orientals: Asian Americans in Popular Culture*, Temple University Press, 1999, p. 246, n. 4.

② 1899年2月7日,在参议院辩论美国是否应保留从西班牙帝国征服的菲律宾群岛一千万菲律宾人的控制权时,参议员本杰明·蒂尔曼(Benjamin Tillman)大声朗读了吉卜林的这八节诗里的第一、第四和第五节,以此作为美国人应保留对菲律宾的控制权的理由。蒂尔曼是从《纽约时报》里看到了这首诗的,该报刊在这个时期登了这首诗是为了呼吁政府承担起白人的责任。(https://en.wikipedia.org/wiki/The_White_Man%27s_Burden)

③ Anthony Pagden, op. cit., 1982, p. 48.

④ Dean Conant Worcestor, *The Philippine Islands and Their People: A Record of Personal Observation and Experience, with a Short Summary of the More Important Facts in the History of the Archipelago*, Macmillan, 1899, p. 482.

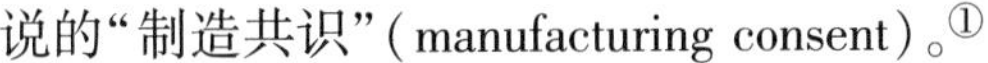

说的“制造共识”(manufacturing consent)。[①]

在这次大流行病时期,另一个体现“东方专制”思想的现象是,西方媒体并没有回避报道西方国家的亚洲人由于种族主义气氛日益加剧而成为种族主义攻击的受害者(当然,媒体永远不会承认,他们对此负有主要责任)。表面上,媒体似乎在做一些正直的事情:点名批评种族歧视的例子。不过,如果我们真的了解种族意识形态,我们就会意识到他们的行为并不是那么单纯。詹姆斯·鲍德温曾经指责美国自由主义者(the American liberal)的伪善,称他们只知道“把黑人当作一个受害者或象征来对待,而从没有意识到他是一个人”[②]。同样,在指出种族主义攻击事件时,亚洲人被媒体简单地约化为受害者,把非白人描绘成自己没有主动能力而需要白人拯救的人,这与白人至上主义的种族主义意识形态完全一致。当然,左翼媒体(比如《卫报》等)没有指出的是,因为他们持续不断地用种族主义的口吻叙述中国,他们对亚洲人成为种族歧视的受害者负有主要责任。

---

① 以下插图由 Hermann Knackfuss 扫描,版权属于公有领域(Public Domain)。(来源:https://commons. wikimedia. org/w/index. php? curid=3885756)

② James Baldwin, op. cit., p. 320.

五　二价二元论(Bivalent Dualism)

二元本体论是希腊基督教传统的基础。这一基督教二元论表现为善恶二元论、精神与肉体的二元论、理性与激情的二元论、人(理性)与动物(自然)的二元论、自由与决定论等等。西方种族主义也有同样的二元论特征。从亚里士多德关于非希腊人的论述到基督教对犹太人的描绘,再到欧洲对美洲印第安人的描绘,以及启蒙运动和后启蒙运动哲学家对非欧洲人的评价,乃至今天媒体对非西方的描绘,都是一个连贯的主题,即通过二元论的反面来塑造非西方。与希腊文明截然相反的野蛮人将成为西方文明观念的必要条件,因为文明是从消极的角度来定义的,是野蛮人的对立面。比如,文明就是城市化,而不是自然;它是法治的,而非仅仅遵循自然的冲动;是理性的,而不是非理性的;是善良的,而不是邪恶的。文明与野蛮之间存在着一种存在论上的、不可弥合的鸿沟,这种观念从古希腊开始就形成并指导了西方对非西方世界的反应和行动。正如历史学家安东尼·帕格登所写,希腊人将人类"自然而然分成两个相互敌对的群体——希腊人(指理性而非国家意义上的)和'野蛮人'——他们之间的冲突是永恒的、不可改变的"[①]。我们可以从亚里士多德和贝克莱的著作里看到两个典型的例子:

> 兽性在人类中也是少见的。只有在野蛮人、病人或有发展障碍的人中间才见得到兽性。不过我们也用兽性这个词责骂那些超乎常人的恶。[②] (*Eth. Nic.* 1145a 29-33)
>
> 有些人,如远方的野蛮人,生来就没有推理能力,与世隔绝,靠感觉生活。这就是兽性。有些人则是由于某些病,如癫痫、疯而丧失推理能力,这是病态。[③](*Eth. Nic.* 1149a9-12)
>
> 在非犹太人的(gentile)世界中,没有一个地方像未开化的美洲人那样不人道和野蛮。因为这些未开发的美洲人的主要工作和乐趣在于残酷和报复,他们的生活必须与所有其他人的生活完全相反,也与自然的

---

① Anthony Pagden, op. cit., 2015, p. 93.

② 中译引自廖申白译注,亚里士多德:《尼各马可伦理学》,北京:商务印书馆,2002年,第192页。

③ 同上书,第204页。

> 光和福音的精神完全相反。[1]

小罗伯特·威廉姆斯甚至说:“西方文明是通过对野蛮人的设想而才有了自我实现的可能性。”[2]例如,孟德斯鸠曾对非洲的奴役做过如下的观察:“我们不敢设想这些生物是人,因为如果允许它们是人,我们会怀疑我们自己不是基督徒。”[3]就如小罗伯特·威廉姆斯所说,如果没有用“野蛮人”这个“三千年的痴迷”来“理解西方文明是什么、可能是什么,我们所认识的西方文明就从来无法创造自己”。[4] 对于意大利法学家阿尔贝里科·根蒂利(Alberico Gentili,国际法创始人之一)来说,美洲印第安人的悲惨命运是因其危害自然的罪行而罪有应得。[5] 西班牙的多明我会修士、经济学家和神学家托马斯·德·梅尔卡多(Tomás de Mercado,1525—1575)称黑人和印第安人为“野蛮人”,因为“他们从不因理性而行动,而只因激情而行动”。[6] 因为西方的世界观是在这样一种二元对立下运作的,在美洲殖民期间,西班牙人和英国殖民者都认为殖民是“一种强行驱逐恶魔的行为。……欧洲人把殖民化……看作一场持续不断的对抗魔鬼的战斗”[7]。

20世纪研究去殖民化的思想家弗朗茨·法农(Frantz Fanon)早就注意到了西方种族主义背后的“摩尼教主义”。殖民主义不仅意味着殖民者和土著人之间的外在界限,还意味着殖民者和土著人之间本体的、二元的对立(dualistic antithesis):

> 殖民地世界是摩尼教主义(Manichean)的世界。殖民者仅仅在外在界限划界是不够的……殖民者把土著人描绘成一种邪恶的精髓。……土著人被宣布为不可被道德教化,他也代表……对道德价值的否定。……所有道德价值的敌人,从这个意义上说,他是绝对的恶魔。他

---

① 转引自 Uzgalis, op. cit., p. 111。

② Robert A. Williams Jr., op. cit., p. 1.

③ Baron de Montesquieu, *Spirit of Laws*. Translated and edited by Anne M. Cohler, Basia Carolyn Miller and Harold Samuel Stone, Cambridge University Press, 1989, p. 250.

④ Robert A. Williams Jr., op. cit., p. 1.

⑤ Anthony Pagden, op. cit., 2015, p. 88.

⑥ 引用自 J. H. Elliott, *The Old World and the New*, 1492-1650, Cambridge University Press, 1970, p. 44。

⑦ Jorge Cañizares-Esguerra, *Puritan Conquistadors: Iberianizing the Atlantic*, 1550-1700, Stanford University Press, 2006, pp. 13-14.

> 是腐蚀性的元素,摧毁了所有靠近他的东西;他是损毁的元素,破坏所有与美或道德有关的东西;他是邪恶力量的宝库,是盲目力量的工具,并且是自无意识并不可被拯救的。①

按照这种“摩尼教主义”的逻辑,最终必然的推论是“将土著人非人化”,使他“变成动物”:

> 事实上,殖民者提到本地人时使用的术语是动物学术语。他谈到了黄种人爬行动物般的举动、本地区的臭味、繁殖群、污秽、产卵、手势。当殖民者试图用准确的术语来描述本地人时,他经常提到兽人。……这些群体统计数字,那些情绪狂暴失控的群众,那些没有人性的面孔……所有这些构成了殖民词汇的一部分。戴高乐将军称之为“黄色群体”。②

今天,文明和野蛮之间不可调和的二元论思想仍然构成着西方对非西方的理解。当代著名政治理论家谢尔登·沃林在分析“9·11”恐怖袭击后普遍盛行的当代政治神话时,强调了美国文化对恐怖主义的讲述如何重蹈了这个古老的“摩尼教”意识:“通常,一种力量(如美国)会把自己描绘成保卫世界的一方,而把另一方描绘成企图通过变态战略在混乱中蓬勃发展而统治世界的一方。”③这些恐怖分子是“原始的、邪恶的、看不见的‘阴间’的居民”④。21世纪初,这些术语描述的是阿拉伯人,现在轮到中国人了。

六 萨特的《反犹分子与犹太人》:自由、责任和甩锅

西方的“普世主义”(universalism)及其传播是与对种族他者的暴力同时进行的。萨特在《全世界受苦的人》序言中恰当地总结了这种伪善:“你的人道主义声称我们与其他人类是一个整体,但你的种族主义行为使我们变成不如人的他者。”⑤这种面向他者的(other-directed)普世主义的悖论在于:少数

---

① Frantz Fanon, *The Wretched of the Earth*, Translated by Constance Farrington, Grove Press, 1963, pp. 31-32.

② Ibid., p. 33.

③ Sheldon Wolin, *Democracy Incorporated: Managed Democracy and the Specter of Inverted Totalitarianism*, Princeton and Oxford: Princeton UP, 2008, p. 11.

④ Ibid., p. 14.

⑤ Frantz Fanon, cit. op., p. 8.

人谴责大多数人不体现普遍价值,并试图纠正这种不平衡,要么通过巨大的暴力迫使多数人服从,要么就摧毁这些多数人。

西方的实际做法与其所信奉的理想不一致的原因,可以从萨特对反犹太主义的诊断中看出。萨特认为,反犹太主义是一种“摩尼教意识和原始概念,在那样的观念里,把对犹太人的仇恨变成了一个极具阐释力的神话”①。反犹太主义者通过消灭蓄意破坏秩序者,即犹太人(一种在混乱中蓬勃发展的颠覆性力量),而变成保护世界秩序的战士。在反犹太主义者的世界观里,秩序是一个预先存在的事实,唯一阻止这种秩序实行的是犹太人的存在及其罪恶活动。反犹太主义者的怨恨并不是只针对犹太人的;任何其他种族都可以充当在这种世界观里的角色。“反犹太人只把犹太人当作一个方便的借口;在别的地方,他的同伙(counterpart)会把这一概念用于黑人或黄皮肤的人。”因此,为了实现世界秩序,人类的角色是消极的、被动的,即只能消除邪恶源头(即犹太人/种族他者)。反犹太主义者/种族主义者不是在积极肯定任何东西,而是否定(被他们认为的)敌对的外部因素。对萨特来说,反犹太主义者不会为自己的行为承担责任,而是会逃避责任,把否定他人从而肯定自己的优越性作为永恒的真理,来当作自己的避难所。② 比如,他自己是好人是先验(a priori)真理,而只有犹太人/他者对世界的弊病负有责任。反犹太主义者武断地断言他的优越性原则,而且认定这种断言是永远正确的,因此无论他的行为如何,他不必对自己的行为负责。萨特认为,反犹太主义者/种族主义者是一种不真实(inauthentic)的人,没有足够的道德品质去拥抱自己的自由和随之而来的责任。反犹太主义者并没有拥抱真正的自由也没有对自己的行为负责,而是“为自己的道德选择了一个石化的价值尺度”:

> 反犹太主义者并不急于拥有个人的美德。[因为]美德必须通过寻求才能得到,就像寻求真理一样,经历了一个艰难的过程发现了它,这个人才值得拥有它。一旦获得,它将永远受到警惕:一个错误的步骤、一次失误,然后它就飞走了。从生命的开始到结束,没有喘息的机会,我们都要为自己所享有的美德负责。不过,反犹太主义者逃避责任,就如他逃

---

① Jean-Paul Sartre, *Anti-Semite and Jew: An Exploration of the Etiology of Hate*, Translated by George J. Becker. New York: Schocken Books, 1995, p. 148.

② Ibid., pp. 54, 27.

> 离了自己的良知(consciousness),为自己的人格选择了永恒的岩石,他为自己的道德选择了一个石化的价值尺度。无论他做什么,他都知道他会一直站在梯子的顶端;无论犹太人做什么,他永远不会爬过梯子向上的第一步。①

反犹太主义的信仰者宁愿认为人类没有决定自己命运的自由,宁愿认为世界秩序是预先决定的,所以这个世界的问题不需要创造性的解决办法,而只需要一种(永恒不变的)简单的消极灵丹妙药(negative panacea):②

> 最重要的是,这种幼稚的二元论让反犹分子自己感到无比宽慰。如果他唯一所要做的只是消除邪恶,那就意味着善已经存在。而这个善,他没有必要在痛苦中去寻找、去创造,也没有必要在发现它以后去耐心地审视它、通过行动证明它、通过它的结果来验证它,或者最后,他也没有必要承担自己道德选择的责任。③

在这种本体论的世界观下,反犹太主义者对犹太人的毁灭仅仅是他被动地执行宇宙自身规律。由于宇宙结构中存在二价二元性,反犹太主义者(=善者)出于对宇宙秩序的尊重而毁灭犹太人(=恶者)。在这种逻辑下,因为美德(因为它是先验的)不是通过一个人的积极行动来获得或体现的,所以这就需要一类级别低的人来证明和陪衬自己。把人的本质看作是赋予人美德的东西,可以方便地把人从努力赢得美德中解脱出来。指定一个单一的、永恒的(对自己有利的)灵丹妙药存在于世界本体里(即犹太人坏,消灭犹太人的人善)是很轻松的事,这远远比为不断变化的现实创造解决方案,并对我们所创造的秩序承担责任更加容易。萨特所说的反犹太主义者/种族主义者的虚伪与他所说的西方的"种族主义的人道主义"(racist humanism)相对应,两者都需要通过摧毁一个敌对的他者以肯定自我:

> 自由、平等、博爱、爱、荣誉、爱国等等,都是空谈,空谈而已!所有这些[美言]并没有阻止我们发表关于肮脏的黑鬼、肮脏的犹太人和肮脏的

① Jean-Paul Sartre, *Anti-Semite and Jew: An Exploration of the Etiology of Hate*, Translated by George J. Becker. New York: Schocken Books, 1995, p. 27.

② Ibid., pp. 53-54.

③ Ibid., p. 44.

阿拉伯人的反种族言论。思想高尚的人、自由主义者,或仅仅是心软的人,他们也会对这种不一致表示惊讶。要么是他们误解了,要么是他们不诚实,因为在我们这里没有什么比种族主义的人道主义更一致的了,因为欧洲人只有通过制造奴隶和怪物才能成为人。①

萨特认为,种族主义和(虚伪的)普世主义是相互牵连的,甚至完全相符的。因为欧洲的普世主义/人道主义(就像反犹主义者的美德)是通过对对方的压迫得到证明的。和萨特一样,法国汉学家弗朗索瓦 · 于连(又译"朱利安")也注意到,西方种族主义意识是怎样习惯性地把东方当成替罪羊,甩锅给东方,以赦免自己:

这就是"东方",或者更确切地说是海市蜃楼,这个"西方"选择描绘成其相反的、永恒的、异国情调的、以便激发自己幻想的东方,由此,"西方"不断地利用它来弥补自己的失败。②

我们应该记得,在《圣经》中,替罪羊是一种在仪式上背负着别人的罪,然后被赶走的动物。这个概念最早出现在《圣经》的《利未记》(Leviticus)中:一只山羊被指定扔进沙漠,以带走这个群体的罪恶。在这次疫病大流行中,我们都看到了西方政府、媒体和精英界是如何试图让中国政府为了掩盖西方政府自己在应对大流行方面的低效当替罪羊/背黑锅的。③ 我想说明的是,将种族他者作为替罪羊是种族意识形态里的一个基本要素。替罪羊问题连接了第三节的"野蛮人"和第五节的"二价二元论"意识议题。由于种族意识形态认为世界是由两种对立力量构成的,即好的力量(如非野蛮人的、白人的)和坏的力量(如野蛮人的),因此世界上出现非理想现象的原因是野蛮

---

① Frantz Fanon, op. cit., p. 22.

② François Jullien, *A Treatise on Efficacy: Between Western and Chinese Thinking*, Honolulu: University of Hawai'i Press, 2004, pp. 84-85.

③ 值得注意的是,正如澳大利亚记者约翰 · 皮尔格(John Pilger)在其纪录片《对英国公立医疗系统的肮脏战争》("The Dirty War on the NHS")里所披露的,英国政府面对疫情的困难很大程度上是由于他们私有化英国公立医疗系统的政策。如皮尔格所写:"在英国,自从保守党的一项法案《健康和社会护理法》(Health and Social Care Act)被理查德 · 布兰森(Richard Branson)和他的维珍护理公司等劫掠者欣然接受以来,类似于美国的医疗保健化进程逐年加快。2019 年,更多的国民保健服务被出售给私人公司,比以往任何时候都多。截至 2019 年 11 月,公共床位数量已削减至 12.7 万张,这是自 1948 年英国国民健康保险制度成立以来床位容量最低的一年,放在欧洲国家里也是床位容量最低的。"(http://www.informationclearinghouse.info/55048.htm)

人的存在。种族主义者坚持这种幼稚的信仰,就像迷信的人盲目坚持他们的崇拜一样。无论以实验为依据的科学事实是什么,在种族主义的世界观下,总是野蛮人,即种族他者,扮演邪恶力量的角色,是世界缺陷的根源。因为他们信奉一种宗教思想,即他们的种族是使他们杰出的原因,而不是他们的行动。无论他们做什么,他们永远都是杰出的。在种族主义中,一个人干什么不重要,重要的是你是什么(being、essence),这种思维恰恰是儒家"正名"概念的反面。白种人从不需通过具体行动来获得功绩或功名。种族他者则相反,无论他们的行为多么高尚,他们作为种族他者的地位决定了他们永远都不能获得功绩,而永远是过错的一方。这就是为什么,萨特写到,反犹太主义者永远"要求别人有最苛刻的秩序,允许自己不承担任何责任的混乱"①。

七 种族主义的普遍化

在西方国家中,指出欧洲在其殖民时期对许多民族犯下种族灭绝罪是政治上不正确的。正统的说法是,欧洲唯一犯下的种族灭绝罪是针对犹太人的。犹太历史学家利昂·波利亚科夫解释了这种现象是如何产生的。犹太大屠杀的尴尬导致了西方对其不光彩历史的粉饰,亚瑟·德戈比诺(Arthur de Gobineau)等种族主义思想家则成为西方种族主义的替罪羊,他们的种族主义作品被刻意归类为反常现象。波利亚科夫写道:

> 因此,西方思想的一个巨幅篇章,轻而易举地就消失了,而这一变幻的技巧,不论是在心理或心理历史(psycho-historical)的层面上,都相当于集体性压制令人不安的记忆和令人惭愧的真相。②

同样,许多后殖民主义学者、种族批判哲学家和历史学家指出,犹太人大屠杀是西方(现代)历史的常态,而不是反常现象。比如:威廉·爱德华·伯格哈

① Jean-Paul Sartre, op. cit., p. 31.

② Léon Poliakov, *The Aryan Myth: A History of Racist and Nationalist Ideas in Europe*, trans. Edmund Howard. Sussex University Press, p. 5.

特·杜波依斯[①]、艾梅·塞泽尔[②]、詹姆斯·鲍德温[③]、潘卡吉·米舍尔[④]、戴维·斯坦纳德[⑤]、查尔斯·米尔斯[⑥]、斯文·林德维斯特(Sven Lindqvist)[⑦]、弗兰克·费雷迪[⑧]和维克多·基尔南[⑨]。美洲土著人口的减少在一定程度上是蓄意种族灭绝的结果[⑩],种族灭绝导致了95%的美洲土著人民的死亡。[⑪]用一位美国历史学家的话说,这场种族灭绝是"世界上所见过的最广泛、最暴力的人类灭绝计划"[⑫]。事实上,希特勒制订了让自己恶名远扬的生存空间(Lebensraum)方案仿照的即是欧洲种族灭绝美洲印第安人的先例,。[⑬] 在1932年的一次演讲中,希特勒"明确地将他的生存空间计划定位在欧洲种族征服的长期轨道上"[⑭]。但是,西方主流文化只对犹太人大屠杀感到良心上的痛苦,因为这种大规模屠杀是第一次被用来对付欧洲内部的白人,而以前则是发生在遥远的殖民地的非白人身上。

在题为"种族主义的永恒化"的一章中,社会学家弗兰克·费雷迪描述了战后西方政府和学术界如何试图将西方种族主义重建为"一种所有人行为特征的态度"[⑮]。他写道:

> 令人吃惊的是,专业的学术文献在很大程度上与官方的说法相呼应,即种族主义不是白人的专利。把种族主义转化为一种超越时空、影

---

① W. E. B. DuBois, *The World and Africa and Color and Democracy*, New York, OUP, 2007, p. 15.

② Aimé Césaire, *Discourse on Colonialism*, Translated by Joan Pinkham. New York: Monthly Review Press, 2000, p. 36.

③ James Baldwin, op. cit., p. 317.

④ Pankaj Mishra: https://www.theguardian.com/news/2017/nov/10/how-colonial-violence-came-home-the-ugly-truth-of-the-first-world-war.

⑤ David E. Stannard, op. cit., pp. 150, 153, 246.

⑥ Charles Mills, op. cit., 1997, pp. 102-105.

⑦ Sven Lindqvist, *Exterminate All the Brutes: One Man's Odyssey into the Heart of Darkness and the Origins of European Genocide*, Translated by Joan Tate, The New Press, 1996, pp. 160, 172.

⑧ Frank Füredi 1998: 231.

⑨ V. G. Kiernan, *Imperialism and its Contradictions*, Routledge, 1995, p. 101.

⑩ David E. Stannard, op. cit., p. xii.

⑪ Ibid., p. x.

⑫ Ibid., p. 54.

⑬ Adolf Hitler, *Speeches and Proclamations, 1932-1945: The years 1932 to 1934.* Edited by Max Domarus. Translated by Mary Fran Gilbert. 1962; rpt. Wauconda, Ill.: Bolchazy-Carducci, 1990, pp. 93-94.

⑭ Norman G. Finkelstein, *Image and Reality of the Israel-Palestine Conflict.* Verso, 2003, p. 93.

⑮ Frank Füredi, op. cit., p. 225.

> 响所有社会历史的这种欲望,具有一些强迫性的表现。20 世纪 50 年代,甚至联合国教科文组织的出版物也认为西方种族主义是世界种族主义的众多例子之一。①

这种将西方种族主义等同于“任何形式的群体冲突”的倾向,意味着“种族主义被重新塑造成一个可以在所有文化中发现的范畴,可以用来界定大多数冲突关系”。将种族主义淡化为一种普遍特征,免除了西方社会比其他社会更需要为种族主义和种族主义行为承担的责任。就如费雷迪说西方学者们:“抽象地比较了各种形式的人类暴行。毫不奇怪,通过这种比较,西方种族主义彰显出了相当出色的成绩。”正因为西方种族主义现象暴露了“西方社会的一个重要缺陷”,一个难以否认的缺陷,无论是出于真诚还是口是心非(cynical)。我们可以看到一种趋势,即试图通过把种族主义描绘成普世性的,来淡化属于西方种族主义的特殊倾向。正如费雷迪所写:“这些文学作品反映了一种本能的反应,这种反应用于反对强加给西方的、对其种族主义的谴责而造成的道德伤害”②。在这次疫情中我们也可以看到试图将种族主义永恒化的行为。因为西方媒体大肆渲染 COVID-19 起源于中国,在欧美的亚裔人群受到了种族暴力的侵害。在中国成功控制了自己国内的 COVID-19 疫情之后,而西方国家政府采取了一种近乎放任自流的境内应对策略时,大量外国人涌入中国。在这种情况下,2020 年 3 月 29 日,一家有影响力的英国报纸《卫报》刊登了以下报道:《“他们看到我的蓝眼睛后就缩回去了”——在中国看到了新一轮的排外浪潮:人们越来越担心,北京政府试图用激起国民对外国人的不信任来重建因冠状病毒危机而受损的声誉》③。在《艾希曼在耶路撒冷:一份关于平庸的恶的报告》里,阿伦特曾说过犹太人大屠杀无论如何都不能用任何功利主义的目的(utilitarian purpose)来解释。例如,杀害犹太人并没有达到纳粹人扩张领土的目的。在这种情况下,种族主义并没有达到任何务实的目的。这就是为什么对阿伦特来讲,西方种族主义是一种意识形

① Frank Füredi, op. cit., p. 229.

② Ibid., pp. 228-231.

③ “‘They see my blue eyes then jump back’-China sees a new wave of xenophobia: Fears rise that Beijing is stoking mistrust of foreigners as part of an attempt to rebuild a reputation tarnished by the coronavirus crisis.” (https://www.theguardian.com/world/2020/mar/29/china-coronavirus-anti-foreigner-feeling-imported-cases)

态、狂热(fetish)、宗教意识。阿伦特在《暴力》一书中写道,“种族主义”是:

> 一种意识形态,它导致的行为不是反射行为,而是基于伪科学理论的蓄意行为。种族间的暴力斗争虽总是凶残的,但它并不是“非理性”的,它是种族主义的逻辑和理性的结果。在这里所说的种族主义不是指任何一方的一些模模糊糊的偏见,而是一个明确的意识形态体系。①

对未知事物的不信任与种族主义意识形态之间的区别在于,对未知事物最初的不信任满足了一个实际目的,其目的是维护自己的生活或福祉。当这种对未知的恐惧被僵化成一个价值体系,具体化为一种意识形态时,这就变成了种族主义。没有人会否认,人类普遍的本能反应是对未知事物保持警惕。把未知的事物看作是一种威胁,疑惧陌生人是一种务实的本能。当这种恐惧已经超过了它的实际目的时,当没有任何实际效益时,甚至恐惧陌生人对自己利益有损害的时候,这就是意识形态。《卫报》这样的主流报纸的不负责任和恶意,正如费雷迪所分析的那样,无论是出于真诚还是口是心非,目的就是把非西方国家不同群体之间的摩擦理解为西方式的种族主义。对于这样的行为我想说:意义必须以结构主义的(structuralist)方式来理解;一个孤立的例子只有在涉及整体的上下文时才有意义。那些认为西方种族概念/现象/行为在中国同样存在的人,需要证明在中国同样存在和西方种族主义一样的文化背景。因为只有当这个背景存在,才能证明用西方种族主义来界定中国的某些思想和做法是合理的。也就是说,只有当确定存在着与西方种族主义相当的意识形态,并且存在着由这种意识形态所激发的行为,才能理解某些行为是“西方种族主义式的种族歧视”。当然,在中国出现种族主义行为的时候,我们有责任予以谴责。但是,我们必须小心不要让我们的好心被我所描述的西方种族主义普遍化的企图所利用。

在西方政府拒绝与中国政府合作的情况下,我们可以最清楚地看到这种意识形态的实际作用。由于中国政府是最早成功控制病毒的政府之一,有许

---

① “An ideology, and the deeds it leads to are not reflex actions, but deliberate acts based on pseudo-scientific theories. Violence in interracial struggle is always murderous, but it is not ‘irrational;’ it is the logical and rational consequence of racism, by which I do not mean some rather vague prejudices on either side, but an explicit ideological system.” Hannah Arendt, *On Violence*, Harcourt Brace Jovanovich, Publishers, 1969, p. 76.

多实际经验可以与世界各国政府分享。西方政府,尤其是美国政府,由于我所说的意识形态,没有放下架子和中国政府充分合作、分享知识和利用中国制造业供应链。此外,面对病毒对待人类是一视同仁的科学事实,出于某种(种族)意识形态,西方各国政府在病毒首次在中国境内爆发时,并不认为这种病毒会影响到自己的国家。这种因(种族)意识形态而产生的自满情绪,导致西方国家内部的公共卫生危机变得如此严重。在撰写本报告时(2020 年 4 月 9 日),世界卫生组织总干事发表声明,如果政府不“希望有更多的尸袋”,各国应停止将 COVID-19 政治化[①]。也就是说,某些国家应该停止把意识形态放在实际的结果和利益之上,因为这个意识形态实际上正在危害他们的实际利益。这个例子让我们想起了阿伦特谈到纳粹对犹太人的种族灭绝是如何没有实际目的的。

八 面向未来

在《论殖民主义》里,塞泽尔写道:“欧洲在全人类面前对历史上最高的一堆尸体负有责任。”[②]美国作家与民权活动家詹姆斯·鲍德温曾经说:“所有的西方国家都陷入了一个谎言,伪装的人道主义的谎言;这意味着他们的历史没有道德上的正当性,西方也没有道德上的权威。”[③]我不认为鲍德温言过其实。在《下一次将是烈火》里,鲍德温问:

> 怎么可能让一个人尊重、更不用说接受另一个人的价值,[当后者]在任何层面上都没有按照他自称的方式去生活、或按照他们声称理应的方式去生活?我不能接受这样的主张:美国黑人四百年的磨难只是为了我们[美国黑人]达到目前的美国[白人的]文明水平……我拒绝这样的交易。[④]

同样,我也不能接受我们人类历史的终结是西方文明。道德世界的形成永远

---

① https://www.cnbc.com/2020/04/08/as-trump-attacks-who-warns-against-politicizing-coronavirus-if-you-dont-want-many-more-body-bags.html.

② Aimé Césaire, op. cit., 2000, p. 45.

③ James Baldwin, *Collected Essays*, Library Classics of the United States, 1998, p. 404.

④ Ibid., p. 341.

没有终点。由于他们历史上和当前的行为,西方国家早已丧失了任何对道德权威的宣称和主张。我希望中国和其他地方的学者有足够的智慧、博学、责任感以及对人类的同情、道德勇气和视野去探讨一个新的人类秩序。这其中的一部分将包括敢于超越西方经典、吸收其他世界传统的智慧。因为西方传统也有它很失败的地方,我们不能仅仅从这一个传统之内找到所有困扰人类的问题的解决方案。虽然我认为西方的种族主义形式及其伴随的惯常行为本不存在于所有人类,但这并不意味着这种思维方式不会普及化。我们已经在前殖民地看到,由于殖民的后遗症,公民已习惯于用种族等级观念和种族冲突来看世界,并且也把这些现象当作人类之间不可避免的事实。通过殖民教育,他们早已看不清要争取他们的长期利益就应该与其他受压迫的人民团结一致。重要的是,要让广大公众了解西方种族主义的性质、历史、所带来的痛苦以及什么样的习惯使种族主义压迫结构长期存在,并从中应该汲取什么样的道德教训。这种历史不是一个有良知的人想重复的。

1965 年,詹姆斯·鲍德温在剑桥的一次辩论会上发表了题为"美国梦和美国黑人"的演讲。他谈到,除非美国认同其多种族背景,否则美国梦几乎没有生存的希望。"为了我们共同的未来,我们希望美国人民做的,仅仅是接受我们的历史。"①美国如果不接受它的多种族社会和历史,美国梦就没有希望。因为,"那些现实存在的、却被否认参与美国梦的人,会毁掉美国梦"②。同样,如果不承认我们之间的差异,人类就没有希望,因为事实是,人类及其历史是由差异构成的。如果我们不接受这一点,我们就没有接受人类。查尔斯·米尔斯写得很好:"在数百年被欧洲扩张塑造的地球上,怎样才能实现一个多元世界(cosmopolitanism)?"③在这个未来的多元世界里,西方文明需要反思自己的种族主义思维和历史。如鲍德温所写:

> 如果[西方]想和以前被征服的、但未被开发的潜伏力量打交道,想作为一个人性的、有动力的、有德性的力量在世界上生存下来,美国和所有西方国家将被迫重新审视自己,从许多现在被视为神圣的事物中解脱出来,并且抛弃长久以来几乎所有被用来辩解他们的生命、痛苦和罪行

① James Baldwin, *Collected Essays*, Library Classics of the United States, 1998, pp. 716-717.

② Ibid., p. 719.

③ Charles Mills, op. cit., 2005, p. 190.

的臆断。[①]

论文最后,为了回答米尔斯的问题,也为了提升人们认识多元世界更广阔的视野,也许我们可以引用艾梅·塞泽尔对"普世性"(universalism)的乐观想法:

> 我不是把自己埋在狭隘的特殊主义中,但我也不想迷失在一个消瘦的普世主义中。迷失自我有两种方式:一种是把自己隔离在特定性(particular)之内,另一种是在普世性里自我冲淡。我对普世性概念的认识是:一个被所有特定事物所丰富的普世性,一个被每一特定事物所丰富的普世性,即所有特定事物的深化和共存。[②]

① James Baldwin, op. cit., p. 312.

② Aimé Césaire, "Letter to Maurice Thorez." *Social Text*. Vol. 28 (2) 2010, p. 152.

《哲学门》稿约

为了不断提高我国哲学研究的水准、完善我国的哲学学科建设、促进海内外哲学同行的交流，北京大学哲学系创办立足全国、面向世界的哲学学术刊物《哲学门》，每年出版一卷二册（每册约 30 万字）。自 2000 年以来，本刊深受国内外哲学界瞩目，颇受读者好评。

《哲学门》的宗旨，是倡导对哲学问题的原创性研究，注重对当代中国哲学的"批评性"评论。发表范围包括哲学的各个门类，马克思主义哲学、中国哲学、西方哲学、东方哲学、宗教哲学、美学、伦理学、科学哲学、逻辑学等领域，追求学科之间的交叉整合，还原论文写作务求创见的本意。目前，《哲学门》下设三个主要栏目：论文，字数不限，通常为 1—2 万字；评论，主要就某一思潮、哲学问题或观点、某类著作展开深入的批评与探讨，允许有较长的篇幅；书评，主要是介绍某部重要的哲学著作，并有相当分量的扼要评价（决不允许有过度的溢美之词）。

为保证学术水平，《哲学门》实行国际通行的双盲审稿制度。在您惠赐大作之时，务必了解以下有关技术规定：

1. 本刊原则上只接受电子投稿，投稿者请通过电子信箱发来稿件的电子版。个别无法电子化的汉字、符号、图表，请同时投寄纸本。
2. 电子版请采用 Word 格式，正文 5 号字，注释引文一律脚注。如有特殊字符，请另附 PDF 文档以供参考。
3. 正文之前务请附上文章的英文标题、关键词、摘要、英文摘要和作者简介。
4. 通过电邮的投稿，收到后即回电邮确认，3 个月内通报初审情况。其他形式的投稿，3 个月内未接回信者可自行处理。

在您的大作发表以后，我们即付稿酬；同时，版权归属北京大学出版社所有。我们欢迎其他出版物转载，但是必须得到我们的书面授权，否则视为侵权。

《哲学门》参考文献的格式规范

第 1 条 正文中引用参考文献,一律用页脚注。对正文的注释性文字说明,也一律用页脚注,但请尽量简短,过长的注文会给排版带来麻烦。为了查考的需要,外文文献不要译成中文。

第 2 条 参考文献的书写格式分**完全格式**和**简略格式**两种。

第 3 条 **完全格式**的构成,举例如下(方括号[ ]中的项为可替换项):

著作:作者、著作名、出版地、出版者及出版年、页码

吴国盛:《科学的历程》,长沙:湖南科学技术出版社,1995 年,第 100 页[第 1—10 页]。

R. Poidevin, *The Philosophy of Time*, Oxford University Press, 1985, p. 100[pp. 1-10].

译作:作者、著作名、译者、出版地、出版者及出版年、页码

柯林武德:《自然的观念》,吴国盛等译,北京:华夏出版社,1990 年,第 100 页。

Martin Heidegger, *Being and Time*, trans. by John Macquarrie & Edward Robinson, Harper & Row, 1962, p. 100[pp. 1-10].

载于期刊的论文(译文参照译作格式在译文题目后加译者):

吴国盛:《希腊人的空间概念》,《哲学研究》,1992 年第 11 期。

A. H. Maslow, "The Fusion of Facts and Value", *American Journal of Psychoanalysis*, 23(1963).

载于书籍的论文(译文参照译作格式在译文题目后加译者):

吴国盛:《自然哲学的复兴》,载《自然哲学》(第 1 辑),吴国盛主编,北京:中国社会科学出版社,1994 年。

T. Kuhn, "The History of Science", in *International Encyclopedia of the Social Sciences*, ed. by D. L. Sills, Macmillan,1968.

说明与注意事项:

1. 无论中外文注释,结尾必须有句号。中文是圆圈,西文是圆点。

2. 外文页码标符用小写 p. ,页码起止用小写 pp. 。

3. 外文的句点有两种用途:一种用作句号,一种用做单词或人名等的简写(如 tr. 和 ed.),在后一种用途时,句点后可以接任何其他必需的标点符号。

4. 书名和期刊名，中文用书名号，外文则用斜体（手写时用加底线表示）；论文名无论中外一律用正体加引号。

5. 引文出自著（译）作的必须标页码，出自论（译）文的则不标页码。

6. 中文文献作者名后用冒号（：），外文文献作者名后用逗号（，）。

7. 中文文献的版本或期号的写法从中文习惯，与外文略有不同。

第 4 条　简略格式有如下三种：

第一种　只写作者、书（文）名、页码（文章无此项），这几项的写法同完全格式，如：

吴国盛：《科学的历程》，第 100 页。

Martin Heidegger, *Being and Time*, p. 100.

吴国盛：《自然哲学的复兴》。

T. Kuhn, "The History of Science".

第二种　用"前引文献"（英文用 op. cit.）字样代替第一种简略格式中的书名或文章名（此时中文作者名后不再用冒号而改用逗号），如：

吴国盛，前引文献，第 100 页。

吴国盛，前引文献。

Martin Heidegger, op. cit., p. 100.

T. Kuhn, op. cit..

第三种　中文只写"同上。"字样，西文只写"ibid."字样。

第 5 条　完全格式与简略格式的使用规定：

说明与注意事项：

1. 参考文献在文章中第一次出现时必须用完全格式。

2. 只有在同一页紧挨着两次完全一样的征引的情况下，其中的第二次可以用第三种简略格式，这意味着第三种简略格式不可能出现在每页的第一个注中。

3. 在同一页对同一作者同一文献（同一版本）的多次引用（不必是紧挨着）的情况下，第一次出现时用第一种简略格式，以后出现时用第二种简略格式。下面是假想的某一页的脚注：

① 吴国盛：《科学的历程》，第 100 页。

② M. Heidegger, *Being and Time*, p. 100.

③ 吴国盛,前引文献,第 200 页。

④ 同上。

⑤ M. Heidegger, op. cit. , p. 200.

⑥ T. Kuhn,“The History of Science”.

⑦ Ibid.

4. 在同一页出现对同一作者不同文献(或同一文献的不同版本)的多次引用时,禁止对该文献使用第二种简略格式。

编辑部联系方式:
电子信箱:pkuphilosophy@ gmail. com
通信地址:100871　北京大学哲学系《哲学门》编辑部
传真:010-62751671

北京大学哲学系
北京大学出版社